Next Generation World

Ulrich Karrenberg

Next Generation World

Wissenschaft, Technik, Wirtschaft und Sozialwesen

Springer Vieweg

Ulrich Karrenberg
Düsseldorf, Deutschland

ISBN 978-3-662-72804-8 ISBN 978-3-662-72805-5 (eBook)
https://doi.org/10.1007/978-3-662-72805-5

Die Deutsche Nationalbibliothek verzeichnet diese Publikation in der Deutschen Nationalbibliografie; detaillierte bibliografische Daten sind im Internet über https://portal.dnb.de abrufbar.

Springer Vieweg ist ein Imprint der eingetragenen Gesellschaft Springer-Verlag GmbH, DE und ist ein Teil von Springer Nature.
Die Anschrift der Gesellschaft ist: Heidelberger Platz 3, 14197 Berlin, Germany

Vorwort

Wir leben nicht in einer Ära des Wandels – wir sind der Wandel. Die technologischen, wirtschaftlichen und sozialen Umbrüche, die unsere Gegenwart definieren, sind keine Naturgewalten, die passiv über uns hereinbrechen. Sie sind das Ergebnis menschlicher Entscheidungen, menschlichen Erfindergeistes und menschlichen Handelns. Genau aus diesem Grund liegt in dieser Zeit der beispiellosen Disruption auch eine beispiellose Verantwortung.

Dieses Buch ist für all jene geschrieben, die diese Verantwortung annehmen wollen: für die Entscheidungsträger in Politik und Wirtschaft, für die Innovatoren in den Laboren und Start-ups, für die Lehrenden in unseren Bildungseinrichtungen und für jeden engagierten Bürger, der die Zukunft nicht nur erleiden, sondern aktiv mitgestalten will. Es ist kein Buch der endgültigen Antworten, sondern ein Kompass für eine Welt, deren Landkarten täglich neu gezeichnet werden.

„Next Generation" nimmt Sie mit auf eine Reise zu den treibenden Kräften unserer Zeit – von der künstlichen Intelligenz bis zur Biotechnologie, von der Kreislaufwirtschaft bis zur Zukunft der Arbeit. Es analysiert die komplexen Wechselwirkungen und zeigt die kritischen Weichenstellungen auf, vor denen wir stehen. Möge es Ihnen als Rüstzeug dienen, die richtigen Fragen zu stellen, mutige Entscheidungen zu treffen und die nächste Generation zu einer zu machen, die auf den Werten der Nachhaltigkeit, der Gerechtigkeit und der Menschlichkeit aufbaut. Die Zukunft wartet nicht. Gestalten wir sie.

Die Geschichtsschreibung neigt dazu, Epochen anhand einzelner, dominanter Technologien zu klassifizieren: das Zeitalter der Dampfmaschine, das Zeitalter der Elektrizität. Die gegenwärtige Transformation entzieht sich einer solch simplen Einordnung. Wir erleben eine tiefgreifende, systemische Veränderung, die aus der Konvergenz und dem synergetischen Zusammenwirken gleich mehrerer technologischer Revolutionen resultiert – der digitalen, der biologischen und der energetischen.

Ein isolierter, disziplinärer Blick greift daher zu kurz, um die Dynamik unserer Zeit zu erfassen. Die wahre Herausforderung und Notwendigkeit liegt in der Analyse der komplexen Rückkopplungsschleifen zwischen Wissenschaft, Wirtschaft und dem sozialen Gefüge. Wie verändern neue Geschäftsmodelle der Plattform-Ökonomie die Zukunft der

Arbeit? Welche ethischen Leitplanken erfordert der Fortschritt in der Gentechnik? Wie sichern wir den sozialen Zusammenhalt in einem Zeitalter algorithmisch kuratierter Wirklichkeiten?

Das vorliegende Werk unternimmt den Versuch, genau diese systemische Perspektive einzunehmen. Es soll Orientierungswissen schaffen, indem es die zugrunde liegenden Muster und Prinzipien des Wandels aufdeckt. Es richtet sich an all jene, die über die Schlagzeilen des Tagesgeschäfts hinaus ein tieferes, strukturelles Verständnis für die Kräfte entwickeln wollen, die unsere Welt formen. Denn nur ein ganzheitliches Verständnis der Gegenwart ermöglicht eine verantwortungsvolle Gestaltung der Zukunft.

Dieses Buch ist eine Einladung, an einer positiven Antwort mitzuwirken. Es ist eine Erkundung der Pfade, die in eine wünschenswerte Zukunft führen könnten. Es beleuchtet nicht nur die Herausforderungen, sondern vor allem die immensen Potenziale, die in der intelligenten und verantwortungsvollen Anwendung neuer Technologien und Wirtschaftsmodelle liegen. Es soll inspirieren, den Blick zu heben und über die Krisen der Gegenwart hinauszuschauen. Denn die beste Art, die Zukunft vorherzusagen, ist, sie selbst zu gestalten. Lassen Sie uns diese Reise gemeinsam beginnen.

Düsseldorf, Deutschland — Ulrich Karrenberg

Interessenkonflikt

Der/die Autor*in hat keine für den Inhalt dieses Manuskripts relevanten Interessenkonflikte.

Inhaltsverzeichnis

Teil I

Wissenschaft und Technik: Die treibenden Kräfte der Zukunft

Dieser Teil des Buches wird sich auf die technologischen und wissenschaftlichen Durchbrüche konzentrieren, die unsere Zukunft prägen werden. Basierend auf den Recherchen werden hier Themen wie Künstliche Intelligenz, Quantencomputing, Biotechnologie, fortgeschrittene Konnektivität und neue Energietechnologien behandelt. Der Fokus liegt darauf, nicht nur die Technologien selbst zu erklären, sondern auch ihr disruptives Potenzial für verschiedene Sektoren zu analysieren.

Die neue Ära der künstlichen Intelligenz

1

1.1 Von maschinellem Lernen zu generativer KI: Eine Einführung in die Entwicklung und die grundlegenden Konzepte der modernen KI

Die Entwicklung der künstlichen Intelligenz ist eine faszinierende Reise, die von einfachen regelbasierten Systemen zu den heutigen, hoch entwickelten generativen Modellen führt. Diese Evolution hat nicht nur die technologischen Möglichkeiten erweitert, sondern auch die Art und Weise, wie wir über Maschinen und ihre Fähigkeiten denken, grundlegend verändert. Der Ursprung des maschinellen Lernens, ein entscheidender Wendepunkt in der Geschichte der KI, lässt sich bis in die Mitte des 20. Jahrhunderts zurückverfolgen. Bereits 1952 entwickelte Arthur Samuel einen Algorithmus, der in der Lage war, das Damespiel zu erlernen und seine Spielstärke durch Erfahrung kontinuierlich zu verbessern. Samuel prägte auch den Begriff „maschinelles Lernen" und legte damit den Grundstein für eine Disziplin, die es Computern ermöglicht, aus Daten zu lernen, ohne explizit für jede einzelne Aufgabe programmiert zu werden [1].

Die frühen Ansätze des maschinellen Lernens waren oft statistischer Natur und basierten auf der Idee, Muster in Daten zu erkennen und auf dieser Grundlage Vorhersagen zu treffen. Diese Methoden, die heute als „klassisches maschinelles Lernen" bezeichnet werden, umfassten Techniken wie Entscheidungsbäume, Support Vector Machines und lineare Regression. Sie waren in der Lage, einfache bis mittelschwere Aufgaben zu bewältigen, stießen jedoch an ihre Grenzen, wenn es darum ging, hochdimensionale und komplexe Datenstrukturen zu verarbeiten. Die Herausforderung bestand darin, dass diese Algorithmen manuell entwickelte Merkmale (Features) benötigten, was bedeutete, dass Experten zunächst die relevanten Eigenschaften der Daten identifizieren und extrahieren mussten. Dieser Prozess war zeitaufwendig, fehleranfällig und erforderte umfassendes Domänenwissen [6].

U. Karrenberg, *Next Generation World*,
https://doi.org/10.1007/978-3-662-72805-5_1

Doch erst mit dem Aufkommen des Deep Learning, einer Unterkategorie des maschinellen Lernens, die auf künstlichen neuronalen Netzen mit vielen Schichten (tiefen Architekturen) basiert, begann die KI, ihre wahren Fähigkeiten zu entfalten. Inspiriert von der Struktur und Funktionsweise des menschlichen Gehirns, ermöglichten es tiefe neuronale Netze, komplexe und abstrakte Merkmale in Daten automatisch zu erkennen, ohne dass diese manuell vorgegeben werden mussten. Diese Fähigkeit zur automatischen Merkmalserkennung (Feature Learning) war ein Durchbruch, der zu dramatischen Verbesserungen in Bereichen wie der Bild- und Spracherkennung führte [2]. Die 2010er-Jahre markierten einen Wendepunkt, in dem Deep-Learning-Modelle begannen, traditionelle maschinelle Lernverfahren in vielen Anwendungsbereichen zu übertreffen. Entscheidend für diesen Erfolg waren drei Faktoren: die Verfügbarkeit großer Datenmengen, die Steigerung der Rechenleistung durch spezialisierte Hardware wie Grafikprozessoren (GPUs) und die Entwicklung verbesserter Trainingsalgorithmen [2].

Die Architektur tiefer neuronaler Netze besteht aus mehreren Schichten von Neuronen, die jeweils spezifische Transformationen auf die Eingabedaten anwenden. In den unteren Schichten werden einfache Merkmale wie Kanten oder Farben in Bildern erkannt, während in den höheren Schichten zunehmend abstrakte und komplexe Muster identifiziert werden. Diese hierarchische Repräsentation von Informationen ermöglicht es Deep-Learning-Modellen, selbst hochkomplexe Aufgaben zu bewältigen, die für klassische Algorithmen unerreichbar waren. Convolutional Neural Networks (CNNs) revolutionierten die Bildverarbeitung, indem sie die räumliche Struktur von Bildern effizient nutzen konnten. Recurrent Neural Networks (RNNs) und später Long Short-Term Memory (LSTM) Netzwerke ermöglichten die Verarbeitung sequenzieller Daten wie Texte und Zeitreihen, indem sie ein „Gedächtnis" für vergangene Informationen entwickelten [6].

Innerhalb des Deep Learning hat sich eine spezielle Architektur als besonders leistungsfähig für die Verarbeitung von sequenziellen Daten wie Text und Sprache erwiesen: das Transformer-Modell. Eingeführt im Jahr 2017 durch die bahnbrechende Arbeit „Attention is All You Need" von Vaswani et al., revolutionierte die Transformer-Architektur die Verarbeitung natürlicher Sprache durch die Einführung des sogenannten „Self-Attention-Mechanismus" [5]. Dieser Mechanismus erlaubt es dem Modell, die Bedeutung von Wörtern im Kontext eines gesamten Satzes oder Dokuments zu gewichten und zu verstehen, anstatt die Informationen nur sequenziell zu verarbeiten. Im Gegensatz zu RNNs, die Informationen Schritt für Schritt verarbeiten und dabei Schwierigkeiten haben, langreichweitige Abhängigkeiten zu erfassen, kann der Attention-Mechanismus direkte Verbindungen zwischen beliebigen Positionen in einer Sequenz herstellen. Diese Fähigkeit, weitreichende Abhängigkeiten in Daten zu erfassen und parallele Verarbeitung zu ermöglichen, war der Schlüssel zur Entwicklung von großen Sprachmodellen (Large Language Models, LLMs), die heute das Herzstück vieler generativer KI-Anwendungen bilden [5].

Die Transformer-Architektur besteht aus zwei Hauptkomponenten: einem Encoder, der die Eingabedaten in eine interne Repräsentation umwandelt, und einem Decoder, der diese Repräsentation nutzt, um eine Ausgabe zu generieren. Der Self-Attention-Mechanismus ermöglicht es jeder Position in der Eingabesequenz, mit allen anderen Positionen zu interagieren und deren Relevanz für die aktuelle Position zu bewerten. Diese Gewichtung der Aufmerksamkeit erlaubt es dem Modell, den Kontext eines Wortes dynamisch zu erfassen und dessen Bedeutung in Abhängigkeit von den umgebenden Wörtern zu interpretieren. Durch die Stapelung mehrerer Attention-Schichten können Transformer-Modelle hochkomplexe sprachliche Muster und Beziehungen erlernen. Die Skalierbarkeit dieser Architektur, kombiniert mit der Möglichkeit, auf riesigen Textkorpora vortrainiert zu werden, führte zur Entwicklung von Modellen mit Milliarden von Parametern, die ein tiefes Verständnis von Sprache und Wissen entwickeln konnten [5].

Generative KI stellt die nächste Stufe in dieser Entwicklung dar. Im Gegensatz zu früheren KI-Modellen, die hauptsächlich für Klassifizierungs- oder Vorhersageaufgaben eingesetzt wurden (diskriminative KI), sind generative Modelle in der Lage, neue, originäre Inhalte zu erstellen. Sie lernen die zugrunde liegenden Muster und Strukturen aus einem riesigen Datensatz und können auf dieser Basis neue Texte, Bilder, Musik oder Code generieren, die den gelernten Daten ähneln, aber dennoch neu sind [3]. Die Entwicklung von generativen adversarischen Netzwerken (Generative Adversarial Networks, GANs) war ein wichtiger Meilenstein auf diesem Weg. GANs bestehen aus zwei neuronalen Netzen, die in einem Wettbewerb miteinander stehen: Ein Generator erstellt neue Daten, während ein Diskriminator versucht, zwischen echten und generierten Daten zu unterscheiden. Durch diesen adversarialen Trainingsprozess lernt der Generator, immer realistischere Daten zu erzeugen [3].

Später führte die Skalierung von Transformer-Modellen zu LLMs wie GPT (Generative Pre-trained Transformer) zu einem weiteren Quantensprung in der generativen KI [4]. Diese Modelle werden in einem zweistufigen Prozess trainiert: Zunächst erfolgt ein Vortraining (Pre-training) auf riesigen Textmengen aus dem Internet, bei dem das Modell lernt, die Wahrscheinlichkeitsverteilung von Wörtern und Sätzen zu modellieren. In dieser Phase entwickelt das Modell ein umfassendes Verständnis von Sprache, Grammatik, Fakten und sogar logischen Zusammenhängen. Anschließend wird das Modell durch Feinabstimmung (Fine-tuning) auf spezifische Aufgaben oder Domänen angepasst. Techniken wie Reinforcement Learning from Human Feedback (RLHF) ermöglichen es, die Ausgaben des Modells an menschliche Präferenzen anzupassen und sicherzustellen, dass die generierten Inhalte hilfreich, harmlos und ehrlich sind [4].

Die Fähigkeiten moderner generativer KI-Modelle sind beeindruckend. Sie können kohärente und kontextrelevante Texte verfassen, komplexe Fragen beantworten, Code in verschiedenen Programmiersprachen schreiben, Bilder aus Textbeschreibungen generieren und sogar kreative Aufgaben wie das Schreiben von Gedichten oder das Komponieren von Musik bewältigen. Diese Modelle zeigen emergente Fähigkeiten, die nicht explizit trainiert wurden, sondern sich aus der Skalierung der Modellgröße und der Datenmenge ergeben [3]. Beispiele hierfür sind die Fähigkeit zum logischen Schlussfolgern, zur Lösung mathematischer Probleme oder zur Durchführung von Übersetzungen in Sprachen, die nur minimal in den Trainingsdaten vertreten waren. Diese emergenten Eigenschaften deuten darauf hin, dass große Modelle eine Form von abstraktem Verständnis entwickeln, das über das bloße Auswendiglernen von Mustern hinausgeht.

Die Entwicklung von generativer KI hat eine neue Ära eingeleitet, in der Maschinen nicht mehr nur passive Werkzeuge sind, sondern aktive Partner in kreativen und intellektuellen Prozessen werden können. Die Anwendungsmöglichkeiten sind vielfältig und reichen von der Unterstützung bei der Content-Erstellung über die Automatisierung von Programmieraufgaben bis hin zur Beschleunigung wissenschaftlicher Forschung [4]. Gleichzeitig wirft diese Entwicklung wichtige Fragen auf: Wie können wir sicherstellen, dass generative KI verantwortungsvoll eingesetzt wird? Wie gehen wir mit den Herausforderungen um, die sich aus der Fähigkeit ergeben, täuschend echte Inhalte zu generieren? Und wie gestalten wir eine Zukunft, in der Mensch und Maschine produktiv zusammenarbeiten? Diese Fragen werden in den folgenden Abschnitten dieses Kapitels und in den weiteren Teilen dieses Buches eingehend behandelt.

Literaturhinweise zu Abschn. 1.1

1. Dataversity (2024): A Brief History of Generative AI. Dieser Artikel bietet einen Überblick über die historische Entwicklung von den Anfängen des maschinellen Lernens bis zur modernen generativen KI. https://www.dataversity.net/articles/a-brief-history-of-generative-ai/
2. Toloka (2023): History of generative AI. Dieser Beitrag beleuchtet die Rolle des Deep Learning als treibende Kraft hinter der rasanten Entwicklung der generativen KI in den letzten Jahren. https://toloka.ai/blog/history-of-generative-ai/
3. He, R., Cao, J., & Tan, T. (2025): Generative artificial intelligence: a historical perspective. Diese wissenschaftliche Publikation im National Science Review bietet eine detaillierte historische Analyse der Entwicklung von generativen KI-Modellen aus einer akademischen Perspektive. https://academic.oup.com/nsr/article-abstract/12/5/nwaf050/8029900
4. Lantern Studios (2024): The History of AI: From Rules-based Algorithms to Generative Models. Dieser Artikel beschreibt den Übergang von frühen, regelbasierten KI-Systemen zu den heutigen, datengesteuerten generativen Modellen. https://lanternstudios.com/insights/blog/the-history-of-ai-from-rules-based-algorithms-to-generative-models/
5. IBM (n.d.): What is a Transformer Model? IBM erklärt die grundlegende Funktionsweise und Bedeutung der Transformer-Architektur, die eine Schlüsseltechnologie für moderne große Sprachmodelle darstellt. https://www.ibm.com/think/topics/transformer-model
6. Heil, R. (2021): Künstliche Intelligenz/Maschinelles Lernen. In: Handbuch Technikethik. Springer. Dieser Beitrag erläutert die technischen Grundlagen und ethischen Implikationen von KI und maschinellem Lernen aus einer deutschen Perspektive. https://link.springer.com/chapter/10.1007/978-3-476-04901-8_81

1.2 Strategische Geschäftsanwendungen der KI: Analyse, wie Unternehmen KI nutzen, um Geschäftsmodelle zu transformieren und neue Werte zu schaffen

Die Integration künstlicher Intelligenz in die Unternehmensstrategie ist zu einem entscheidenden Faktor für die digitale Transformation und die Sicherung langfristiger Wettbewerbsvorteile geworden. Weit über die reine Automatisierung von Routineaufgaben hinaus ermöglicht KI Unternehmen, ihre Geschäftsmodelle fundamental zu überdenken, neue Wertschöpfungsquellen zu erschließen und innovative Produkte und Dienstleistungen zu entwickeln [1]. Eine strategische KI-Initiative bedeutet dabei mehr als nur die Einführung neuer Technologien; sie erfordert eine tiefgreifende Integration von KI in die Kernprozesse, Produkte und Dienstleistungen eines Unternehmens, um nachhaltige Veränderungen zu bewirken [2]. Die erfolgreiche Implementierung von KI als strategisches Instrument setzt voraus, dass Unternehmen ihre gesamte Organisationsstruktur, ihre Kultur und ihre Arbeitsweisen anpassen, um das volle Potenzial der Technologie auszuschöpfen.

Die erfolgreiche Implementierung von KI als strategisches Instrument hängt maßgeblich von der Fähigkeit ab, die Technologie mit den übergeordneten Unternehmenszielen in Einklang zu bringen. Ein von der Forschung vorgeschlagener Ansatz ist das „AI Readiness Framework“, das Unternehmen dabei unterstützt, ihre Bereitschaft für die KI-Transformation zu bewerten und eine entsprechende Strategie zu entwickeln [4]. Dieses Rahmenwerk betont die Notwendigkeit, nicht nur technologische, sondern auch organisatorische und kulturelle Voraussetzungen für eine erfolgreiche KI-Einführung zu schaffen. Zu den technologischen Voraussetzungen gehören eine robuste Dateninfrastruktur, die Fähigkeit zur Datenintegration aus verschiedenen Quellen und die Verfügbarkeit von Rechenressourcen. Organisatorisch müssen Unternehmen klare Verantwortlichkeiten definieren, interdisziplinäre Teams bilden und agile Arbeitsmethoden etablieren. Kulturell ist es entscheidend, eine Innovationskultur zu fördern, die Experimentieren erlaubt, aus Fehlern lernt und die Mitarbeiter auf die Zusammenarbeit mit KI-Systemen vorbereitet [4].

Die Konvergenz von KI und Unternehmensstrategie ist ein zentrales Thema, da die strategische Nutzung von KI zur Schaffung von Geschäftswert entscheidend ist. Eine systematische Analyse der Literatur zeigt vier primäre Quellen der Wertschöpfung durch KI: die Anwendung von KI und maschinellem Lernen in Organisationen, die Ausrichtung von KI-Tools und IT auf die Unternehmensstrategie, die Rolle der KI im Wissensmanagement und in Entscheidungsprozessen sowie der Einsatz von KI für Service-Innovationen [3]. Diese vier Dimensionen sind eng miteinander verknüpft und bilden ein ganzheitliches Bild davon, wie KI strategisch eingesetzt werden kann. Die erste Dimension, die Anwendung von KI und maschinellem Lernen, umfasst die technische Implementierung von KI-Lösungen zur Automatisierung, Optimierung und Vorhersage. Die zweite Dimension, die Ausrichtung auf die Unternehmensstrategie, stellt sicher, dass KI-Initiativen nicht isoliert betrieben werden, sondern einen direkten Beitrag zur Erreichung der strategischen Ziele leisten [3].

Die dritte Dimension, KI im Wissensmanagement und in Entscheidungsprozessen, betrifft die Nutzung von KI zur Extraktion von Wissen aus Daten und zur Unterstützung von Managemententscheidungen. KI-Systeme können große Mengen unstrukturierter Daten wie Texte, E-Mails oder Berichte analysieren, relevante Informationen extrahieren und Muster identifizieren, die für menschliche Analysten schwer zu erkennen wären. Diese Fähigkeit zur Wissensextraktion ermöglicht es Unternehmen, verborgene Einsichten zu gewinnen und datengestützte Entscheidungen zu treffen [3]. Darüber hinaus können KI-gestützte Entscheidungsunterstützungssysteme Managern helfen, komplexe Szenarien zu simulieren, Risiken zu bewerten und die optimalen Handlungsoptionen zu identifizieren. Die vierte Dimension, KI für Service-Innovationen, bezieht sich auf die Entwicklung neuer, KI-basierter Dienstleistungen, die einen Mehrwert für Kunden schaffen und neue Einnahmequellen erschließen [3].

Unternehmen nutzen KI auf vielfältige Weise, um ihre Effizienz zu steigern, die Entscheidungsfindung zu verbessern und das Kundenerlebnis zu personalisieren. Im Marketing ermöglicht KI beispielsweise die Analyse großer Datenmengen, um Kundenverhalten präzise vorherzusagen und personalisierte Werbekampagnen auszuspielen [6]. Durch die Segmentierung von Kunden basierend auf ihrem Verhalten, ihren Präferenzen und ihrem Kaufverlauf können Unternehmen maßgeschneiderte Angebote erstellen, die die Konversionsraten erhöhen und die Kundenbindung stärken. KI-gestützte Empfehlungssysteme, wie sie von E-Commerce-Plattformen und Streaming-Diensten eingesetzt werden, analysieren das Nutzerverhalten in Echtzeit und schlagen Produkte oder Inhalte vor, die den individuellen Interessen entsprechen. Diese Hyper-Personalisierung führt zu einer verbesserten Kundenerfahrung und steigert den Umsatz [6].

In der Produktion werden KI-gestützte Systeme zur vorausschauenden Wartung (Predictive Maintenance) eingesetzt, um Maschinenausfälle zu prognostizieren und zu verhindern, bevor sie auftreten. Durch die kontinuierliche Überwachung von Sensordaten können Anomalien erkannt werden, die auf einen bevorstehenden Ausfall hindeuten. Dies ermöglicht es Unternehmen, Wartungsarbeiten proaktiv zu planen, ungeplante Stillstandszeiten zu vermeiden und die Lebensdauer ihrer Anlagen zu verlängern [6]. Die Einsparungen durch vermiedene Ausfälle und optimierte Wartungszyklen können erheblich sein. Darüber hinaus wird KI in der Qualitätskontrolle eingesetzt, um Defekte in Produkten automatisch zu erkennen. Computer-Vision-Systeme können Bilder von Produkten analysieren und selbst kleinste Abweichungen von den Qualitätsstandards identifizieren, was zu einer höheren Produktqualität und geringeren Ausschussraten führt.

Im Finanzsektor helfen KI-Algorithmen bei der Betrugserkennung und der Risikobewertung. Durch die Analyse von Transaktionsmustern können verdächtige Aktivitäten in Echtzeit identifiziert und blockiert werden, bevor ein finanzieller Schaden entsteht. Maschinelle Lernmodelle können aus historischen Betrugsfällen lernen und ihre Erkennungsfähigkeit kontinuierlich verbessern. In der Kreditvergabe werden KI-Modelle eingesetzt, um die Kreditwürdigkeit von Antragstellern zu bewerten, indem sie eine Vielzahl von Faktoren berücksichtigen, die über traditionelle Kreditscores hinausgehen. Dies ermöglicht eine präzisere Risikobewertung und kann dazu beitragen, den Zugang zu Krediten für unterversorgte Bevölkerungsgruppen zu erweitern. Im Handel werden algorithmische Handelssysteme eingesetzt, die Marktdaten in Millisekunden analysieren und Handelsentscheidungen treffen, um von kurzfristigen Preisbewegungen zu profitieren [6].

Diese Anwendungen führen nicht nur zu erheblichen Kosteneinsparungen, sondern eröffnen auch neue Umsatzpotenziale und Geschäftsfelder. Die strategische Bedeutung liegt darin, KI nicht als isolierte Lösung zu betrachten, sondern als integralen Bestandteil eines digital-orientierten Geschäftsmodells [6]. Unternehmen, die KI erfolgreich in ihre Strategie integrieren, entwickeln eine datengetriebene Kultur, in der Entscheidungen auf Fakten und Analysen basieren, anstatt auf Intuition oder Erfahrung allein. Diese Kultur der Datenorientierung durchdringt alle Ebenen der Organisation und führt zu einer kontinuierlichen Verbesserung der Prozesse und Produkte. Die Fähigkeit, aus Daten zu lernen und sich schnell an veränderte Marktbedingungen anzupassen, wird zu einem entscheidenden Wettbewerbsvorteil in einer zunehmend dynamischen und unsicheren Geschäftsumgebung [2].

Die Transformation von Geschäftsmodellen durch KI zeigt sich besonders deutlich in der Entstehung datengesteuerter Dienstleistungen. Unternehmen, die traditionell physische Produkte herstellen, können diese durch KI-gestützte Sensoren und Analysen mit intelligenten Services anreichern. Ein Hersteller von Industriemaschinen kann beispielsweise nicht mehr nur die Maschine selbst verkaufen, sondern auch einen Service, der die optimale Nutzung und Wartung der Maschine über deren gesamten Lebenszyklus sicherstellt [1]. Dieser Service kann Echtzeitüberwachung, vorausschauende Wartung, Ferndiagnose und kontinuierliche Optimierung der Maschinenleistung umfassen. Dieser Wandel von einem produkt- zu einem serviceorientierten Geschäftsmodell wird durch die Fähigkeit der KI ermöglicht, kontinuierlich Daten zu sammeln, zu analysieren und daraus wertvolle Erkenntnisse zu generieren. Dieser Prozess der digitalen Transformation erfordert eine klare Vision und eine Roadmap, die festlegt, wie KI zur Erreichung der strategischen Ziele beitragen kann [1].

Ein weiteres Beispiel für die Transformation von Geschäftsmodellen ist die Plattformökonomie, in der KI eine zentrale Rolle spielt. Plattformen wie Uber, Airbnb oder Amazon nutzen KI-Algorithmen, um Angebot und Nachfrage in Echtzeit zu matchen, Preise dynamisch anzupassen und personalisierte Empfehlungen zu geben. Diese Plattformen schaffen Wert, indem sie Transaktionen zwischen verschiedenen Akteuren ermöglichen und dabei Netzwerkeffekte nutzen: Je mehr Nutzer die Plattform hat, desto wertvoller wird sie für alle Beteiligten [2]. KI ist das Rückgrat dieser Plattformen, da sie es ermöglicht, die Komplexität der Interaktionen zu bewältigen und ein nahtloses Nutzererlebnis zu schaffen. Unternehmen, die solche Plattformen aufbauen, können exponentielles Wachstum erzielen und ganze Branchen disruptieren.

Trotz des enormen Potenzials kämpfen viele Unternehmen jedoch damit, einen messbaren Return on Investment (ROI) aus ihren KI-Initiativen zu erzielen. Eine der größten Herausforderungen sind die versteckten Kosten, die mit der Implementierung von KI verbunden sind [5]. Dazu gehören nicht nur die direkten Kosten für Software und Hardware, sondern auch die erheblichen Aufwände für die Datenaufbereitung, die Integration in bestehende Systeme und die Schulung der Mitarbeiter. Die Datenaufbereitung, oft als „Data Wrangling" bezeichnet, kann bis zu 80 % der Zeit eines KI-Projekts in Anspruch nehmen. Daten müssen gesammelt, bereinigt, transformiert und annotiert werden, bevor sie für das Training von Modellen genutzt werden können. Die Integration von KI-Systemen in bestehende IT-Landschaften kann komplex und kostspielig sein, insbesondere wenn Legacy-Systeme beteiligt sind [5].

Studien zeigen, dass ein erheblicher Teil der Unternehmen Schwierigkeiten hat, einen positiven ROI nachzuweisen, was die Bedeutung einer sorgfältigen Planung und einer realistischen Erwartungshaltung unterstreicht [5]. Ein Bericht des IBM Institute for Business Value ergab, dass unternehmensweite KI-Initiativen im Durchschnitt nur einen ROI von 5,9 % erzielten, was weit unter den Erwartungen lag. Die Gründe für diese Diskrepanz sind vielfältig: unrealistische Erwartungen an die Fähigkeiten der KI, mangelnde Abstimmung zwischen IT und Geschäftsbereichen, unzureichende Datenqualität und fehlende Kompetenzen im Umgang mit KI-Technologien. Um den ROI zu maximieren, müssen Unternehmen KI-Anwendungsfälle identifizieren, die eng mit den Geschäftsprioritäten verknüpft sind und einen klaren, messbaren Nutzen versprechen [5]. Es ist ratsam, mit Pilotprojekten zu beginnen, die schnell Ergebnisse liefern können (Quick Wins), um Erfahrungen zu sammeln und das Vertrauen in die Technologie zu stärken, bevor größere Investitionen getätigt werden.

Eine weitere Herausforderung ist die Notwendigkeit, die richtigen Talente zu gewinnen und zu halten. Data Scientists, Machine-Learning-Ingenieure und KI-Experten sind auf dem Arbeitsmarkt stark nachgefragt und entsprechend schwer zu finden. Unternehmen müssen attraktive Arbeitsbedingungen bieten, Weiterbildungsmöglichkeiten schaffen und eine Kultur fördern, die Innovation und Experimentieren unterstützt, um diese Talente anzuziehen und zu binden [4]. Darüber hinaus ist es wichtig, die bestehenden Mitarbeiter auf die Zusammenarbeit mit KI-Systemen vorzubereiten und ihnen die Angst vor der Technologie zu nehmen. Change-Management-Prozesse sind entscheidend, um Widerstände zu überwinden und die Akzeptanz von KI in der Organisation zu fördern.

Literaturhinweise zu Abschn. 1.2

1. Harvard Business School (2024): The Role of Artificial Intelligence in Digital Transformation. Dieser Artikel beleuchtet die zentrale Rolle der künstlichen Intelligenz als treibende Kraft für die digitale Transformation von Unternehmen und die Notwendigkeit einer strategischen Roadmap. https://online.hbs.edu/blog/post/ai-digital-transformation
2. IBM (n.d.): AI for Digital Transformation. IBM beschreibt die KI-Transformation als eine strategische Initiative, bei der KI tief in die Betriebsabläufe, Produkte und Dienstleistungen eines Unternehmens integriert wird, um fundamentale Veränderungen zu bewirken. https://www.ibm.com/think/topics/ai-transformation

3. Kitsios, F., & Kamariotou, M. (2021): Artificial intelligence and business strategy towards digital transformation: A research agenda. Diese hochzitierte Studie analysiert die Konvergenz von KI und Unternehmensstrategie und identifiziert vier zentrale Quellen der Wertschöpfung durch den strategischen Einsatz von KI. https://www.mdpi.com/2071-1050/13/4/2025
4. Holmström, J. (2022): From AI to digital transformation: The AI readiness framework. Veröffentlicht in Business Horizons, stellt dieser Artikel ein Rahmenwerk vor, das Unternehmen hilft, ihre Bereitschaft für die KI-Transformation zu bewerten und eine erfolgreiche Implementierungsstrategie zu entwickeln. https://www.sciencedirect.com/science/article/pii/S0007681321000744
5. Pfeifer, K. (n.d.): AI ROI Reality Check: Why 70 % of Enterprises Still Struggle with Measurable Value Creation. Dieser Artikel auf Medium analysiert die Herausforderungen und versteckten Kosten bei der Implementierung von KI und warum viele Unternehmen Schwierigkeiten haben, einen positiven ROI zu erzielen. https://medium.com/@karenpfeifer/ai-roi-reality-check-why-70-of-enterprises-still-struggle-with-measurable-value-creation-6a1ea45aebfd
6. Disselkamp, M., & Schmiedchen, F. (2025): Strategischer KI-Einsatz in Unternehmen. In: Künstliche Intelligenz und Wir. Springer. Dieses Buchkapitel bietet eine deutsche Perspektive auf den strategischen Einsatz von KI und deren Bedeutung für digital-orientierte Geschäftsmodelle. https://link.springer.com/chapter/10.1007/978-3-662-71567-3_18

1.3 Ethische und gesellschaftliche Herausforderungen der KI: Diskussion über Voreingenommenheit, Datenschutz und die Auswirkungen auf den Arbeitsmarkt

Die rasante Verbreitung und die zunehmende Leistungsfähigkeit künstlicher Intelligenz werfen tiefgreifende ethische und gesellschaftliche Fragen auf, die einer sorgfältigen Betrachtung bedürfen. Während das technologische Potenzial der KI unbestreitbar ist, gehen mit ihrer Anwendung auch erhebliche Risiken einher, die von der Verstärkung systemischer Ungleichheiten über die Aushöhlung der Privatsphäre bis hin zu fundamentalen Umwälzungen auf dem Arbeitsmarkt reichen [1]. Die Gestaltung einer verantwortungsvollen Zukunft mit KI erfordert daher eine proaktive Auseinandersetzung mit diesen Herausforderungen, um sicherzustellen, dass die Technologie zum Wohle der gesamten Gesellschaft eingesetzt wird. Die ethischen Fragen der KI sind nicht nur akademischer Natur, sondern haben unmittelbare praktische Konsequenzen für Millionen von Menschen, deren Leben von KI-Systemen beeinflusst wird [3].

Eine der dringendsten ethischen Herausforderungen ist die Gefahr der Voreingenommenheit (Bias) in KI-Systemen. KI-Modelle lernen aus den Daten, mit denen sie trainiert werden. Wenn diese Trainingsdaten historische oder gesellschaftliche Vorurteile widerspiegeln, wird die KI diese nicht nur übernehmen, sondern potenziell sogar verstärken [1]. Dies kann zu diskriminierenden Ergebnissen in kritischen Anwendungsbereichen führen. Beispielsweise könnten KI-Systeme, die zur Vorauswahl von Bewerbern eingesetzt werden, unbewusst Kandidaten aufgrund von Geschlecht, ethnischer Zugehörigkeit oder sozioökonomischem Hintergrund benachteiligen, wenn die historischen Einstellungsdaten solche Muster enthalten. Ein bekanntes Beispiel ist ein KI-basiertes Rekrutierungstool eines großen Technologieunternehmens, das systematisch Frauen benachteiligte, weil es auf historischen Einstellungsdaten trainiert wurde, die eine Überrepräsentation von Männern aufwiesen [1].

Ähnliche Risiken bestehen bei der Kreditvergabe oder in der Justiz, wo voreingenommene Algorithmen bestehende soziale Ungerechtigkeiten zementieren könnten. In den USA wurden Algorithmen zur Risikoeinschätzung von Straftätern eingesetzt, die nachweislich afroamerikanische Angeklagte als riskanter einstuften als weiße Angeklagte mit vergleichbaren Vorgeschichten [2]. Solche Verzerrungen können schwerwiegende Folgen haben, da sie Entscheidungen über Freiheit, Beschäftigung und Zugang zu Ressourcen beeinflussen. Die Ursachen für Bias in KI-Systemen sind vielfältig: Sie können aus verzerrten Trainingsdaten resultieren, aus der Art und Weise, wie Merkmale ausgewählt und gewichtet werden, oder aus der Optimierung auf Metriken, die implizit bestimmte Gruppen benachteiligen [1].

Um dieser Gefahr zu begegnen, ist die Entwicklung und Implementierung von „Fairness-aware" Algorithmen, die Voreingenommenheit aktiv erkennen und korrigieren, von entscheidender Bedeutung [2]. Ein umfassender Ansatz zur Gewährleistung von Fairness in der KI umfasst die sorgfältige Auswahl und Aufbereitung von Trainingsdaten, die Implementierung von Transparenzmechanismen, die die Entscheidungsfindung der Algorithmen nachvollziehbar machen, und ein kontinuierliches Monitoring der Systeme nach ihrer Inbetriebnahme. Die Auswahl repräsentativer und ausgewogener Trainingsdaten ist ein erster wichtiger Schritt. Wenn bestimmte Gruppen in den Daten unterrepräsentiert sind, kann das Modell für diese Gruppen schlechter abschneiden. Techniken wie das Oversampling von Minderheitengruppen oder das Generieren synthetischer Daten können helfen, diese Ungleichgewichte auszugleichen [1].

Transparenz ist ein weiterer Schlüsselaspekt. Viele moderne KI-Modelle, insbesondere tiefe neuronale Netze, sind „Black Boxes", deren Entscheidungsprozesse schwer nachvollziehbar sind. Die Entwicklung von Methoden zur Erklärbarkeit (Explainable AI, XAI) ist daher von großer Bedeutung [2]. XAI-Techniken zielen darauf ab, die Entscheidungen von KI-Systemen verständlich zu machen, indem sie aufzeigen, welche Merkmale oder Datenpunkte zu einer bestimmten Vorhersage geführt haben. Dies ermöglicht es, potenzielle Verzerrungen zu identifizieren und zu korrigieren. Darüber hinaus ist ein kontinuierliches Monitoring der KI-Systeme im Betrieb erforderlich, um sicherzustellen, dass sie auch unter sich ändernden Bedingungen fair bleiben. Die Leistung des Modells sollte regelmäßig für verschiedene demografische Gruppen überprüft werden, um Disparitäten frühzeitig zu erkennen [2].

Eng mit der Frage der Fairness ist die Herausforderung des Datenschutzes verknüpft. KI-Systeme, insbesondere im Bereich des Deep Learning, benötigen riesige Mengen an Daten, um effektiv zu lernen. Diese „Datenhungrigkeit“ birgt erhebliche Risiken für die Privatsphäre des Einzelnen [2]. Die Sammlung, Speicherung und Verarbeitung personenbezogener Daten in großem Umfang erhöht die Gefahr von Datenmissbrauch, unbefugtem Zugriff und Überwachung. Datenlecks und Cyberangriffe können dazu führen, dass sensible persönliche Informationen in die falschen Hände geraten. Darüber hinaus können KI-Systeme genutzt werden, um umfassende Profile von Individuen zu erstellen, die Einblicke in ihre Gewohnheiten, Präferenzen, Gesundheit und sogar ihre politischen Ansichten geben. Diese Profile können für gezielte Werbung, politische Manipulation oder Diskriminierung missbraucht werden [6].

Die UNESCO betont in ihren Empfehlungen zur Ethik der künstlichen Intelligenz die Notwendigkeit, die Privatsphäre während des gesamten Lebenszyklus eines KI-Systems zu schützen und robuste Datenschutz-Frameworks zu etablieren [3]. Es reicht nicht aus, sich allein auf die Einhaltung bestehender Datenschutzgesetze wie der Datenschutz-Grundverordnung (DSGVO) in Europa zu verlassen. Vielmehr muss ein ethischer Rahmen geschaffen werden, der Transparenz, Fairness und den Schutz der Privatsphäre als integrierte Bestandteile der KI-Entwicklung begreift [2]. Unternehmen und Entwickler stehen in der Verantwortung, Techniken wie die Datenanonymisierung und -minimierung konsequent anzuwenden und sicherzustellen, dass die Nutzer die Kontrolle über ihre eigenen Daten behalten. Datenanonymisierung bedeutet, dass personenbezogene Informationen so verändert werden, dass sie nicht mehr einer bestimmten Person zugeordnet werden können. Datenminimierung bedeutet, dass nur die Daten gesammelt werden, die für einen bestimmten Zweck unbedingt erforderlich sind [3].

Darüber hinaus gibt es technische Ansätze zum Schutz der Privatsphäre, die es ermöglichen, KI-Modelle zu trainieren, ohne dass sensible Daten offengelegt werden müssen. Federated Learning ist eine solche Technik, bei der das Modell auf den Geräten der Nutzer trainiert wird, ohne dass die Rohdaten das Gerät verlassen. Nur die Modellaktualisierungen werden an einen zentralen Server gesendet und dort aggregiert. Differential Privacy ist eine weitere Technik, die Rauschen in die Daten einfügt, um die Identifizierung einzelner Datenpunkte zu erschweren, während gleichzeitig statistische Eigenschaften der Daten erhalten bleiben [2]. Diese Techniken zeigen, dass es möglich ist, die Vorteile der KI zu nutzen, ohne die Privatsphäre der Nutzer zu opfern, erfordern jedoch zusätzliche technische Komplexität und können die Modellleistung beeinträchtigen.

Neben den ethischen Bedenken hinsichtlich Voreingenommenheit und Datenschutz gehören die Auswirkungen der KI auf den Arbeitsmarkt zu den meistdiskutierten gesellschaftlichen Herausforderungen. Die Debatte ist von zwei gegensätzlichen Narrativen geprägt: der Befürchtung massenhafter Arbeitsplatzverluste durch Automatisierung auf der einen Seite und der Hoffnung auf die Schaffung neuer Berufe und die Steigerung der Produktivität auf der anderen. Die Realität ist weitaus komplexer und nuancierter. Aktuelle Studien deuten darauf hin, dass die Auswirkungen von KI auf den Arbeitsmarkt bisher weniger dramatisch sind als oft angenommen. Eine Untersuchung des MIT zeigt, dass

Unternehmen, die verstärkt KI einsetzen, tendenziell sogar ein höheres Beschäftigungswachstum aufweisen [4]. Dies deutet darauf hin, dass KI in vielen Fällen eher als Werkzeug zur Produktivitätssteigerung dient, das die menschliche Arbeit ergänzt, anstatt sie zu ersetzen.

Eine andere Studie der Yale University und der Brookings Institution kommt zu dem Schluss, dass generative KI bisher kaum negative Auswirkungen auf die Jobaussichten von Arbeitnehmern in den USA hatte [5]. Die Autoren fanden keine signifikanten Zusammenhänge zwischen der Exposition gegenüber KI und Veränderungen in Beschäftigung oder Arbeitslosigkeit. Dies könnte darauf hindeuten, dass die Einführung von KI langsamer verläuft als erwartet oder dass die Anpassungsprozesse auf dem Arbeitsmarkt die negativen Effekte bisher abfedern konnten. Es ist jedoch wichtig zu beachten, dass diese Studien den aktuellen Stand abbilden und dass sich die Situation in Zukunft ändern könnte, wenn KI-Technologien weiter reifen und breiter eingesetzt werden [5].

Gleichwohl besteht Einigkeit darüber, dass KI und Automatisierung die Arbeitswelt nachhaltig verändern werden. Während einige Routineaufgaben vollständig automatisiert werden, werden sich viele Berufsfelder wandeln und neue Kompetenzen erfordern. Berufe, die repetitive, regelbasierte Tätigkeiten umfassen, sind am stärksten gefährdet. Dazu gehören beispielsweise Dateneingabe, einfache Buchhaltung oder Routineprogrammierung [4]. Auf der anderen Seite werden Berufe, die Kreativität, soziale Intelligenz, komplexe Problemlösung oder manuelles Geschick erfordern, weniger leicht zu automatisieren sein. Gleichzeitig entstehen neue Berufsfelder im Zusammenhang mit KI, wie Data Scientists, Machine-Learning-Ingenieure, KI-Ethiker oder Prompt-Engineers, die KI-Systeme bedienen und optimieren.

Die Herausforderung besteht darin, diesen Übergang sozialverträglich zu gestalten und die Arbeitnehmer auf die Anforderungen der zukünftigen Arbeitswelt vorzubereiten. Dies erfordert massive Investitionen in Bildung und lebenslanges Lernen, um die Fähigkeiten zu vermitteln, die in einer von KI geprägten Wirtschaft gefragt sind [6]. Dazu gehören kritisches Denken, Kreativität, soziale Intelligenz und die Fähigkeit, mit KI-Systemen effektiv zusammenzuarbeiten. Bildungseinrichtungen müssen ihre Lehrpläne anpassen, um diese Kompetenzen zu fördern. Unternehmen müssen in die Weiterbildung ihrer Mitarbeiter investieren und Umschulungsprogramme anbieten. Regierungen müssen Rahmenbedingungen schaffen, die lebenslanges Lernen unterstützen, und soziale Sicherungsnetze bereitstellen, um diejenigen aufzufangen, die von der Transformation negativ betroffen sind [6].

Ohne proaktive politische und unternehmerische Maßnahmen zur Umschulung und Weiterqualifizierung besteht die Gefahr einer wachsenden Kluft zwischen hoch qualifizierten Fachkräften, die von der KI profitieren, und Geringqualifizierten, deren Arbeitsplätze bedroht sind. Diese Polarisierung könnte zu einer Zunahme sozialer Ungleichheit führen, mit weitreichenden Konsequenzen für den gesellschaftlichen Zusammenhalt [3]. Es ist daher von entscheidender Bedeutung, dass die Vorteile der KI breit verteilt werden und dass niemand zurückgelassen wird. Die Gestaltung einer gerechten Transformation des Arbeitsmarktes ist somit eine zentrale gesellschaftliche Aufgabe, um den sozialen Zusammenhalt im Zeitalter der künstlichen Intelligenz zu sichern. Dies erfordert einen Dialog zwischen allen Stakeholdern – Regierungen, Unternehmen, Gewerkschaften, Bildungseinrichtungen und der Zivilgesellschaft – um gemeinsam Lösungen zu entwickeln, die sowohl wirtschaftlich sinnvoll als auch sozial gerecht sind [3].

Literaturhinweise zu Abschn. 1.3

1. SmartDev (2025): AI Bias and Fairness: The Definitive Guide to Ethical AI. Dieser Leitfaden bietet eine umfassende Analyse der Herausforderungen von Voreingenommenheit und Fairness in KI-Systemen und stellt Strategien für die Entwicklung ethischer KI vor. https://smartdev.com/addressing-ai-bias-and-fairness-challenges-implications-and-strategies-for-ethical-ai/
2. Radanliev, P. et al. (2025): AI Ethics: Integrating Transparency, Fairness, and Privacy. Diese wissenschaftliche Arbeit, veröffentlicht bei Taylor & Francis, etabliert einen ethischen Rahmen, der Transparenz, Fairness und Datenschutz in KI-Technologien integriert, um Voreingenommenheit zu mindern und Rechenschaftspflicht zu fördern. https://www.tandfonline.com/doi/full/10.1080/08839514.2025.2463722
3. UNESCO (n.d.): Ethics of Artificial Intelligence. Die UNESCO hat eine globale Empfehlung zur Ethik der künstlichen Intelligenz verabschiedet, die einen normativen Rahmen bietet und die Förderung von sozialer Gerechtigkeit, Fairness und den Schutz der Privatsphäre fordert. https://www.unesco.org/en/artificial-intelligence/recommendation-ethics
4. MIT Sloan (2025): How artificial intelligence impacts the US labor market. Dieser Artikel fasst eine Studie zusammen, die zeigt, dass ein verstärkter Einsatz von KI in Unternehmen mit einem höheren Beschäftigungs- und Umsatzwachstum verbunden sein kann. https://mitsloan.mit.edu/ideas-made-to-matter/how-artificial-intelligence-impacts-us-labor-market
5. Yale Budget Lab (2025): Evaluating the Impact of AI on the Labor Market: Current State of Affairs. Diese Studie der Yale University kommt zu dem Ergebnis, dass die bisherigen Auswirkungen von KI auf den Arbeitsmarkt in Bezug auf Beschäftigung und Arbeitslosigkeit noch nicht signifikant sind. https://budgetlab.yale.edu/research/evaluating-impact-ai-labor-market-current-state-affairs
6. Barton, M.C., & Pöppelbuß, J. (2022): Prinzipien für die ethische Nutzung künstlicher Intelligenz. Erschienen in HMD Praxis der Wirtschaftsinformatik, diskutiert dieser Artikel Prinzipien für die ethische KI-Nutzung aus deutscher Perspektive, einschließlich der Vermeidung von Voreingenommenheit und des Schutzes der Privatsphäre. https://link.springer.com/article/10.1365/s40702-022-00850-3

Die Quantenrevolution

2

2.1 Grundlagen des Quantencomputings: Eine verständliche Erklärung der Prinzipien der Quantenmechanik und ihrer Anwendung in der Informatik

Das Quantencomputing stellt einen fundamentalen Paradigmenwechsel in der Welt der Informationsverarbeitung dar, eine technologische Zäsur, die das Potenzial hat, die Grenzen des Berechenbaren neu zu definieren. Während klassische Computer, von Laptops bis hin zu den größten Supercomputern, auf den deterministischen und gut verstandenen Prinzipien der klassischen Physik basieren und Informationen in Form von Bits speichern, die eindeutig entweder den Zustand 0 oder 1 annehmen können, schlägt das Quantencomputing einen radikal anderen Weg ein. Es nutzt die kontraintuitiven, probabilistischen und oft als bizarr empfundenen Gesetze der Quantenmechanik, um Berechnungen auf eine völlig neue Art und Weise durchzuführen [2]. Diese neue Form des Rechnens verspricht, bestimmte Klassen von Problemen zu lösen – insbesondere solche, die durch eine immense kombinatorische Komplexität gekennzeichnet sind –, die für die leistungsfähigsten klassischen Supercomputer heute und in absehbarer Zukunft praktisch unlösbar bleiben. Um die Funktionsweise und das revolutionäre Potenzial eines Quantencomputers zu verstehen, ist es unerlässlich, sich mit den grundlegenden Konzepten der Quantenmechanik vertraut zu machen, die sein Fundament bilden und ihm seine einzigartige Mächtigkeit verleihen [3, 4].

Das Herzstück eines Quantencomputers und das fundamentale Gegenstück zum klassischen Bit ist das Quantenbit, oder kurz Qubit. Im Gegensatz zu einem klassischen Bit, das sich immer in einem von zwei definierten und voneinander getrennten Zuständen befindet, kann ein Qubit dank des Prinzips der Superposition (Überlagerung) eine lineare Kombina-

U. Karrenberg, *Next Generation World*,
https://doi.org/10.1007/978-3-662-72805-5_2

tion aus beiden Zuständen gleichzeitig repräsentieren [1]. Man kann sich dies bildlich so vorstellen, als würde eine Münze nicht flach auf dem Tisch liegen und entweder Kopf oder Zahl zeigen, sondern sich in der Luft drehen und beide Möglichkeiten gleichzeitig verkörpern, mit einer bestimmten Wahrscheinlichkeit für jeden der beiden Zustände. Erst im Moment der Messung, also der „Beobachtung" der Münze, kollabiert diese Wahrscheinlichkeitswelle, und das Qubit „entscheidet" sich zufällig, aber den Wahrscheinlichkeiten entsprechend, für einen der beiden klassischen Zustände, 0 oder 1. Diese Fähigkeit, mehrere Werte gleichzeitig zu speichern, ist die erste Quelle der enormen Rechenleistung von Quantencomputern. Sie wächst exponentiell mit der Anzahl der Qubits. Während zwei klassische Bits vier mögliche Kombinationen (00, 01, 10, 11) nur nacheinander darstellen können, können zwei Qubits alle vier Kombinationen gleichzeitig in einer einzigen Superposition halten. Ein System mit nur 300 Qubits könnte bereits mehr Zustände gleichzeitig repräsentieren, als es Atome im beobachtbaren Universum gibt. Diese exponentielle Skalierung des Zustandsraums ermöglicht es einem Quantencomputer, einen riesigen Lösungsraum parallel zu durchsuchen, anstatt wie ein klassischer Computer jeden Pfad einzeln und sequenziell abarbeiten zu müssen [5].

Ein weiteres zentrales und vielleicht noch verblüffenderes Quantenphänomen ist die Verschränkung (Entanglement). Wenn zwei oder mehr Qubits miteinander verschränkt werden, gehen sie eine untrennbare Verbindung ein, die unabhängig von der räumlichen Distanz, die sie trennt, bestehen bleibt [1]. Der Zustand eines Qubits ist unmittelbar und untrennbar vom Zustand des anderen abhängig. Sie verhalten sich wie ein einziges, kohärentes System, auch wenn sie Lichtjahre voneinander entfernt sind. Misst man den Zustand eines verschränkten Qubits und findet es beispielsweise im Zustand 0, kennt man augenblicklich auch den Zustand seines Partners, der dann zwingend den korrelierten Zustand (z. B. 1) einnehmen muss. Albert Einstein, der mit den Implikationen der Quantentheorie haderte, bezeichnete dieses Phänomen einst spöttisch als „spukhafte Fernwirkung". In einem Quantencomputer ist die Verschränkung jedoch keine Spukerei, sondern eine entscheidende Ressource. Sie ermöglicht es, dass die Zustände der Qubits miteinander korreliert sind, was für die Ausführung komplexer Quantenalgorithmen von entscheidender Bedeutung ist. Die Verschränkung schafft eine Art unsichtbares Netz, das die Qubits zu einer einzigen, mächtigen Recheneinheit verbindet und es ermöglicht, Informationen auf eine Weise zu verarbeiten und zu korrelieren, die in der klassischen Welt keine Entsprechung hat [3]. Sie ist die Grundlage für komplexe Operationen und die Übertragung von Quanteninformation.

Das dritte wichtige Prinzip, das Quantencomputern ihre Kraft verleiht, ist die Interferenz. Ähnlich wie sich Wellen auf einer Wasseroberfläche gegenseitig verstärken (konstruktive Interferenz) oder auslöschen (destruktive Interferenz) können, können die Wahrscheinlichkeitswellen, die die Zustände der Qubits beschreiben, miteinander interferieren [1]. In einem Quantenalgorithmus wird dieses Prinzip gezielt und kunstvoll genutzt, um die Wahrscheinlichkeiten der falschen Lösungen durch destruktive Interferenz systematisch zu verringern und gleichzeitig die Wahrscheinlichkeit der korrekten Lösung durch konstruktive Interferenz zu erhöhen. Man kann sich den Prozess so vorstellen, als würde der Quantencomputer durch die Superposition alle möglichen Lösungswege gleichzeitig erkunden. Durch eine sorgfältig gestaltete Sequenz von Quantenoperationen (sogenannten Quantengattern) werden die Phasen der Qubits so manipuliert, dass sich die Pfade, die zu falschen Antworten führen, gegenseitig aufheben, während sich die Pfade zur richtigen Antwort verstärken. Am Ende der Berechnung ist die Wahrscheinlichkeit, bei der Messung die korrekte Lösung zu finden, sehr hoch. Dieser Mechanismus ist der Schlüssel zur Effizienz vieler Quantenalgorithmen, da er es ermöglicht, den riesigen Lösungsraum, der durch die Superposition aufgespannt wird, gezielt und weitaus schneller als klassisch möglich nach der richtigen Antwort zu durchsuchen [4].

Die praktische Umsetzung dieser drei Prinzipien ist jedoch mit enormen technischen Herausforderungen verbunden. Quantenzustände sind extrem fragil und anfällig für Störungen aus der Umgebung, wie minimale Temperaturschwankungen, Vibrationen, Streufelder oder elektromagnetische Strahlung. Dieser Effekt, bekannt als Dekohärenz, ist der größte Feind jedes Quantencomputers. Er führt dazu, dass die Qubits ihre fragilen Quanteneigenschaften – Superposition und Verschränkung – verlieren, die in ihnen gespeicherte Quanteninformation „leckt" in die Umgebung und die Berechnung wird zerstört [1, 3]. Um die Dekohärenz zu minimieren, müssen Quantencomputer in extrem isolierten Umgebungen betrieben werden, oft in großen Kühlsystemen bei Temperaturen nahe dem absoluten Nullpunkt (wenige Millikelvin), und aufwendig abgeschirmt von jeglichen äußeren Einflüssen. Die Überwindung der Dekohärenz und die Entwicklung fehlertoleranter Qubits, die ihre Quantenzustände über längere Zeiträume und während Tausender von Operationen aufrechterhalten können, ist eine der größten Hürden auf dem Weg zu leistungsfähigen, universellen Quantencomputern. Die aktuelle Forschung konzentriert sich intensiv auf Quantenfehlerkorrektur-Codes, die logische Qubits aus vielen physikalischen Qubits zusammensetzen, um Fehler zu erkennen und zu korrigieren, ohne den zugrunde liegenden Quantenzustand zu zerstören [5]. Trotz dieser Schwierigkeiten arbeiten Forscher und Unternehmen weltweit an verschiedenen physikalischen Implementierungen von Qubits, beispielsweise mit supraleitenden Schaltkreisen, in denen Ströme gleichzeitig in beide Richtungen fließen, mit gefangenen Ionen, die durch Laserstrahlen in Schwebe gehalten und manipuliert werden, oder mit photonischen Systemen, die Lichtteilchen als Informationsträger nutzen, um die Quantenrevolution unaufhaltsam voranzutreiben [6].

Literaturhinweise zu Abschn. 2.1

1. IBM (n.d.): Was ist Quantencomputing? Dieser Artikel von IBM, einem der führenden Unternehmen in der Quantencomputer-Forschung, erklärt die vier zentralen Prinzipien der Quantenmechanik, die dem Quantencomputing zugrunde liegen: Superposition, Verschränkung, Interferenz und Dekohärenz. https://www.ibm.com/de-de/think/topics/quantum-computing
2. Microsoft Azure (2025): Was ist Quantum Computing? Microsoft bietet eine klare Einführung in die Prinzipien des Quantencomputings und vergleicht es

mit dem klassischen Computing, um die grundlegenden Unterschiede und Potenziale herauszuarbeiten. https://learn.microsoft.com/de-de/azure/quantum/overview-understanding-quantum-computing
3. AWS (n.d.): What is Quantum Computing? Amazon Web Services erläutert die grundlegenden Konzepte wie Superposition, Verschränkung und Dekohärenz und beschreibt, wie diese für die Entwicklung neuer Rechenparadigmen genutzt werden. https://aws.amazon.com/what-is/quantum-computing/
4. Quantum Inspire (n.d.): The basics of Quantum Computing. Diese Plattform bietet eine grundlegende Einführung in die Quantentheorie, die Funktionsweise von Qubits und die Anwendung von Quantenalgorithmen. https://www.quantum-inspire.com/kbase/introduction-to-quantum-computing/
5. Quarks.de (2019): So funktioniert ein Quantencomputer. Dieser Beitrag bietet eine sehr zugängliche und verständliche Erklärung der komplexen Funktionsweise von Quantencomputern für ein breites Publikum in deutscher Sprache. https://www.quarks.de/technik/faq-so-funktioniert-ein-quantencomputer/
6. Cassini (n.d.): Quantencomputer – von der Theorie zur Praxis, einfach erklärt. Dieser Artikel schlägt eine Brücke von den theoretischen Grundlagen der Quantenmechanik zur praktischen Implementierung und den Herausforderungen beim Bau von Quantencomputern. https://www.cassini.de/inspire/quantencomupting-einfach-erklaert

2.2 Potenzielle Anwendungen in Forschung und Industrie: Untersuchung der Bereiche, die vom Quantencomputing revolutioniert werden könnten, von der Medikamentenentwicklung bis zur Materialwissenschaft

Die einzigartigen Rechenfähigkeiten von Quantencomputern, die direkt aus den Prinzipien der Quantenmechanik abgeleitet sind, eröffnen atemberaubende Perspektiven für Durchbrüche in zahlreichen Bereichen von Wissenschaft und Industrie. Diese Potenziale gehen weit über eine bloße Beschleunigung bestehender Berechnungen hinaus; sie versprechen, Probleme zu lösen, die aufgrund ihrer fundamentalen Komplexität für klassische Computer auf ewig unerreichbar bleiben würden. Insbesondere bei Problemen, die auf der Simulation komplexer Quantensysteme basieren, verspricht die Quantenrevolution, bisher unüberwindbare Grenzen zu sprengen. Die Fähigkeit, die Natur auf ihrer fundamentalsten Ebene – der Ebene der Atome und Moleküle – präzise zu simulieren, könnte ganze Branchen transformieren und Lösungen für einige der drängendsten globalen Herausforderungen in den Bereichen Gesundheit, Energie und Nachhaltigkeit liefern [6].

Ein besonders vielversprechendes und oft zitiertes Anwendungsfeld ist die Medikamentenentwicklung und die pharmazeutische Forschung. Die Entwicklung neuer Medikamente ist heute ein extrem zeitaufwendiger, riskanter und kostspieliger Prozess, der oft mehr als ein Jahrzehnt dauert und Milliarden von Dollar verschlingt. Ein Großteil dieses Aufwands beruht auf einem langwierigen Prozess von Versuch und Irrtum im Labor. Quantencomputer könnten diesen Prozess revolutionieren, indem sie die Wechselwirkungen zwischen potenziellen Wirkstoffmolekülen und den Zielproteinen im menschlichen Körper auf atomarer Ebene präzise simulieren [1]. Das genaue Verstehen dieser komplexen molekularen Interaktionen ist entscheidend für die Entwicklung wirksamer und sicherer Medikamente. Klassische Computer stoßen bei der Simulation selbst relativ kleiner Moleküle schnell an ihre Grenzen, da die Anzahl der möglichen Quantenzustände und Wechselwirkungen exponentiell ansteigt. Quantencomputer hingegen sind von Natur aus perfekt für die Lösung solcher Quantenprobleme geeignet. Sie könnten es Forschern ermöglichen, die Wirksamkeit und potenzielle Nebenwirkungen von Hunderttausenden von Medikamentenkandidaten virtuell zu testen, bevor auch nur ein einziges Molekül im Labor synthetisiert wird [3]. Dies würde nicht nur die Entwicklungszeiten und -kosten drastisch verkürzen, sondern auch den Weg für eine Ära der hochgradig personalisierten Medizin ebnen, bei der Medikamente auf die individuelle genetische Ausstattung eines Patienten oder die spezifischen Eigenschaften eines Tumors zugeschnitten sind [1, 5]. Eine hochzitierte Studie in der Fachzeitschrift Nature hat bereits eine hybride Quantencomputer-Pipeline für reale Probleme in der Medikamentenentwicklung demonstriert und damit die praktische Relevanz unterstrichen [2].

Ähnlich transformative Auswirkungen werden in der Materialwissenschaft und Chemie erwartet. Die Entdeckung neuer Materialien mit maßgeschneiderten Eigenschaften ist der Schlüssel für Innovationen in fast allen Industrien, von der Energiespeicherung über die Elektronik bis hin zur Luft- und Raumfahrt. Quantencomputer könnten die Entwicklung neuer Materialien dramatisch beschleunigen, indem sie deren elektronische und strukturelle Eigenschaften auf Quantenebene simulieren und vorhersagen [4]. Beispielsweise könnten sie bei der Suche nach neuen Katalysatoren für industrielle Prozesse helfen, die effizienter, selektiver und umweltfreundlicher sind. Ein heiliger Gral der Chemie ist die Entwicklung eines Katalysators, der Stickstoff aus der Luft bei Raumtemperatur und normalem Druck binden kann, um Düngemittel herzustellen. Der heutige Haber-Bosch-Prozess ist extrem energieintensiv und für einen erheblichen Teil der globalen CO_2-Emissionen verantwortlich. Ein Quantencomputer könnte die komplexen Quantenprozesse an der Oberfläche eines Katalysators simulieren und so das Design eines effizienteren Pendants ermöglichen. In der Energieforschung könnten Quantencomputer zur Entwicklung leistungsfähigerer und langlebigerer Batterien beitragen, indem sie die komplexen elektrochemischen Prozesse in Batteriezellen simulieren und optimieren, was für die Elektromobilität und die Speicherung erneuerbarer Energien von entscheidender Bedeutung ist [6].

Auch der Finanzsektor, eine Branche, die stark von komplexen mathematischen Modellen abhängt, könnte erheblich vom Quantencomputing profitieren. Finanzmärkte sind hochkomplexe, dynamische Systeme, deren Modellierung und Vorhersage eine enorme Rechenleistung erfordert. Quantenalgorithmen könnten für die Optimierung von Investmentportfolios, die Bewertung komplexer Finanzderivate und die Analyse von Marktrisiken eingesetzt werden. Diese Aufgaben beinhalten oft die Lösung komplexer Optimierungsprobleme mit einer riesigen Anzahl von Variablen und Nebenbedingungen, die für klassische Computer schwer zu handhaben sind. Quantencomputer könnten in der Lage sein, effizientere Anlagestrategien zu entwickeln, die das Risiko-Rendite-Verhältnis optimieren, und systemische Risiken im Finanzsystem präziser zu modellieren. Darüber hinaus könnten sie die Betrugserkennung verbessern, indem sie subtile, nicht-lineare Muster in großen Transaktionsdatensätzen aufdecken, die auf betrügerische Aktivitäten hindeuten [6].

Ein weiterer wichtiger Anwendungsbereich ist die Schnittstelle zur künstlichen Intelligenz (KI) und zum maschinellen Lernen. Quantencomputing könnte bestimmte Arten von maschinellen Lernalgorithmen erheblich beschleunigen und verbessern. Sogenannte Quanten-Maschinenlernalgorithmen (QML) könnten Muster in hochdimensionalen Daten erkennen, die für klassische Algorithmen verborgen bleiben. Dies könnte zu Fortschritten in Bereichen wie der Bilderkennung, der Verarbeitung natürlicher Sprache und der Entdeckung von Anomalien führen. Insbesondere bei Optimierungsproblemen, die in vielen KI-Anwendungen auftreten – von der Logistik über die Tourenplanung bis hin zum Training von neuronalen Netzen – könnten Quantencomputer ihre Stärken ausspielen. Die Kombination von KI und Quantencomputing hat das Potenzial, eine neue Generation noch leistungsfähigerer intelligenter Systeme hervorzubringen, die Probleme lösen können, die heute als unlösbar gelten [2].

Obwohl das volle Potenzial des Quantencomputings und die Entwicklung eines fehlertoleranten, universellen Quantencomputers wahrscheinlich noch Jahre oder sogar Jahrzehnte entfernt sind, ist es für Unternehmen und Forschungseinrichtungen entscheidend, sich bereits heute strategisch mit dieser Technologie auseinanderzusetzen. Die Entwicklung von Quantenalgorithmen und die Identifizierung relevanter Anwendungsfälle erfordern eine langfristige Planung und den Aufbau von interdisziplinärem Fachwissen. Unternehmen, die frühzeitig Kompetenzen in diesem Bereich aufbauen, Partnerschaften mit Forschungseinrichtungen eingehen und erste Pilotprojekte starten, werden in der Lage sein, sich einen entscheidenden Wettbewerbsvorteil zu sichern, sobald die Technologie ausgereift ist [3]. Die Quantenrevolution befindet sich noch in einem frühen Stadium, aber ihre potenziellen Auswirkungen auf Wissenschaft, Wirtschaft und Gesellschaft sind so tiefgreifend, dass sie das Potenzial hat, die Welt, wie wir sie kennen, nachhaltig zu verändern.

Literaturhinweise zu Abschn. 2.2

1. Forbes (2024): How Quantum Computing Is Accelerating Drug Discovery. Dieser Artikel beschreibt anschaulich, wie Quantencomputer durch die Simulation von molekularen Interaktionen und Proteinfaltung die Medikamentenentwicklung beschleunigen und den Weg für personalisierte Medizin ebnen könnten. https://www.forbes.com/councils/forbesbusinessdevelopmentcouncil/2024/10/15/how-quantum-computing-is-accelerating-drug-discovery-and-development/

2. Nature (2024): A hybrid quantum computing pipeline for real world drug discovery. Diese hochzitierte wissenschaftliche Studie in Nature zeigt einen konkreten Anwendungsfall einer hybriden Quantencomputer-Pipeline für reale Probleme in der Medikamentenentwicklung. https://www.nature.com/articles/s41598-024-67897-8
3. McKinsey (2021): Quantum computing in drug research and development. McKinsey analysiert das transformative Potenzial des Quantencomputings für die Pharmaindustrie und empfiehlt Unternehmen, sich bereits jetzt strategisch darauf vorzubereiten. https://www.mckinsey.com/industries/life-sciences/our-insights/pharmas-digital-rx-quantum-computing-in-drug-research-and-development
4. Multiverse Computing (2023): 5 Crucial Quantum Computing Applications & Examples. Dieser Artikel gibt einen Überblick über wichtige Anwendungsfälle des Quantencomputings, einschließlich der Materialwissenschaft und der Simulation von Quantensystemen zur Entdeckung neuer Materialien. https://multiversecomputing.com/resources/5-crucial-quantum-computing-applications-and-examples
5. Fraunhofer IKS (n.d.): Quantencomputing. Das Fraunhofer-Institut für Kognitive Systeme IKS beleuchtet die Potenziale des Quantencomputings für komplexe Simulationen, insbesondere in der Medikamentenentwicklung und der Optimierung industrieller Prozesse. https://www.iks.fraunhofer.de/de/themen/quantencomputing.html
6. McKinsey (2021): Quantum computing use cases are getting real. McKinsey identifiziert konkrete Anwendungsfälle, die bereits heute an Bedeutung gewinnen, darunter die Optimierung von F&E, Produktion und Lieferketten in der Chemie- und Finanzindustrie. https://www.mckinsey.com/capabilities/mckinsey-digital/our-insights/quantum-computing-use-cases-are-getting-real-what-you-need-to-know

2.3 Das Rennen um die Quantenüberlegenheit: Ein Blick auf die globalen Anstrengungen und den Wettbewerb zwischen Unternehmen und Nationen

Das immense Potenzial des Quantencomputings, ganze Industrien zu revolutionieren und die Grenzen der Wissenschaft zu verschieben, hat einen intensiven globalen Wettbewerb ausgelöst, der oft als „Rennen um die Quantenüberlegenheit“ bezeichnet wird. Nationen, Technologiekonzerne und eine wachsende Zahl von Start-ups investieren massive Summen in Forschung und Entwicklung, um eine führende Rolle in dieser entscheidenden Zukunftstechnologie zu sichern [5]. Es geht dabei längst nicht mehr nur um wissenschaftliches Prestige, sondern um handfeste wirtschaftliche und strategische Vorteile. Das Land oder das Unternehmen, das als erstes einen fehlertoleranten, universellen

Quantencomputer baut, könnte sich einen potenziell uneinholbaren Vorsprung in Schlüsselindustrien wie der Pharmazie, der Materialwissenschaft oder der Finanzwelt sichern und die globale Machtbalance nachhaltig verändern [2, 6].

Im Zentrum dieses Wettbewerbs stand lange Zeit das eher akademische Konzept der Quantenüberlegenheit (Quantum Supremacy). Dieser Begriff, geprägt vom renommierten Physiker John Preskill, beschreibt den theoretischen Moment, in dem ein Quantencomputer nachweislich eine spezifische, sorgfältig ausgewählte Rechenaufgabe löst, die selbst der schnellste klassische Supercomputer der Welt in einem realistischen Zeitrahmen nicht bewältigen könnte [1]. Im Jahr 2019 sorgte Google für weltweites Aufsehen, als das Unternehmen in einer Publikation in der Fachzeitschrift Nature behauptete, mit seinem 53-Qubit-Sycamore-Prozessor die Quantenüberlegenheit erreicht zu haben. Der Quantencomputer habe eine bestimmte, künstlich geschaffene Berechnung in nur 200 s durchgeführt, für die ein klassischer Supercomputer nach Googles Schätzung etwa 10.000 Jahre benötigt hätte [1]. Obwohl Konkurrenten wie IBM die Methodik und die dramatische Schlussfolgerung von Google umgehend in Frage stellten und argumentierten, dass die Aufgabe mit verbesserten klassischen Algorithmen und optimierter Hardware in wenigen Tagen lösbar sei, markierte dieses Experiment einen wichtigen psychologischen und technologischen Meilenstein. Es demonstrierte eindrücklich das grundsätzliche Potenzial von Quantencomputern und befeuerte den globalen Wettbewerb weiter [4].

In jüngerer Zeit hat sich die Diskussion in der Fachwelt und bei den Investoren jedoch zunehmend vom eher symbolischen Konzept der Quantenüberlegenheit hin zum praktischeren und kommerziell relevanteren Ziel des Quantenvorteils (Quantum Advantage) verschoben. Ein Quantenvorteil ist erreicht, wenn ein Quantencomputer ein reales, praktisch relevantes Problem aus der Industrie oder Wissenschaft schneller, kostengünstiger oder präziser löst als jeder verfügbare klassische Computer [3]. Dieses Ziel ist weitaus bedeutsamer, da es den Punkt markiert, an dem Quantencomputer beginnen, einen echten Geschäftswert zu schaffen und einen Return on Investment zu liefern. Während die Quantenüberlegenheit an einer sehr spezifischen, künstlichen Aufgabe demonstriert wurde, die primär dazu diente, die Überlegenheit der Hardware zu beweisen, zielt der Quantenvorteil auf die Lösung von Problemen in Bereichen wie der Medikamentenentwicklung, der Materialwissenschaft, der Finanzoptimierung oder der Logistik ab. Experten gehen davon aus, dass erste, wenn auch begrenzte, Quantenvorteile für spezifische Nischenprobleme bereits in den nächsten Jahren mit den heute verfügbaren, noch fehlerbehafteten Quantencomputern (sogenannten NISQ-Geräten – Noisy Intermediate-Scale Quantum) erreicht werden könnten [3].

An der Spitze dieses technologischen Rennens stehen einige der größten Technologieunternehmen der Welt. Google und IBM liefern sich seit Jahren einen öffentlichen Wettstreit um die leistungsfähigsten Quantenprozessoren [4]. Beide Unternehmen verfolgen dabei primär den Ansatz supraleitender Qubits, die bei extrem tiefen Temperaturen betrieben werden müssen, und haben ehrgeizige Roadmaps für die Entwicklung von Prozessoren mit Tausenden und schließlich Millionen von Qubits veröffentlicht. IBM hat mit seiner „Quantum Experience“-Plattform frühzeitig den Zugang zu seinen Quantencomputern über die Cloud demokratisiert und damit eine wachsende globale Community von Forschern, Entwicklern und Unternehmen aufgebaut, die erste Erfahrungen mit der Programmierung von Quantencomputern sammeln. Neben den Tech-Giganten gibt es eine dynamische und wachsende Szene von hoch spezialisierten Start-ups wie IonQ, Rigetti, PsiQuantum oder Quantinuum, die mit alternativen und potenziell vielversprechenden Technologien wie gefangenen Ionen, photonischen Qubits oder neutralen Atomen innovative Ansätze verfolgen und den Wettbewerb zusätzlich anheizen [4].

Neben den Unternehmen haben auch die Nationen die immense strategische Bedeutung des Quantencomputings erkannt und massive staatliche Förderprogramme aufgelegt, die an das Wettrüsten während des Kalten Krieges erinnern. Die USA und China gelten als die beiden führenden Nationen in diesem Wettlauf, wobei beide Länder einen „Whole-of-Government"-Ansatz verfolgen [2]. Die US-Regierung hat mit der „National Quantum Initiative" ein milliardenschweres Programm zur Förderung der Quantenforschung ins Leben gerufen, das die Zusammenarbeit zwischen nationalen Laboren, Universitäten und der Privatwirtschaft stärken soll. China hat das Quantencomputing zu einer zentralen Säule seiner nationalen Technologiestrategie erklärt und investiert Schätzungen zufolge noch höhere Summen als die USA, um die technologische Unabhängigkeit vom Westen zu erreichen. Chinesische Forscher haben in den letzten Jahren beeindruckende Fortschritte erzielt und ebenfalls mehrfach den Anspruch auf Quantenüberlegenheit angemeldet, unter anderem mit dem photonischen Quantencomputer „Jiuzhang" [4]. Dieser geopolitische Wettbewerb wird nicht nur von wirtschaftlichen Interessen angetrieben, sondern auch von tiefgreifenden sicherheitspolitischen Erwägungen. Ein ausreichend leistungsfähiger Quantencomputer könnte in der Lage sein, die heute gängigen asymmetrischen Verschlüsselungsverfahren wie RSA zu brechen, die die Grundlage für die Sicherheit des Internets, des Online-Bankings und der militärischen Kommunikation bilden. Dies stellt eine ernsthafte Bedrohung für die globale Datensicherheit dar und treibt die Entwicklung quantensicherer Kryptografie (Post-Quantum Cryptography) voran [6].

Auch in Europa und anderen Teilen der Welt werden erhebliche Anstrengungen unternommen, um im globalen Quantenwettbewerb nicht den Anschluss zu verlieren. Die Europäische Union hat mit dem „Quantum Flagship" eine langfristige, mit einer Milliarde Euro finanzierte Forschungsinitiative gestartet, um die europäische Spitzenforschung zu bündeln und die Entwicklung von Quantentechnologien zu beschleunigen. Deutschland hat mit der „Agenda Quantensysteme" und erheblichen Investitionen in den Bau von Demonstrations-Quantencomputern ebenfalls ein umfassendes Förderprogramm aufgelegt, um eine eigene Quantencomputer-Industrie aufzubauen und technologische Souveränität zu sichern. Das Rennen um die Quantenüberlegenheit ist also ein globales Phänomen, das von einer komplexen Mischung aus wissenschaftlicher Neugier, enormen wirtschaftlichen Chancen und tiefgreifendem strategischem Kalkül angetrieben wird. Der Ausgang dieses Wettbewerbs ist noch offen, aber es ist bereits jetzt klar, dass die Ergebnisse die technologische, wirtschaftliche und sicherheitspolitische Landschaft des 21. Jahrhunderts maßgeblich prägen werden [5].

Literaturhinweise zu Abschn. 2.3

1. PatentPC (2025): Who's Leading the Quantum Race? Market Share & Investment Stats. Dieser Artikel gibt einen Überblick über den Stand des Wettbewerbs und hebt Googles Anspruch auf Quantenüberlegenheit mit dem Sycamore-Prozessor im Jahr 2019 als Schlüsselereignis hervor. https://patentpc.com/blog/whos-leading-the-quantum-race-market-share-investment-stats
2. Veritx (2024): The Race for Quantum Supremacy: A Comparative Analysis of Quantum Computing Development in the US and China. Diese Analyse vergleicht die Anstrengungen der USA und Chinas im Rennen um die Quantenüberlegenheit und betont die geopolitische und strategische Dimension des Wettbewerbs. https://www.veritx.com/the-race-for-quantum-supremacy-a-comparative-analysis-of-quantum-computing-development-in-the-us-and-china/
3. First Principles (2024): In the global quantum race, these countries are planning paths to the podium. Der Artikel diskutiert die strategische Verschiebung vom Konzept der „Quantenüberlegenheit" zum praxisnäheren Ziel des „Quantenvorteils" als eigentlichem Maßstab für den Erfolg im globalen Wettbewerb. https://www.firstprinciples.org/article/in-the-global-quantum-race-these-countries-are-planning-paths-to-the-podium
4. Fortune Hub (2025): The Quantum Computing Race: Google vs. IBM vs. China. Dieser Beitrag beleuchtet den intensiven Wettbewerb zwischen den Technologieriesen Google und IBM sowie den rasanten Aufstieg Chinas als führende Kraft in der Quantencomputer-Entwicklung. https://fortunerhub.com/the-quantum-computing-race-google-vs-ibm-vs-china/
5. CSIS (2025): Quick Take: Quantum Technology Global Competition. Das Center for Strategic and International Studies (CSIS) analysiert die globalen öffentlichen Investitionen in die Quantentechnologie und verdeutlicht die Intensität des internationalen Wettbewerbs. https://www.csis.org/blogs/perspectives-innovation/quick-take-quantum-technology-global-competition
6. Just Security (2025): The Security Stakes in the Global Quantum Race. Dieser Artikel thematisiert die erheblichen sicherheitspolitischen Risiken, die mit dem globalen Quantenwettlauf verbunden sind, insbesondere im Hinblick auf militärische Anwendungen und die Bedrohung für die Kryptografie. https://www.justsecurity.org/116473/security-stakes-global-quantum-race/

Die Zukunft der Konnektivität

3

3.1 5G, 6G und das Internet von Allem: Wie die nächste Generation der Mobilfunktechnologie unsere Welt vernetzen wird

Die Evolution der drahtlosen Kommunikation ist eine der fundamentalen treibenden Kräfte der modernen Zivilisation und ein Gradmesser für den technologischen Fortschritt. Jede neue Generation von Mobilfunktechnologie, von der analogen Sprachübertragung mit 1G bis zum mobilen Breitband mit 4G, hat die Art und Weise, wie wir leben, arbeiten und miteinander interagieren, tiefgreifend und unumkehrbar verändert. Der Übergang von 4G zu 5G markierte jedoch mehr als nur einen weiteren inkrementellen Fortschritt in Bezug auf Geschwindigkeit; er leitete einen qualitativen Paradigmenwechsel ein, der über schnellere Downloads auf dem Smartphone weit hinausgeht und das technologische Fundament für eine vollständig vernetzte, intelligente und automatisierte Gesellschaft legt. Während die fünfte Generation, 5G, derzeit weltweit ausgerollt wird und ihre vielfältigen Potenziale in Industrie und Gesellschaft zu entfalten beginnt, arbeiten Forscher und Ingenieure in den Laboren von Universitäten und Technologiekonzernen bereits intensiv an der Vision für 6G, die sechste Generation. Diese verspricht, die Grenzen zwischen der physischen, digitalen und sogar der biologischen Welt weiter zu verwischen und eine Ära der allgegenwärtigen, intelligenten Konnektivität einzuläuten [1, 6]. Diese technologische Entwicklung ist untrennbar mit dem umfassenden Konzept des „Internet von Allem" (Internet of Everything, IoE) verbunden, einer konzeptionellen Erweiterung des bereits bekannten Internets der Dinge (IoT), das nicht nur Geräte, sondern auch Menschen, Prozesse und Daten in ein einziges, intelligentes und kohärentes Netzwerk integriert, um einen bisher unerreichten Grad an Kontext und Relevanz zu schaffen [2].

U. Karrenberg, *Next Generation World*,
https://doi.org/10.1007/978-3-662-72805-5_3

5G wurde von Grund auf mit einem breiteren Anwendungsspektrum im Sinn entwickelt und so konzipiert, dass es drei zentrale Versprechen erfüllt, die weit über die Fähigkeiten von 4G hinausgehen: extrem hohe Bandbreiten (enhanced Mobile Broadband, eMBB), extrem zuverlässige Kommunikation mit extrem niedriger Latenz (Ultra-Reliable Low-Latency Communication, URLLC) und die Fähigkeit, eine massive Anzahl von Geräten gleichzeitig zu vernetzen (massive Machine-Type Communication, mMTC). Während eMBB für Endverbraucher durch schnellere 4K/8K-Videostreams und immersive Gaming-Erlebnisse am unmittelbarsten spürbar wird, sind es vor allem URLLC und mMTC, die das wahre transformative Potenzial von 5G für die Industrie 4.0, die kritische Infrastruktur und die Gesellschaft als Ganzes ausmachen. Die Latenzzeit, also die Verzögerung zwischen dem Senden und Empfangen eines Signals, sinkt mit 5G auf wenige Millisekunden, was eine Kommunikation in Quasi-Echtzeit ermöglicht. Dies ist die Voraussetzung für hochsensible Anwendungen wie die Koordination autonomer Fahrzeuge im Straßenverkehr, die taktile Steuerung von Robotern in der ferngesteuerten Chirurgie (Telemedizin) oder die präzise Synchronisation von Maschinen in voll automatisierten Fabriken [6]. Gleichzeitig erlaubt die mMTC-Fähigkeit die Vernetzung von bis zu einer Million Geräten pro Quadratkilometer, was die Grundlage für riesige, dichte Sensornetzwerke in intelligenten Städten (Smart Cities) zur Verkehrssteuerung und Umweltüberwachung, in der Präzisionslandwirtschaft zur Überwachung von Bodenfeuchtigkeit und Nährstoffgehalt oder in der globalen Logistik zur lückenlosen Nachverfolgung von Waren schafft.

Diese technologischen Fähigkeiten sind die entscheidenden Wegbereiter für das Internet von Allem (IoE). Während sich das Internet der Dinge (IoT) primär auf die Vernetzung von physischen Objekten und Geräten – von der intelligenten Glühbirne bis zum vernetzten Auto – konzentriert, erweitert das IoE dieses Konzept um drei weitere entscheidende Dimensionen: Menschen, Daten und Prozesse [2, 3]. Im IoE werden Menschen nicht mehr nur als passive Nutzer von Diensten betrachtet, sondern als aktive Knotenpunkte im Netzwerk, die über Wearables, die ihre Vitaldaten messen, über Smartphones, die ihre Präferenzen und ihren Kontext kennen, oder in Zukunft vielleicht sogar über direkte Gehirn-Computer-Schnittstellen nahtlos und bidirektional mit der digitalen Welt verbunden sind. Daten werden nicht mehr nur in riesigen Mengen gesammelt und gespeichert, sondern durch KI und maschinelles Lernen intelligent verarbeitet, kontextualisiert und in wertvolle, handlungsrelevante Informationen und Aktionen umgewandelt. Prozesse, sowohl geschäftliche als auch alltägliche, werden dynamisch automatisiert und optimiert, indem die richtigen Informationen zur richtigen Zeit an die richtige Person oder Maschine geliefert werden, um fundiertere Entscheidungen zu ermöglichen. Das IoE schafft so ein dynamisches, intelligentes und sich selbst optimierendes Ökosystem, in dem Milliarden von Geräten, Menschen und Systemen in Echtzeit miteinander interagieren und einen Mehrwert schaffen, der weit über die Summe seiner einzelnen Teile hinausgeht [5].

Doch die technologische Entwicklung bleibt nicht stehen. Während 5G die Grundlage für diese vernetzte Welt legt, wird bereits intensiv an 6G geforscht, das voraussichtlich um das Jahr 2030 kommerziell verfügbar sein wird [1, 1]. 6G wird die von 5G eingeführten Trends nicht nur linear fortschreiben, sondern auf die Spitze treiben und völlig neue Dimensionen der Konnektivität eröffnen. Die erwarteten Datengeschwindigkeiten liegen im Bereich von Terabit pro Sekunde (Tbps), was fast 50-mal schneller ist als die theoretische Spitzenleistung von 5G und das Herunterladen von Spielfilmen in Sekundenbruchteilen ermöglichen würde [3]. Die Latenzzeiten sollen weiter in den Mikrosekundenbereich sinken, was eine quasi-augenblickliche, deterministische Kommunikation ermöglicht, die selbst für die anspruchsvollsten industriellen oder medizinischen Anwendungen zuverlässig genug ist. Um diese extreme Leistung zu erreichen, wird 6G voraussichtlich Frequenzen im bisher kaum genutzten Terahertz-Bereich (oberhalb von 100 Gigahertz) erschließen. Diese Frequenzen bieten eine enorme Bandbreite, stellen aber auch neue technische Herausforderungen an die Hardware, die Signalausbreitung und die Netzplanung [3].

Über die reinen Leistungsdaten hinaus wird 6G jedoch durch grundlegend neue, disruptive Konzepte definiert. Eine zentrale Vision ist die eines KI-nativen Netzwerks. Während 5G künstliche Intelligenz (KI) nutzt, um das Netzwerk zu verwalten und zu optimieren, wird 6G von Grund auf so konzipiert sein, dass KI ein integraler und untrennbarer Bestandteil der Netzarchitektur selbst ist [5]. KI wird nicht nur den Netzwerkbetrieb autonom steuern, Ressourcen dynamisch zuweisen und Sicherheitsbedrohungen vorhersagen, sondern auch die Kommunikation selbst intelligenter machen, indem sie beispielsweise die Bedeutung von Daten versteht und die Übertragung semantisch optimiert. Eine weitere revolutionäre Idee ist das „Netzwerk als Sensor". 6G-Netze könnten in der Lage sein, ihre physische Umgebung durch die präzise Analyse der Ausbreitung, Reflexion und Streuung der Funksignale wahrzunehmen. Sie könnten Objekte mit zentimetergenauer Präzision lokalisieren, Bewegungen und Gesten erkennen und sogar Materialien anhand ihrer spektralen Signatur identifizieren. Dies würde es ermöglichen, eine hochauflösende, digitale Zwillingswelt in Echtzeit zu erstellen, ein virtuelles Abbild der physischen Welt, das für ultra-realistische Simulationen, vorausschauende Überwachung und präzise Steuerung genutzt werden kann [5].

Die ultimative Vision von 6G ist die einer nahtlosen und tiefgreifenden Verschmelzung der physischen und digitalen Welt, oft als cyber-physisches Kontinuum bezeichnet. Anwendungen, die heute noch wie Science-Fiction klingen, könnten zur alltäglichen Realität werden: fotorealistische holografische Kommunikation, die den Eindruck erweckt, der Gesprächspartner stünde im selben Raum; vollständig immersive erweiterte Realität (XR), die digitale Informationen perfekt in unsere Wahrnehmung der realen Welt integriert; und das taktile Internet, das die Übertragung von Berührungsempfindungen über das Netzwerk ermöglicht [4]. 6G wird die ultimative Plattform für das Internet von Allem sein, eine allgegenwärtige, intelligente und sensorische digitale Infrastruktur, die unsere Interaktion mit der Welt grundlegend neu definieren wird. Der Weg dorthin erfordert jedoch die Lösung gewaltiger technologischer, wirtschaftlicher und gesellschaftlicher Herausforderungen, von der Entwicklung neuer Halbleitermaterialien und Antennentechnologien bis hin zur Gewährleistung von globaler Sicherheit, robustem Datenschutz und ökologischer Nachhaltigkeit [6, 2].

Literaturhinweise zu Abschn. 3.1

1. Ericsson (n.d.): 6G – Follow the journey to the next generation networks. Ericsson, als einer der führenden Netzwerkausrüster, gibt einen Ausblick auf die Vision und den Zeitplan für 6G, das voraussichtlich um 2030 kommerziell verfügbar sein wird. https://www.ericsson.com/en/6g
2. Medium (n.d.): From 5G to 6G: What Ultra-Connectivity Means for the Future. Dieser Artikel erläutert die Entwicklung von 5G zu 6G und die Bedeutung dieser ultra-vernetzten Zukunft. https://medium.com/@codeblog8820/from-5g-to-6g-what-ultra-connectivity-means-for-the-future-d82ac638ffd5
3. TechResearchOnline (2025): 6G vs 5G: Key Differences, Speed & Future of Connectivity. Diese Quelle vergleicht die erwarteten Leistungsdaten von 6G mit 5G und hebt die enormen Sprünge bei Geschwindigkeit (bis zu 1 Tbps) und Latenz (unter 1 ms) hervor. https://techresearchonline.com/blog/6g-vs-5g-understanding-the-next-leap-in-mobile-connectivity/
4. Taoglas (2024): Future of Connectivity: What 6G Means for Our Networks. Taoglas beschreibt, wie 6G die Grenzen der Konnektivität weiter verschieben wird, um die Explosion vernetzter Geräte von Smart Homes bis zu autonomen Fahrzeugen zu unterstützen. https://www.taoglas.com/blogs/preparing-for-the-future-of-connectivity-what-6g-means-for-our-networks/
5. LightReading (2025): What AT&T really wants from 6G. Dieser Artikel gibt Einblicke in die Anforderungen eines großen Netzbetreibers an 6G, einschließlich der Konzepte eines KI-nativen Netzwerks und des „Netzwerks als Sensor". https://www.lightreading.com/6g/what-at-t-really-wants-from-6g
6. DE-CIX (n.d.): What will 5G and 6G deliver for the connected future? Der Internetknoten-Betreiber DE-CIX untersucht, wie 5G und 6G Industrien von der Gesundheitsversorgung bis zur Landwirtschaft revolutionieren werden. https://www.de-cix.net/en/resources/articles/what-will-5g-and-6g-deliver-for-the-connected-future

3.2 Die Rolle von LEO-Satelliten: Die Bedeutung von Satellitenkonstellationen im niedrigen Erdorbit für eine globale Internetabdeckung

Während terrestrische Mobilfunknetze wie 5G und 6G die digitale Zukunft in Städten und Ballungsräumen vorantreiben, bleibt eine der größten und hartnäckigsten Herausforderungen des digitalen Zeitalters die Überwindung der globalen digitalen Kluft. Milliarden von Menschen in ländlichen, abgelegenen oder geografisch schwer zugänglichen Regionen der Welt haben nach wie vor keinen Zugang zu schnellem, zuverlässigem und erschwinglichem Internet. Der Aufbau einer flächendeckenden terrestrischen Infrastruktur wie Glasfaser oder Mobilfunkmasten ist in diesen Gebieten oft wirtschaftlich unrentabel oder technisch unmöglich. Traditionelle geostationäre (GEO) Satelliten, die die Erde seit Jahrzehnten in einer festen Position in einer Höhe von fast 36.000 Kilometern umkreisen, konnten diese Lücke nur bedingt schließen. Ihre große Entfernung zur Erde führt unweigerlich zu hohen Latenzzeiten (Signalverzögerungen) und begrenzten Bandbreiten, was sie für viele moderne Internetanwendungen ungeeignet macht. Eine neue Generation von Satellitenkonstellationen im niedrigen Erdorbit (Low Earth Orbit, LEO) ist nun angetreten, dieses Paradigma zu durchbrechen und das lang gehegte Versprechen einer wirklich globalen Breitband-Internetabdeckung endlich zu erfüllen [6].

LEO-Satelliten umkreisen die Erde in einer Höhe von nur wenigen hundert bis etwa 2000 Kilometern, also mehr als 30-mal näher an der Erdoberfläche als ihre geostationären Pendants. Diese deutlich geringere Umlaufbahn hat entscheidende physikalische Vorteile [2]. Der wichtigste Vorteil ist die drastisch reduzierte Latenzzeit. Da die Funksignale eine viel kürzere Strecke zwischen dem Nutzer am Boden, dem Satelliten und der Bodenstation zurücklegen müssen, sinkt die Latenz von über 600 Millisekunden bei GEO-Satelliten auf nur noch 20 bis 40 Millisekunden bei modernen LEO-Systemen. Diese Werte sind vergleichbar mit denen von terrestrischen Glasfaser- oder Kabelnetzen und machen LEO-Internet erstmals für latenzkritische Anwendungen wie interaktives Online-Gaming, reibungslose Videokonferenzen und die Anbindung von Cloud-Diensten attraktiv [2]. Der Nachteil der niedrigen Umlaufbahn ist jedoch, dass sich die Satelliten mit hoher Geschwindigkeit über den Himmel bewegen und jeweils nur für wenige Minuten im Sichtfeld eines Nutzers verweilen. Um eine kontinuierliche, unterbrechungsfreie Abdeckung zu gewährleisten, sind LEO-Systeme daher auf riesige Konstellationen von Hunderten oder sogar Zehntausenden von miteinander vernetzten Satelliten angewiesen, die wie ein engmaschiges, dynamisches Netz den gesamten Globus umspannen und die Verbindung nahtlos von einem Satelliten zum nächsten übergeben [2, 4].

Der mit Abstand bekannteste, größte und technologisch fortschrittlichste Akteur in diesem aufstrebenden Markt ist Starlink, ein ambitioniertes Projekt des Raumfahrtunternehmens SpaceX von Elon Musk. Starlink hat durch die Nutzung der wiederverwendbaren Falcon-9-Raketen von SpaceX bereits Tausende von Satelliten in den Orbit gebracht und bietet kommerzielle Internetdienste in Dutzenden von Ländern auf allen sieben Kontinenten an [3, 5]. Das erklärte Ziel von Starlink ist es, Hochgeschwindigkeitsinternet mit niedriger Latenz an praktisch jedem Ort der Erde verfügbar zu machen, insbesondere dort, wo die Konnektivität bisher unzuverlässig, unbezahlbar oder schlichtweg gar nicht vorhanden war [1]. Die Technologie basiert auf relativ kleinen, kostengünstig massenproduzierten Satelliten, die jedoch mit modernster Technologie wie elektronisch schwenkbaren Phased-Array-Antennen und optischen Inter-Satelliten-Links (Weltraumlasern) ausgestattet sind. Diese Laser ermöglichen es den Satelliten, direkt miteinander zu kommunizieren und Datenpakete mit Lichtgeschwindigkeit im Vakuum des Weltraums rund um den Globus weiterzuleiten. Dies reduziert die Latenz weiter und verringert die Abhängigkeit von einem dichten Netz an Bodenstationen, da die Daten über weite Strecken innerhalb des Satellitennetzwerks bleiben können [2]. Nutzer am Boden benötigen lediglich ein kleines, einfach zu installierendes Terminal („Dishy"), das sich automatisch auf die überfliegenden Satelliten ausrichtet.

Die Bedeutung von LEO-Konstellationen wie Starlink geht weit über die Versorgung einzelner ländlicher Haushalte hinaus. Sie sind ein entscheidender Faktor für die Überwindung der globalen digitalen Kluft und ein potenzieller Katalysator für die wirtschaftliche Entwicklung in Schwellen- und Entwicklungsländern [5]. Schulen, Krankenhäuser und lokale Unternehmen in abgelegenen Regionen erhalten erstmals Zugang zu hochwertigen Bildungsressourcen, telemedizinischen Diensten und globalen digitalen Märkten. Darüber hinaus spielen LEO-Netzwerke eine immer wichtigere Rolle bei der Bereitstellung von Konnektivität für mobile Anwendungen in der Luft- und Schifffahrt. Fluggesellschaften, Kreuzfahrtlinien und Reedereien rüsten ihre Flotten mit LEO-Terminals aus, um Passagieren und Besatzungen auch mitten über den Ozeanen oder in polaren Regionen eine schnelle und zuverlässige Breitbandverbindung zu bieten [5]. Von unschätzbarem Wert haben sich LEO-Netzwerke auch für Regierungen und Katastrophenschutzorganisationen erwiesen. Sie bieten eine hochgradig resiliente und schnell einsetzbare Kommunikationsinfrastruktur, die auch dann noch funktioniert, wenn terrestrische Netze durch Naturkatastrophen wie Erdbeben oder Hurrikane oder durch militärische Konflikte zerstört wurden, wie sich eindrücklich bei der Aufrechterhaltung der Kommunikation in der Ukraine nach der russischen Invasion gezeigt hat [3].

Neben Starlink gibt es eine Reihe weiterer ambitionierter Projekte, die den LEO-Markt erschließen wollen und einen intensiven Wettbewerb entfachen. Dazu gehören das Project Kuiper des E-Commerce-Riesen Amazon, das ebenfalls eine Konstellation von Tausenden Satelliten plant, das britische Unternehmen OneWeb, das sich stark auf Unternehmenskunden und Regierungen konzentriert, und das kanadische Unternehmen Telesat mit seinem geplanten Lightspeed-Netzwerk [2]. Auch China plant den Aufbau einer eigenen nationalen LEO-Megakonstellation namens „Guowang". Dieser aufkeimende Wettbewerb verspricht, die Kosten für den Endkunden weiter zu senken und die technologische Innovation voranzutreiben. Die langfristige technologische Entwicklung zielt darauf ab, LEO-Netzwerke nahtlos in die zukünftigen 5G-Advanced- und 6G-Mobilfunkstandards zu integrieren (sogenannte Non-Terrestrial Networks, NTN), um ein hybrides, globales Netzwerk zu schaffen, das terrestrische und satellitengestützte Kommunikation intelligent kombiniert und so eine wirklich allgegenwärtige, nahtlose Konnektivität für jeden und alles gewährleistet [1].

Trotz des enormen Potenzials sind mit dem rasanten und weitgehend unregulierten Ausbau der LEO-Megakonstellationen auch erhebliche Herausforderungen und ernsthafte Bedenken verbunden. Eine der größten Sorgen ist das wachsende Problem des Weltraummülls und der orbitalen Überlastung. Mit Zehntausenden von neuen Satelliten, die in den kommenden Jahren gestartet werden sollen, steigt das Risiko von Kollisionen im Orbit exponentiell an. Eine solche Kollision könnte eine gefährliche, sich selbst erhaltende Kettenreaktion von Trümmerbildung (das sogenannte Kessler-Syndrom) auslösen, die den niedrigen Erdorbit für Jahrzehnte oder sogar Jahrhunderte unbrauchbar machen würde. Astronomen auf der ganzen Welt äußern zudem die Sorge, dass die Lichtreflexionen der riesigen

Satellitenflotten die empfindliche bodengestützte astronomische Beobachtung stören und das kulturelle Erbe des natürlichen Nachthimmels für immer verändern könnten. Die Betreiber arbeiten an technischen Lösungen wie der Schwärzung der Satelliten und der Implementierung von Protokollen für kontrollierte De-Orbiting-Manöver am Ende der Lebensdauer. Es bedarf jedoch dringend internationaler regulatorischer Anstrengungen und verbindlicher Regeln, um den Weltraum als eine wertvolle und endliche Ressource für zukünftige Generationen nachhaltig zu managen [3].

Literaturhinweise zu Abschn. 3.2

1. Starlink (n.d.): Starlink Website. Die offizielle Website von Starlink beschreibt das Ziel des Unternehmens, Hochgeschwindigkeitsinternet an praktisch jedem Ort der Welt verfügbar zu machen. https://starlink.com/
2. Starlink (n.d.): Technology. Starlink erläutert hier seine Technologie, einschließlich der niedrigen Latenz von ca. 25 ms, die durch die LEO-Konstellation und den Einsatz von Weltraumlasern ermöglicht wird. https://www.starlink.com/us/technology
3. BroadbandNow (n.d.): Starlink Internet: Coverage & Availability Map. Diese Quelle bietet einen Überblick über die aktuelle Verfügbarkeit und Abdeckung des Starlink-Dienstes weltweit. https://broadbandnow.com/starlink
4. Satellite Map (n.d.): Live Starlink, SpaceX, Kuiper & GPS Satellite Map. Eine interaktive Karte, die die Positionen der Satelliten von Starlink und anderen Konstellationen in Echtzeit anzeigt. https://satellitemap.space/
5. Wikipedia (n.d.): Starlink. Der Wikipedia-Artikel bietet einen umfassenden Überblick über die Geschichte, Technologie und die verschiedenen Anwendungsfälle von Starlink, einschließlich der Nutzung in der Schifffahrt. https://en.wikipedia.org/wiki/Starlink
6. Nature (2024): Low-Earth orbit satellite constellations for global connectivity. Dieser wissenschaftliche Artikel in Nature beschreibt die Entwicklungen im Bereich der LEO-Breitbandkonstellationen und diskutiert die Herausforderungen bei der Etablierung einer LEO-basierten Erweiterung für 5G- und zukünftige 6G-Netze. https://www.nature.com/articles/s44287-024-00088-9

3.3 Cloud und Edge Computing: Die Architektur der zukünftigen digitalen Infrastruktur

Die digitale Transformation von Wirtschaft und Gesellschaft, angetrieben durch Phänomene wie das Internet der Dinge, Big Data und künstliche Intelligenz, basiert auf der Fähigkeit, riesige Datenmengen effizient zu speichern, zu verarbeiten, zu analysieren und in wertvolle Erkenntnisse umzuwandeln. Über das letzte Jahrzehnt hinweg war das Cloud

Computing das dominierende und nahezu unangefochtene Paradigma für diese Aufgabe. Zentralisierte, hyperskalierbare Rechenzentren, betrieben von einer Handvoll Technologiegiganten wie Amazon Web Services (AWS), Microsoft Azure und Google Cloud, boten Unternehmen jeder Größe eine flexible, skalierbare und kosteneffiziente Möglichkeit, auf nahezu unbegrenzte Rechen- und Speicherressourcen zuzugreifen, ohne in den Aufbau und Betrieb einer eigenen teuren und komplexen Infrastruktur investieren zu müssen. Dieses Modell hat Innovationen in unzähligen Bereichen erst ermöglicht und ist zum Rückgrat der modernen digitalen Wirtschaft geworden. Doch mit der explosionsartigen Zunahme von Milliarden vernetzter Geräte im Internet der Dinge (IoT) und dem Aufkommen von Anwendungen, die eine Datenverarbeitung in Echtzeit mit minimaler Verzögerung erfordern, stößt das rein zentralisierte Cloud-Modell zunehmend an seine physikalischen und wirtschaftlichen Grenzen [4].

Die Übertragung von Terabytes an Rohdaten von Sensoren, hochauflösenden Kameras, medizinischen Geräten oder autonomen Fahrzeugen in ein oft Hunderte oder Tausende von Kilometern entferntes Cloud-Rechenzentrum zur Verarbeitung ist in vielen Fällen ineffizient, kostspielig und vor allem zu langsam. Die Latenz, die unweigerlich durch die physikalische Entfernung und die Übertragungszeit über mehrere Netzwerkknoten entsteht, ist für zeitkritische Anwendungen inakzeptabel. Eine Verzögerung von wenigen hundert Millisekunden kann für die Steuerung eines Präzisionsroboters in einer Fabrik, die Analyse von Vitaldaten eines Patienten in einem Operationssaal oder die Notbremsentscheidung eines autonomen Fahrzeugs an einer unübersichtlichen Kreuzung katastrophale Folgen haben. Als Antwort auf diese fundamentalen Herausforderungen hat sich in den letzten Jahren ein komplementäres und zunehmend wichtiges Paradigma entwickelt: das Edge Computing [4]. Die Grundidee des Edge Computing ist einfach, aber wirkungsvoll: Anstatt alle Daten zur Verarbeitung in die ferne, zentrale Cloud zu schicken, wird die Rechenleistung dezentralisiert und so nah wie möglich an den Ort gebracht, an dem die Daten entstehen und benötigt werden – an den „Rand" (Edge) des Netzwerks [4, 1].

Edge Computing ist somit eine dezentrale, verteilte Computing-Infrastruktur, die die Intelligenz von der zentralen Cloud in die Peripherie verlagert. Die Verarbeitung findet auf lokalen Geräten statt, die von robusten Industrie-PCs über intelligente Kameras bis hin zu dedizierten Edge-Servern oder kleinen, regionalen Rechenzentren (manchmal als „Fog Computing" bezeichnet) reichen können, die sich in unmittelbarer Nähe der Datenquelle befinden [1]. Dies hat mehrere entscheidende Vorteile. Der offensichtlichste ist die drastisch reduzierte Latenz, da die Daten nicht mehr über weite und oft unvorhersehbare Netzwerkpfade transportiert werden müssen. Dies ermöglicht erst die Realisierung von Echtzeitanwendungen, die auf sofortige Reaktionen im Millisekundenbereich angewiesen sind. Ein weiterer entscheidender Vorteil ist die geringere Belastung der Netzwerkbandbreite und die damit verbundenen erheblichen Kosteneinsparungen. Anstatt riesige Mengen an Rohdaten zu übertragen, können am Edge bereits eine Vorverarbeitung, Filterung und Aggregation stattfinden, sodass nur noch relevante, verdichtete Daten oder handlungsrelevante Ergebnisse an die Cloud gesendet werden müssen [1]. Zudem erhöht Edge Computing die Zuverlässigkeit, Robustheit und Autonomie von Systemen. Eine intelligente

Fabrik, ein vernetztes Krankenhaus oder ein autonomes Fahrzeug kann auch dann weiterarbeiten und seine kritischen Funktionen ausführen, wenn die Verbindung zur Cloud vorübergehend unterbrochen ist, da die entscheidenden Rechenprozesse lokal und autark ausgeführt werden [6]. Schließlich kann es den Datenschutz und die Datensicherheit verbessern, da sensible oder persönliche Daten (wie Patientendaten oder Videomaterial) lokal verbleiben und verarbeitet werden können und nicht über öffentliche Netzwerke an eine zentrale Cloud eines Drittanbieters übertragen werden müssen, was die Angriffsfläche verringert und die Einhaltung von Datenschutzbestimmungen wie der DSGVO erleichtert.

Es ist jedoch von entscheidender Bedeutung zu verstehen, dass Edge Computing die Cloud nicht ersetzt, sondern vielmehr sinnvoll ergänzt und erweitert. Die Zukunft der digitalen Infrastruktur liegt in einer symbiotischen, hybriden und hierarchischen Architektur, die die jeweiligen Stärken von Cloud und Edge intelligent kombiniert und eine nahtlose Zusammenarbeit ermöglicht [5]. In diesem Modell übernimmt das Edge die Aufgaben, die geringe Latenz, Echtzeitverarbeitung und lokale Autonomie erfordern: das unmittelbare Sammeln, Filtern, Analysieren und Reagieren auf lokale Datenströme. Die zentrale Cloud behält ihre unverzichtbare Rolle für Aufgaben, die massive Rechen- und Speicherkapazitäten erfordern und nicht zeitkritisch sind. Dazu gehören die langfristige Speicherung und Archivierung von Daten, das Training komplexer Modelle für künstliche Intelligenz auf Basis aggregierter Daten von Tausenden von Edge-Geräten aus aller Welt und die Durchführung rechenintensiver, globaler Analysen, um übergeordnete Muster und Trends zu erkennen [5, 6].

Ein typisches Szenario für diese hybride Architektur ist das industrielle IoT (IIoT) in einer „Smart Factory". Tausende von Sensoren an einer Fertigungsstraße erfassen kontinuierlich Betriebsdaten wie Vibrationen, Temperatur und Druck. Ein Edge-Gateway direkt an der Produktionslinie analysiert diese Datenströme in Echtzeit mithilfe eines KI-Modells, um winzige Anomalien zu erkennen und eine drohende Störung einer Maschine vorherzusagen (Predictive Maintenance). Nur die relevanten Warnmeldungen oder zusammengefassten Leistungsdaten werden an die zentrale Cloud-Plattform des Unternehmens gesendet. Dort werden die Daten von Tausenden von Maschinen aus verschiedenen Fabriken weltweit aggregiert, um das KI-Modell für die vorausschauende Wartung kontinuierlich zu verbessern, zu verfeinern und neu zu trainieren. Das aktualisierte, verbesserte Modell wird dann wieder an alle Edge-Gateways im Feld verteilt. Diese enge Zusammenarbeit zwischen Edge und Cloud schafft einen intelligenten, sich selbst optimierenden und lernenden Kreislauf [3].

Die rasante Entwicklung der künstlichen Intelligenz, insbesondere im Bereich des Deep Learning, treibt die Verlagerung von Rechenleistung an den Rand des Netzwerks weiter voran. Edge AI bezeichnet die Ausführung von KI-Algorithmen, insbesondere der Inferenzphase (also der Anwendung eines trainierten Modells), direkt auf Edge-Geräten. Dank der Entwicklung hoch spezialisierter, energieeffizienter KI-Chips und -Beschleuniger (NPUs, TPUs) können heute selbst kleine und batteriebetriebene Geräte komplexe Inferenzaufgaben durchführen, ohne auf die Rechenleistung der Cloud angewiesen zu sein. Dies ermöglicht eine neue Klasse intelligenter, autonomer und datenschutzfreundlicher Systeme, von intelligenten Kameras, die Personen erkennen, ohne Videoströme zu versenden, bis hin zu sprachgesteuerten Assistenten, die auch ohne Internetverbindung funktionieren [1]. Laut dem renommierten Analystenhaus Gartner werden bis 2029 mehr als 15 Mrd. IoT- und Edge-Geräte mit der Unternehmensinfrastruktur verbunden sein, was die unaufhaltsame Bedeutung einer robusten und intelligenten Edge-Infrastruktur unterstreicht [3]. Die Kombination aus allgegenwärtiger Konnektivität durch 5G/6G und LEO-Satelliten sowie der verteilten Intelligenz durch eine hybride Cloud- und Edge-Computing-Architektur bildet somit das leistungsstarke und resiliente Rückgrat der digitalen Gesellschaft der Zukunft – eine nahtlos integrierte, intelligente und reaktionsschnelle Infrastruktur, die unsere physische Welt mit der nahezu unendlichen Rechenleistung der digitalen Welt verbindet.

Literaturhinweise zu Abschn. 3.3

1. TierPoint (2025): The Future of Cloud Computing in Edge AI. Dieser Artikel erläutert, wie Edge AI die Kosten für Cloud-Datentransfer und -Speicherung erheblich senkt, indem Daten lokal verarbeitet werden. https://www.tierpoint.com/blog/cloud-computing-edge-ai/
2. AWS Plain English (2025): Edge Computing vs Cloud Computing: What's the Future? Eine klare Gegenüberstellung, die erklärt, wie Edge Computing das traditionelle Modell umkehrt, indem die Verarbeitung näher an die Datenquelle rückt. https://aws.plainenglish.io/edge-computing-vs-cloud-computing-whats-the-future-c11c6e7abf1c
3. Gartner (n.d.): Gartner Predicts the Future of Cloud and Edge Infrastructure. Gartner prognostiziert, dass bis 2029 über 15 Milliarden IoT-Geräte mit der Unternehmensinfrastruktur verbunden sein werden, was die Bedeutung von Edge unterstreicht. https://www.gartner.com/smarterwithgartner/gartner-predicts-the-future-of-cloud-and-edge-infrastructure
4. Nutanix (n.d.): Cloud and Edge Computing. Nutanix definiert Edge Computing als eine Technologie, die Daten näher am Ort ihrer Entstehung verarbeitet, anstatt sich ausschließlich auf zentrale Rechenzentren zu verlassen. https://www.nutanix.com/how-to/cloud-and-edge-computing
5. SUSE (2025): The Relationship Between Edge Computing and Cloud Computing. Dieser Beitrag beschreibt die symbiotische Beziehung zwischen Edge und Cloud, die Effizienz und Skalierbarkeit verbessert, indem die Vorteile beider Paradigmen genutzt werden. https://www.suse.com/c/the-relationship-between-edge-computing-and-cloud-computing/
6. Automate Show (2025): Why Edge Computing is the Future of Industrial Automation. Der Artikel hebt hervor, wie Edge Computing die Betriebssicherheit in der industriellen Automatisierung auch bei Ausfall der Cloud-Konnektivität gewährleistet. https://www.automateshow.com/blog/ditch-the-cloud-how-edge-computing-in-automation-changes-the-game

Die Bio-Revolution

4

4.1 Gen-Editierung, synthetische Biologie und ihre Anwendungen: Die Möglichkeiten und Risiken der gezielten Veränderung von genetischem Material

Nach den tiefgreifenden Revolutionen in der Informationstechnologie und der Physik im 20. Jahrhundert steht die Menschheit an der Schwelle zur vielleicht fundamentalsten und persönlichsten Transformation von allen: der Bio-Revolution. Im Zentrum dieser Revolution steht die exponentiell wachsende Fähigkeit, das Leben selbst auf seiner fundamentalsten Ebene – dem genetischen Code, der DNA – zu verstehen, zu analysieren, zu manipulieren und sogar gänzlich neu zu gestalten. Zwei Schlüsseltechnologien, die sich gegenseitig beflügeln, treiben diese Entwicklung mit atemberaubender Geschwindigkeit voran: die Gen-Editierung, insbesondere durch das präzise und vielseitige CRISPR/Cas9-System, und die synthetische Biologie, die das Ingenieurwesen auf die Biologie anwendet. Während die Gen-Editierung es uns erlaubt, wie ein präziser Texteditor in den bestehenden „Code des Lebens" einzugreifen, um Fehler zu korrigieren oder Gene zu verändern, geht die synthetische Biologie noch einen entscheidenden Schritt weiter. Sie zielt darauf ab, völlig neue biologische Teile, Geräte und Systeme zu entwerfen und zu konstruieren, die in der Natur nicht vorkommen, um Zellen mit neuartigen Funktionen auszustatten [1, 4]. Gemeinsam eröffnen diese Technologien ungeahnte Möglichkeiten, von der Heilung bisher unheilbarer Erbkrankheiten bis hin zur Schaffung nachhaltiger Materialien und Energieträger. Gleichzeitig bergen sie aber auch tiefgreifende ethische, soziale und sicherheitsrelevante Fragen, die eine sorgfältige und breite gesellschaftliche Auseinandersetzung erfordern.

Die Entdeckung und Anwendung von CRISPR/Cas9 (Clustered Regularly Interspaced Short Palindromic Repeats) hat die Gentechnik in den letzten Jahren revolutioniert und

U. Karrenberg, *Next Generation World*,
https://doi.org/10.1007/978-3-662-72805-5_4

die molekularbiologische Forschung demokratisiert. Ursprünglich als ein raffiniertes adaptives Immunsystem in Bakterien und Archaeen entdeckt, das es ihnen ermöglicht, sich an virale Infektionen zu „erinnern“ und diese bei einem erneuten Angriff gezielt abzuwehren, wurde das System zu einem beispiellos präzisen, kostengünstigen und bemerkenswert einfach anzuwendenden Werkzeug für die Gen-Editierung in praktisch jedem Organismus umfunktioniert [1, 3]. Man kann sich CRISPR/Cas9 am besten als eine Art molekulare Schere oder ein programmierbares GPS-gesteuertes Skalpell vorstellen. Das System besteht aus zwei Hauptkomponenten: einem Führungsmolekül, der sogenannten guide RNA (gRNA), das künstlich so hergestellt werden kann, dass es eine ganz bestimmte, komplementäre Sequenz im riesigen Genom einer Zelle findet und daran andockt, und dem Cas9-Protein, einem Enzym (einer Nuklease), das wie eine Schere die DNA an genau dieser von der gRNA markierten Stelle durchschneidet [1]. Nachdem dieser präzise Doppelstrangbruch erfolgt ist, treten die natürlichen Reparaturmechanismen der Zelle in Aktion. Wissenschaftler können diesen Prozess gezielt nutzen, um ein Gen entweder stillzulegen (indem sie die Zelle den Schnitt ungenau und fehlerhaft reparieren lassen, was die Genfunktion stört) oder um eine neue, fehlerfreie DNA-Sequenz an der Schnittstelle einzufügen, die die Zelle als Vorlage für eine präzise Reparatur verwendet. Diese Fähigkeit, den genetischen Code gezielt und effizient zu verändern, hat das Potenzial, Tausende von monogenetischen Erbkrankheiten wie Sichelzellanämie, Mukoviszidose, Hämophilie oder Chorea Huntington an ihrer kausalen Wurzel zu packen und potenziell dauerhaft zu heilen [6].

Die immensen Möglichkeiten sind jedoch untrennbar mit gravierenden Risiken verbunden. Eine der größten technischen Herausforderungen sind die sogenannten „Off-Target“-Effekte, bei denen das CRISPR-System versehentlich an einer falschen, der Zielsequenz sehr ähnlichen Stelle im Genom schneidet. Solche unbeabsichtigten Schnitte können unvorhersehbare und potenziell katastrophale Folgen haben, von der Störung wichtiger Genfunktionen bis hin zur potenziellen Auslösung von Krebs, wenn beispielsweise ein Gen getroffen wird, das das Zellwachstum reguliert (ein Tumorsuppressorgen) [1, 6]. Neuere Studien haben zudem gezeigt, dass CRISPR-Eingriffe manchmal zu großen, unbeabsichtigten DNA-Insertionen oder -Deletionen (Indels) am Zielort führen können, deren langfristige Auswirkungen auf die Genomstabilität noch unklar sind [2, 5]. Diese technischen Risiken erfordern eine kontinuierliche Verbesserung der Präzision und Sicherheit der Technologie durch die Entwicklung von hoch-präzisen Cas-Enzymen und verbesserten Liefersystemen, bevor ein breiter klinischer Einsatz am Menschen verantwortet werden kann. Darüber hinaus wirft die Möglichkeit der Keimbahntherapie – also der Veränderung von Genen in Spermien, Eizellen oder frühen Embryonen, die dauerhaft an alle zukünftigen Generationen weitervererbt würde – die tiefgreifendsten ethischen Fragen auf. Während dies die Möglichkeit böte, Erbkrankheiten für immer aus einer Familie zu eliminieren, öffnet es auch die Tür zu „Designer-Babys“ und einer neuen Form der Eugenik. Die Keimbahntherapie am Menschen ist daher in den meisten Ländern der Welt streng reguliert oder verboten und wird in der wissenschaftlichen Gemeinschaft äußerst kontrovers diskutiert.

Aufbauend auf den Werkzeugen der Gen-Editierung geht die synthetische Biologie noch einen entscheidenden Schritt weiter. Ihr ambitioniertes Ziel ist es, die Biologie von einer rein entdeckenden und beschreibenden zu einer konstruierenden und gestaltenden Ingenieurdisziplin zu machen [2]. Ingenieure der synthetischen Biologie betrachten DNA nicht nur als den Code des Lebens, sondern als ein programmierbares, physikalisches Material. Sie entwerfen und synthetisieren am Computer künstliche Genschaltkreise, komplexe Stoffwechselwege und sogar ganze Genome, um Zellen mit völlig neuen, in der Natur nicht vorkommenden Funktionen auszustatten. Man kann sich dies so vorstellen, als würde man biologische Standardbauteile (sogenannte BioBricks, wie genetische Schalter, Sensoren und Aktoren) aus einem offenen Katalog nehmen, um damit lebende Maschinen zu bauen, die spezifische, nützliche Aufgaben erfüllen [5]. Die potenziellen Anwendungen sind schier grenzenlos. Mikroorganismen wie Bakterien oder Hefen können so umprogrammiert werden, dass sie als nachhaltige, zelluläre Fabriken wertvolle Medikamente (wie Insulin oder Artemisinin gegen Malaria), nachhaltige Biokraftstoffe, die Bausteine für biologisch abbaubare Kunststoffe oder sogar Farbstoffe und Aromen produzieren. Zellen können als intelligente „Theranostika" konzipiert werden, die im Körper eines Patienten einen Krankheitsmarker (wie ein krebsspezifisches Molekül) erkennen und daraufhin gezielt einen Wirkstoff freisetzen, was die Effektivität der Therapie erhöht und Nebenwirkungen minimiert [5]. Laut einer viel beachteten Analyse von McKinsey könnte die synthetische Biologie bis 2040 für bis zu 60 % der globalen physischen Materialproduktion verantwortlich sein und einen jährlichen Marktwert von mehreren Billionen Dollar erreichen, was ihre disruptive Kraft unterstreicht [2].

Die Konvergenz von Gen-Editierung und synthetischer Biologie markiert den Beginn einer neuen Ära, in der wir die Fähigkeit erlangen, biologische Systeme mit einer bisher unvorstellbaren Präzision und Komplexität zu gestalten. Diese neue, gottähnliche Macht bringt eine immense Verantwortung mit sich. Die Freisetzung gentechnisch veränderter Organismen in die Umwelt, beispielsweise zur Schädlingsbekämpfung oder zur Ertragssteigerung, muss äußerst sorgfältig geprüft werden, um unvorhersehbare und potenziell irreversible ökologische Folgen zu vermeiden. Die Möglichkeit des Missbrauchs dieser Technologien (Dual-Use) für die Entwicklung von biologischen Waffen oder zur gezielten Schädigung von Ökosystemen erfordert eine strenge internationale Aufsicht, eine robuste Sicherheitskultur in den Laboren und proaktive Gegenmaßnahmen. Die Bio-Revolution ist keine ferne Zukunftsmusik mehr; sie findet bereits heute in den Laboren weltweit statt. Die Gestaltung ihrer Zukunft erfordert einen breiten, informierten und kontinuierlichen Dialog zwischen Wissenschaft, Politik, Wirtschaft und der gesamten Gesellschaft, um ethische Leitplanken zu definieren und sicherzustellen, dass diese mächtigen Werkzeuge zum Wohle der Menschheit und unseres Planeten eingesetzt werden.

Literaturhinweise zu Abschn. 4.1

1. Children's Hospital Boston (2022): CRISPR gene editing carries a potential risk, study finds. Diese Studie weist auf das Risiko hin, dass CRISPR gelegentlich große DNA-Insertionen verursachen kann, die das Krebsrisiko erhöhen könnten. https://answers.childrenshospital.org/crispr-gene-editing/
2. Davies, B. (2019): The technical risks of human gene editing. Ein wissenschaftlicher Artikel, der unerwartete genomische Mutationen und Mosaikbildung nach dem Einsatz von CRISPR/Cas-Nukleasen als signifikante technische Risiken beschreibt. https://pmc.ncbi.nlm.nih.gov/articles/PMC6913216/
3. Yale Insights (2018): Is CRISPR Worth the Risk? Der Artikel diskutiert Studien, die darauf hindeuten, dass CRISPR die Fähigkeit von Zellen zur Krebsbekämpfung beeinträchtigen und mehr Genschäden verursachen könnte als bisher angenommen. https://insights.som.yale.edu/insights/is-crispr-worth-the-risk
4. Yi, Q. et al. (2024): The risk-benefit balance of CRISPR-Cas screening systems in cancer therapy. Diese Quelle beleuchtet das Gleichgewicht zwischen Nutzen und Risiko beim Einsatz von CRISPR in der Krebstherapie, einschließlich potenzieller Nebenwirkungen. https://translational-medicine.biomedcentral.com/articles/10.1186/s12967-024-05834-z
5. UC San Diego (2024): New Genetic Analysis Tool Tracks Risks Tied to CRISPR Edits. Berichtet über ein neues Werkzeug zur Analyse von Risiken durch unbeabsichtigte „Bystander"-Veränderungen im Genom durch CRISPR. https://today.ucsd.edu/story/new-genetic-analysis-tool-tracks-risks-tied-to-crispr-edits
6. UCLA Research (n.d.): CRISPR/Cas9 Technology DEFINITIONS RISKS. Dieses Dokument identifiziert Off-Target-Effekte als primäres Risiko der CRISPR/Cas9-Technologie für die menschliche Gesundheit. https://rsawa.research.ucla.edu/wp-content/uploads/hazard-communication-crispr-cas9.pdf

4.2 Die Zukunft von Medizin und Gesundheit: Wie Biotechnologie die Diagnose, Behandlung und Prävention von Krankheiten verändern wird

Die Biotechnologie ist im Begriff, die Medizin von Grund auf zu revolutionieren und eine neue Ära der Gesundheitsversorgung einzuläuten, die sich fundamental von der des 20. Jahrhunderts unterscheidet. Der traditionelle „One-size-fits-all"-Ansatz, bei dem Krankheiten reaktiv behandelt werden, nachdem sie symptomatisch geworden sind, und bei dem standardisierte Therapien für eine breite, heterogene Bevölkerungsgruppe entwickelt werden, weicht zunehmend einem weitaus ausgefeilteren, proaktiven und effektiveren Paradigma. Die Zukunft der Medizin ist personalisiert, prädiktiv, präventiv und partizipativ (oft als „P4-Medizin" bezeichnet). Angetrieben durch die konvergenten Fortschritte in der Genomik, der Proteomik, der Zellbiologie, der digitalen Sensorik und der künstlichen Intelligenz, ermöglicht die Biotechnologie ein tiefgreifendes, systemisches Verständnis der molekularen Grundlagen von Gesundheit und Krankheit. Sie schafft die Werkzeuge, um Diagnosen zu verfeinern, Behandlungen zu individualisieren und Krankheiten zu verhindern, bevor sie überhaupt klinisch manifest werden [2, 6].

Im Zentrum dieser Transformation steht die personalisierte oder Präzisionsmedizin. Dieser Ansatz zielt darauf ab, diagnostische Verfahren, therapeutische Interventionen und präventive Maßnahmen auf die einzigartigen molekularen, genetischen, umweltbedingten und lebensstilbezogenen Merkmale eines einzelnen Patienten zuzuschneiden [1, 3]. Anstatt eine komplexe Krankheit wie Krebs allein nach dem betroffenen Organ (z. B. Lungenkrebs) zu klassifizieren, ermöglicht die molekulare Diagnostik eine viel präzisere Charakterisierung auf der Grundlage der spezifischen genetischen Mutationen, die das Tumorwachstum antreiben. Dieses Wissen erlaubt den Einsatz von zielgerichteten Therapien (Targeted Therapies), die genau diese molekularen Schwachstellen angreifen, was zu deutlich höheren Ansprechraten und geringeren, weniger toxischen Nebenwirkungen im Vergleich zur unspezifischen Chemotherapie führt [5]. Die Grundlage dafür ist die Fähigkeit, das Genom eines Patienten oder eines Tumors schnell und kostengünstig zu sequenzieren und die riesigen Datenmengen mithilfe von KI-Algorithmen zu analysieren, um klinisch handlungsrelevante genetische Marker zu identifizieren [3]. Bis 2030, so die Prognose von Experten, wird sich der Fokus der Gesundheitsversorgung von der reinen Behandlung von Symptomen hin zur frühzeitigen Risikodefinition, der Stratifizierung von Patienten in präzise definierte Untergruppen und der Entwicklung personalisierter Gesundheitsvorsorgepläne verschieben [2].

Die Biotechnologie revolutioniert nicht nur die Behandlung, sondern auch die Diagnostik von Krankheiten, indem sie eine frühere, schnellere und genauere Erkennung ermöglicht. Innovative molekularbiologische Methoden haben die diagnostischen Labore transformiert. Techniken wie die Polymerase-Kettenreaktion (PCR) haben die Diagnostik von Infektionskrankheiten und genetischen Störungen revolutioniert, indem sie winzigste Mengen von viraler oder bakterieller DNA oder RNA in einer Probe vervielfältigen und so schnell nachweisbar machen [4]. Ein besonders vielversprechender und schnell wachsender Bereich sind die sogenannten „Liquid Biopsies" (Flüssigbiopsien). Anstatt eine invasive und oft schmerzhafte Gewebeprobe aus einem Tumor entnehmen zu müssen, können Ärzte durch eine einfache Blutprobe zirkulierende Tumor-DNA (ctDNA), RNA, Proteine oder ganze Tumorzellen nachweisen. Diese Biomarker können genutzt werden, um eine Krebserkrankung in einem sehr frühen, noch heilbaren Stadium zu erkennen, die passende Therapie auszuwählen, den Therapieerfolg in Echtzeit zu überwachen oder ein Wiederauftreten der Krankheit (Rezidiv) Monate früher zu identifizieren, als es mit bildgebenden Verfahren möglich wäre. In Kombination mit KI, die komplexe, subtile Muster in diesen molekularen

Daten erkennt, entsteht eine neue Generation von diagnostischen Werkzeugen, die Krankheiten vorhersagen können, lange bevor die ersten Symptome auftreten [3, 1].

Auf der therapeutischen Seite eröffnen sich durch die Biotechnologie völlig neue, bahnbrechende Modalitäten, die über klassische chemische Wirkstoffe weit hinausgehen. Die Gentherapie, die lange Zeit ein experimentelles Versprechen war, wird zur klinischen Realität. Mit Werkzeugen wie CRISPR oder harmlos gemachten viralen Vektoren, die als „Gen-Taxis" dienen, können fehlerhafte Gene, die monogenetische Erbkrankheiten verursachen, direkt in den Zellen des Patienten korrigiert oder durch eine funktionierende Kopie ersetzt werden. Dies hat bereits zur Zulassung von Therapien für seltene genetische Erkrankungen wie die Spinale Muskelatrophie (SMA) oder bestimmte Formen der Blindheit geführt und gibt Hoffnung für Millionen von Menschen, die an bisher unheilbaren Krankheiten leiden [2]. Eine weitere Revolution findet in der Immunonkologie statt. Bei der CAR-T-Zelltherapie werden die eigenen Immunzellen (T-Zellen) eines Krebspatienten entnommen, im Labor gentechnisch so umprogrammiert, dass sie einen chimären Antigenrezeptor (CAR) auf ihrer Oberfläche tragen, der die Krebszellen spezifisch erkennt und angreift, und dem Patienten anschließend wieder infundiert. Diese hochpersonalisierten „lebenden Medikamente" haben bei bestimmten Formen von Leukämien und Lymphomen zu spektakulären und dauerhaften Heilungen bei Patienten geführt, bei denen alle anderen Therapien versagt hatten. Die Entwicklung personalisierter Tumorvakzine, die das Immunsystem gezielt auf die einzigartigen Neoantigene eines individuellen Tumors trainieren, ist ein weiterer vielversprechender Ansatz, um die Kraft des eigenen Körpers im Kampf gegen Krebs zu mobilisieren [3].

Die jüngste COVID-19-Pandemie hat die enorme Leistungsfähigkeit und Flexibilität der mRNA-Technologie eindrucksvoll unter Beweis gestellt. Anstatt abgeschwächte Viren oder im Labor hergestellte virale Proteine zu verwenden, liefern mRNA-Impfstoffe den Zellen des Körpers lediglich den genetischen Bauplan (die messenger-RNA) für ein virales Antigen. Die Zellen des Geimpften produzieren dann für kurze Zeit selbst das Antigen und präsentieren es dem Immunsystem, das daraufhin eine robuste und langanhaltende Immunantwort aufbaut. Diese Plattformtechnologie ermöglicht eine extrem schnelle Entwicklung, Anpassung und Produktion von Impfstoffen und hat das Potenzial, nicht nur zukünftige Pandemien zu bekämpfen, sondern auch therapeutische Impfstoffe gegen Krebs, HIV, Malaria oder Autoimmunerkrankungen zu entwickeln [1]. Neben der Impfstoffentwicklung wird die Biotechnologie auch die Art und Weise, wie Medikamente verabreicht werden, durch neue Drug-Delivery-Systeme und den Einsatz von Nanomedizin verändern, um Wirkstoffe gezielt an den Krankheitsherd zu bringen, die Wirksamkeit zu maximieren und Nebenwirkungen zu minimieren [2]. Die Zukunft der Medizin wird eine sein, in der Behandlungen nicht mehr standardisiert, sondern für jeden Einzelnen präzise maßgeschneidert sind, basierend auf seinem einzigartigen biologischen Profil – eine Zukunft, die durch die unaufhaltsamen und konvergenten Fortschritte in der Biotechnologie ermöglicht wird.

Literaturhinweise zu Abschn. 4.2

1. Bifulco, M. et al. (2025): The relevance of the history of biotechnology for healthcare. Dieser Artikel betont, dass die Präzisionsmedizin die Hauptanwendung der Biotechnologie im Gesundheitswesen ist, um Krankheitsprävention, Diagnose und Behandlung individuell anzupassen. https://pmc.ncbi.nlm.nih.gov/articles/PMC11772680/
2. Amgen (n.d.): What Does the Future of Biotechnology Therapies Look Like? Amgen skizziert die Zukunft der Biotechnologie, die personalisierte Medizin, Gentherapie, Stammzellennutzung und Nanomedizin umfasst. https://biotechnology.amgen.com/biotech-future.html
3. Johnson, K.B. et al. (2020): Precision Medicine, AI, and the Future of Personalized Healthcare. Eine hochzitierte Arbeit, die das Potenzial der Präzisionsmedizin in Kombination mit KI für präzisere Diagnosen und die Vorhersage von Krankheitsrisiken beschreibt. https://pmc.ncbi.nlm.nih.gov/articles/PMC7877825/
4. Tahir, M.F. et al. (2025): Integrating biotechnology into diagnostic labs: Innovations and future prospects. Dieser Artikel beschreibt, wie die Biotechnologie, insbesondere PCR, diagnostische Labore durch die Früherkennung von genetischen Störungen transformiert hat. https://www.sciencedirect.com/science/article/pii/S2590262825000565
5. World Economic Forum (2022): How biotech can revolutionize healthcare for the future. Das WEF hebt hervor, wie die Biotechnologie die Effektivität im Gesundheitswesen durch Personalisierung und individuell gestaltete Behandlungen maximiert. https://www.weforum.org/stories/2022/11/biotech-healthcare-how-to-unlock-its-full-potential/
6. University of Mississippi Medical Center (n.d.): How Molecular Medicine Is Shaping the Future of Healthcare. Dieser Beitrag erläutert, wie die molekulare Medizin maßgeschneiderte Behandlungen, KI-gestützte Forschung und Gentests zur Prävention vorantreibt. https://molecularmedicine.umc.edu/articles/how-molecular-medicine-is-shaping-the-future-of-healthcare/

4.3 Bioengineering für eine nachhaltige Zukunft: Der Einsatz von biologischen Systemen zur Lösung von Umweltproblemen

Die gleichen fundamentalen Durchbrüche in der Biotechnologie, die die Medizin revolutionieren, bieten auch ein enormes und zunehmend ausgeschöpftes Potenzial zur Bewältigung einiger der drängendsten ökologischen Herausforderungen unserer Zeit. Angesichts des Klimawandels, der Umweltverschmutzung und der Endlichkeit fossiler Ressourcen richtet sich der Blick der Wissenschaft und Industrie verstärkt auf die Natur als Vorbild und Werkzeugkasten. Das Bioengineering, insbesondere die synthetische Biologie, liefert die entscheidenden Methoden, um biologische Systeme – von einzelnen Enzymen über Mikroorganismen bis hin zu ganzen Pflanzen – gezielt für die Lösung von Umweltproblemen zu entwerfen und einzusetzen [1, 5]. Indem wir die Prinzipien des Ingenieurwesens wie Design, Standardisierung und Optimierung auf die Biologie anwenden, können wir Mikroorganismen und Pflanzen so umprogrammieren, dass sie als hocheffiziente, sich selbst erhaltende und umweltfreundliche „lebende Fabriken" und „Umweltsanierer" fungieren. Dieser Ansatz, der oft als Kern der aufstrebenden „Bioökonomie" bezeichnet wird, zielt darauf ab, unsere auf fossilen Rohstoffen basierende, lineare Wirtschaft schrittweise durch eine nachhaltige, zirkuläre Wirtschaft zu ersetzen, die auf biologischen Prozessen und erneuerbaren Ressourcen beruht [3, 3].

Ein zentrales und bereits heute relevantes Anwendungsfeld des Bioengineerings ist die Bioremediation, also die Nutzung von biologischen Organismen zum Abbau oder zur Neutralisierung von Schadstoffen in der Umwelt. Viele Mikroorganismen haben von Natur aus die Fähigkeit, komplexe organische Verbindungen abzubauen, da diese ihnen als Nahrungsquelle dienen. Mithilfe der synthetischen Biologie können diese natürlichen Fähigkeiten gezielt verbessert, beschleunigt und auf neue, vom Menschen geschaffene Schadstoffe ausgeweitet werden, gegen die die Natur noch keine Antwort gefunden hat [5]. Forscher entwickeln beispielsweise Bakterienstämme, die Ölteppiche auf dem Meer wesentlich effizienter abbauen, giftige Schwermetalle wie Quecksilber oder Arsen aus dem Grundwasser filtern und binden, oder hartnäckige und weit verbreitete Plastikabfälle wie PET in ihre chemischen Grundbausteine zerlegen können [1, 4]. Speziell entwickelte Biosensoren, die ebenfalls auf gentechnisch veränderten Mikroben basieren, können das Vorhandensein von Schadstoffen in Wasser oder Boden bereits in winzigsten Konzentrationen in Echtzeit detektieren und ein Leuchtsignal aussenden, was eine schnelle Reaktion und Eingrenzung von Umweltverschmutzungen ermöglicht. Bioengineered Biofilme sind ein weiterer vielversprechender Forschungszweig, bei dem Gemeinschaften von Mikroorganismen so auf Oberflächen gestaltet werden, dass sie Schadstoffe wie Pestizide, Herbizide oder industrielle Kohlenwasserstoffe effizient binden, abbauen und unschädlich machen [4].

Im globalen Kampf gegen den Klimawandel bietet das Bioengineering mehrere vielversprechende Lösungsansätze. Eine wichtige Strategie ist die Reduzierung von Treibhausgasemissionen durch die Entwicklung nachhaltiger Alternativen zu fossilen Brennstoffen und Materialien. Mithilfe der synthetischen Biologie können Mikroorganismen wie Algen oder Hefen so optimiert werden, dass sie aus Sonnenlicht, CO_2 oder landwirtschaftlichen Abfällen wie Stroh und Holzresten effizient Biokraftstoffe der nächsten Generation (z. B. Butanol oder Flugzeugtreibstoff) produzieren. Im Gegensatz zu Biokraftstoffen der ersten Generation stehen diese nicht in direkter Konkurrenz zur Nahrungsmittelproduktion [6]. Ebenso können Bakterien als zelluläre Fabriken dienen, um die chemischen Bausteine für Biokunststoffe (wie PLA oder PHA) herzustellen, die aus nachwachsenden Rohstoffen gewonnen werden und am Ende ihres Lebenszyklus biologisch abbaubar sind, was zur Lösung der globalen Plastikkrise beitragen könnte. Ein weiterer, direkterer Ansatz ist die Kohlenstoffsequestrierung, also die langfristige Bindung von atmosphärischem CO_2. Wissenschaftler arbeiten daran, das natürliche Potenzial von Pflanzen und Bodenmikroorganismen zur CO_2-Bindung durch gezieltes Bioengineering zu erhöhen. Durch die Optimierung der Photosynthese und die Veränderung von Stoffwechselwegen könnten Pflanzen so konstruiert werden, dass sie mehr Kohlenstoff in ihren Wurzeln und im umliegenden Boden in Form von stabilen organischen Verbindungen speichern (Enhanced Carbon Farming) [4, 2]. Auch die Entwicklung von sich selbst düngenden Nutzpflanzen, die ihren eigenen Stickstoff aus der Luft fixieren können – eine Fähigkeit, die in der Natur nur wenige Bakterien besitzen –, ist ein wichtiges Ziel der synthetischen Biologie. Dies könnte den Einsatz von synthetischem Kunstdünger drastisch reduzieren, dessen Herstellung nach dem Haber-Bosch-Verfahren extrem energieintensiv ist und für einen erheblichen Teil der globalen Treibhausgasemissionen verantwortlich ist [2].

Das Bioengineering ist zudem ein zentraler Treiber für den dringend notwendigen Übergang von einer linearen Wegwerfgesellschaft zu einer nachhaltigen Kreislaufwirtschaft. In einer Kreislaufwirtschaft gibt es keinen Abfall; stattdessen werden die Produkte und Materialien am Ende ihrer Nutzung als wertvolle Ressourcen für neue Produkte betrachtet. Biologische Systeme sind von Natur aus die perfekten Meister des Recyclings. Durch den Einsatz von speziell entwickelten Enzym-Cocktails und optimierten Mikroorganismen können komplexe und gemischte Abfallprodukte, von landwirtschaftlichen Reststoffen über Altkleider bis hin zu Elektronikschrott, in ihre molekularen Bestandteile zerlegt und als Rohstoffe für neue, hochwertige Produkte wiederverwendet werden (Upcycling) [2, 2]. Dieser Ansatz, oft als „Waste-to-Value" bezeichnet, kann dazu beitragen, den primären Ressourcenverbrauch drastisch zu minimieren, Deponien zu entlasten, die Umweltverschmutzung zu reduzieren und völlig neue, nachhaltige Geschäftsmodelle und Wertschöpfungsketten zu schaffen. Die Vision ist eine vollständig bio-basierte und zirkuläre Industrie, in der Produkte am Ende ihres Lebenszyklus nicht zu umweltschädlichem Müll werden, sondern als Nährstoffe in einen neuen biologischen oder technischen Kreislauf zurückfließen [1].

Die Nutzung des Bioengineerings für eine nachhaltige Zukunft ist jedoch kein technologisches Allheilmittel und erfordert eine äußerst sorgfältige, vorausschauende und verantwortungsbewusste Vorgehensweise. Die Freisetzung gentechnisch veränderter Organismen (GVOs) in die offene Umwelt muss strengsten, wissenschaftlich fundierten Sicherheitsprüfungen unterzogen werden, um unbeabsichtigte und potenziell irreversible negative Auswirkungen auf die Biodiversität und die Stabilität von Ökosystemen zu verhindern. Die sozialen und wirtschaftlichen Folgen, beispielsweise für Kleinbauern in Entwicklungsländern, müssen sorgfältig abgewogen und fair gestaltet werden. Dennoch ist das Potenzial unbestreitbar. Indem wir von den über Milliarden von Jahren evolvierten, hocheffizienten und nachhaltigen Prinzipien der Natur lernen und diese mit den präzisen Werkzeugen des modernen Ingenieurwesens kombinieren, kann das Bioengineering einen entscheidenden Beitrag dazu leisten, die Belastung unseres Planeten zu verringern und eine lebenswerte und prosperierende Zukunft für kommende Generationen zu sichern [6, 6].

Literaturhinweise zu Abschn. 4.3

1. KRCT (2024): Advances in Bioengineering for Sustainability Solution. Dieser Artikel beschreibt, wie Fortschritte im Bioengineering nachhaltige Lösungen in den Bereichen Energie, Landwirtschaft, Gesundheitswesen und Abfallmanagement vorantreiben. https://krct.ac.in/blog/2024/09/07/advances-in-bioengineering-for-creating-sustainable-solutions/
2. Lea-Smith, D.J. et al. (2025): Engineering biology applications for environmental solutions. Ein wissenschaftlicher Artikel in Nature Communications, der Anwendungen der Ingenieurbiologie zur Erkennung und zum Abbau von Schadstoffen, zur Sequestrierung von Treibhausgasen und zur Umwandlung von Abfallströmen beschreibt. https://www.nature.com/articles/s41467-025-58492-0
3. World Climate Foundation (2024): Why Engineering Biology may be the Future of Sustainability. Dieser Beitrag argumentiert, dass die Ingenieurbiologie eine vielversprechende Lösung zum Schutz von Unternehmen und dem Planeten darstellt. https://www.worldclimatefoundation.org/post/why-engineering-biology-may-be-the-future-of-sustainability
4. Runkle, B.R.K. et al. (2022): Review: biological engineering for nature-based climate solutions. Ein Review-Artikel, der den Einsatz von Bioengineering zur Reduzierung von Treibhausgasemissionen und zur Erhöhung der Kohlenstoffsequestrierung in Böden und Biomasse untersucht. https://jbioleng.biomedcentral.com/articles/10.1186/s13036-022-00287-8
5. Energy & Sustainability Directory (2025): Sustainable Bioengineering. Diese Quelle definiert nachhaltiges Bioengineering als die Verschmelzung von Biologie und Ingenieurwesen zur Schaffung umweltbewusster und wirtschaftlich tragfähiger Lösungen. https://energy.sustainability-directory.com/term/sustainable-bioengineering/
6. Zbiotics (2025): How Bioengineering Is Saving The Planet. Dieser Blogbeitrag beschreibt, wie Bioengineering Mikroben nutzt, um Umweltverschmutzung zu beseitigen, Kohlenstoff zu binden und erneuerbare Materialien zu produzieren. https://zbiotics.com/blogs/journal/how-bioengineering-is-saving-the-planet

5 Neue Grenzen bei Energie und Materialien

5.1 Der Übergang zu sauberer Energie: Ein Überblick über die neuesten Entwicklungen bei erneuerbaren Energien und Speichertechnologien

Die globale Energiewende, der unumkehrbare und tiefgreifende Übergang von einer auf fossilen Brennstoffen basierenden Energieversorgung hin zu einem nachhaltigen, dekarbonisierten und resilienten System, ist unbestreitbar eine der größten und komplexesten Herausforderungen des 21. Jahrhunderts. Sie ist nicht nur eine technische, sondern auch eine wirtschaftliche, soziale und politische Herkulesaufgabe. Im Zentrum dieser globalen Transformation stehen die erneuerbaren Energien, allen voran die Solarenergie und die Windkraft. In den letzten zehn Jahren haben diese Technologien eine beispiellose und oft unterschätzte Entwicklung durchlaufen, die von dramatisch sinkenden Kosten und exponentiell steigenden Wirkungsgraden geprägt ist [2]. Solarmodule und Windturbinen, einst teure Nischenprodukte für ökologische Enthusiasten, sind heute in vielen Teilen der Welt die kostengünstigsten Quellen für die Erzeugung von neuem Strom und unterbieten die Gestehungskosten von neuen Kohle- und Gaskraftwerken bei weitem. Dieser technologische und wirtschaftliche Durchbruch, angetrieben durch Skaleneffekte in der Produktion, intensive Forschung und politische Unterstützung, hat zu einem massiven globalen Ausbau geführt. Doch die inhärente Natur von Sonne und Wind – ihre Intermittenz und Volatilität, also die Tatsache, dass sie nicht rund um die Uhr und nicht immer mit konstanter Leistung verfügbar sind – stellt die Stabilität und Zuverlässigkeit unserer traditionell auf grundlastfähigen Kraftwerken aufgebauten Stromnetze vor eine fundamentale Herausforderung. Die Lösung für dieses zentrale Problem ist der zweite, ebenso wichtige und untrennbare Pfeiler der Energiewende: die Entwicklung und der massenhafte Einsatz von großtechnischen Energiespeichertechnologien [2].

U. Karrenberg, *Next Generation World*,
https://doi.org/10.1007/978-3-662-72805-5_5

Energiespeicher sind das entscheidende Bindeglied, das es ermöglicht, die zeitliche Lücke zwischen der volatilen Erzeugung erneuerbarer Energien und dem kontinuierlichen, aber ebenfalls schwankenden Strombedarf von Haushalten, Gewerbe und Industrie zu schließen. Sie fungieren als Puffer im Energiesystem, indem sie überschüssige Energie aufnehmen, wenn die Sonne scheint und der Wind stark weht (also zu Zeiten geringer Nachfrage und hoher Erzeugung), und sie wieder in das Netz einspeisen, wenn die Nachfrage hoch ist oder die Erzeugung gering (z. B. abends oder bei Windstille). Diese Fähigkeit zur zeitlichen Entkopplung von Erzeugung und Verbrauch ist der Schlüssel zur Gewährleistung von Netzstabilität, zur Reduzierung von teuren Lastspitzen, zur Maximierung der Nutzung von erneuerbarem Strom und zur Schaffung eines resilienten und flexiblen Energiesystems der Zukunft [5, 6]. Der Markt für Energiespeicher wächst daher in einem atemberaubenden Tempo, das sogar das Wachstum der erneuerbaren Energien selbst übertrifft. Während im Jahr 2020 weltweit nur wenige Gigawatt an Batteriespeicherkapazität installiert waren, wird erwartet, dass der Markt für Batterie-Energiespeichersysteme (BESS) bis 2030 auf ein Volumen von rund 120 Mrd. US-Dollar anwachsen wird, was die zentrale und unverzichtbare Rolle dieser Technologie für das Gelingen der Energiewende unterstreicht [3, 5].

Die derzeit dominierende und bekannteste Speichertechnologie sind Lithium-Ionen-Batterien. Angetrieben durch die Revolution in der Unterhaltungselektronik (Smartphones, Laptops) und vor allem durch den Boom der Elektromobilität haben sie von enormen Skaleneffekten in der Produktion und kontinuierlicher technologischer Verbesserung profitiert. In großem Maßstab zu containerisierten Batterie-Energiespeichersystemen (BESS) zusammengeschaltet, werden sie zunehmend in Kombination mit großen Solar- und Windparks eingesetzt, um deren Stromproduktion zu glätten, zu verstetigen und planbar zu machen [4]. Sie können innerhalb von Millisekunden auf Schwankungen im Netz reagieren und sind daher ideal für die Bereitstellung von kritischen Netzdienstleistungen wie der Frequenzregulierung, die für die Aufrechterhaltung der Netzstabilität unerlässlich ist. Neben den Lithium-Ionen-Batterien, die sich hervorragend für kurz- bis mittelfristige Speicheranwendungen (Sekunden bis mehrere Stunden) eignen, gibt es eine Vielzahl weiterer vielversprechender Technologien, die für unterschiedliche Anwendungsfälle optimiert sind. Die älteste und am weitesten verbreitete Form der großtechnischen Energiespeicherung sind Pumpspeicherkraftwerke, die Wasser zwischen einem hoch und einem tief gelegenen Reservoir hin- und herpumpen und so Energie in Form von potenzieller Energie speichern. Sie sind äußerst langlebig, effizient und können große Energiemengen über lange Zeiträume speichern, ihr Ausbau ist jedoch stark von spezifischen geografischen und topografischen Gegebenheiten abhängig und oft mit erheblichen Eingriffen in die Landschaft verbunden [4].

Um die Herausforderungen der Langzeitspeicherung (von Tagen bis zu ganzen Jahreszeiten) zu bewältigen und die Abhängigkeit von kritischen und geografisch konzentrierten Rohstoffen wie Lithium und Kobalt zu verringern, wird intensiv an einer neuen Generation von Speichertechnologien geforscht. Thermische Energiespeicher (TES) nutzen kostengünstige und reichlich verfügbare Materialien wie geschmolzenes Salz, Sand oder sogar Gestein, um überschüssige elektrische Energie in Form von Hochtemperatur-Wärme zu speichern, die dann bei Bedarf zur Dampferzeugung und zum Antrieb von konventionellen Turbinen zur Stromerzeugung genutzt werden kann [1, 3]. Schwerkraft-basierte Speichersysteme, die von Start-ups entwickelt werden, heben schwere Gewichte (z. B. Betonblöcke in einem Turm oder in stillgelegten Minenschächten) an, um potenzielle Energie zu speichern, und lassen sie bei Bedarf wieder ab, um einen Generator anzutreiben. Flow-Batterien (z. B. auf Vanadium-Redox-Basis) speichern Energie in flüssigen Elektrolyten, die in externen Tanks gelagert werden. Dies ermöglicht eine unabhängige Skalierung von Leistung (Größe der Zelle) und Kapazität (Größe der Tanks), was sie für die Langzeitspeicherung von großen Energiemengen besonders attraktiv macht. Auch Festkörperbatterien, die einen festen anstelle eines flüssigen Elektrolyten verwenden, versprechen höhere Energiedichten, eine längere Lebensdauer und verbesserte Sicherheit im Vergleich zu herkömmlichen Lithium-Ionen-Batterien [2]. Eine besonders wichtige Rolle für die saisonale Speicherung, also die Übertragung von sommerlichen Energieüberschüssen aus der Photovoltaik in den sonnenarmen Winter, könnte grüner Wasserstoff spielen. Durch Elektrolyse mit überschüssigem Ökostrom erzeugt, kann Wasserstoff in großen Mengen in unterirdischen Kavernen gespeichert und bei Bedarf in Gaskraftwerken oder Brennstoffzellen wieder in Strom umgewandelt oder als Rohstoff für die Industrie genutzt werden. Es wird nicht eine einzige Speichertechnologie geben, die alle Probleme löst, sondern eine intelligente Kombination dieser vielfältigen Technologien, die jeweils für ihren spezifischen Anwendungsfall optimiert sind und zusammen ein robustes, flexibles und zu 100 % auf erneuerbaren Energien basierendes Stromnetz der Zukunft ermöglichen [2, 1].

Literaturhinweise zu Abschn. 5.1

1. Yale Climate Connections (2025): The coolest new energy storage technologies. Dieser Artikel gibt einen Überblick über neue Speichertechnologien wie thermische Speicher (Sand) und Schwerkraftspeicher, die als Backup für erneuerbare Energien benötigt werden. https://yaleclimateconnections.org/2025/05/the-coolest-new-energy-storage-technologies/
2. Qin, Z. et al. (2025): Advancements in energy storage technologies. Ein wissenschaftlicher Artikel, der verbesserte Energiespeicheroptionen wie Lithium-Ionen-Batterien, Flow-Batterien, Festkörperbatterien und Wasserstoffspeichersysteme beschreibt. https://www.sciencedirect.com/science/article/pii/S2211467X25000732
3. Energy Storage News (n.d.): Global news, analysis and opinion on the energy storage industry. Bietet aktuelle Nachrichten, wie z. B. über thermische Energiespeicherprojekte, die Erdgas ersetzen. https://www.energy-storage.news/
4. Energy Digital (2025): Top 10: Energy Storage Technologies. Listet die Top-Energiespeichertechnologien auf, darunter Pumpspeicherkraftwerke und Lithium-Ionen-Batterien. https://energydigital.com/top10/top-10-energy-storage-technologies

5. Sustainable Manufacturing Expo (n.d.): Latest Advancements in Renewable Energy Storage. Erläutert, wie fortschrittliche Speicherkapazitäten Herstellern helfen, den Energieverbrauch zu optimieren und resilientere Systeme zu schaffen. https://www.sustainablemanufacturingexpo.com/en/articles/advancements-renewable-energy-storage.html
6. NREL (n.d.): Storage Futures Study. Eine Analyse des National Renewable Energy Laboratory (NREL) über die fundamentale Rolle der Energiespeicherung für ein resilientes und kohlenstoffarmes US-Stromnetz bis 2050. https://www.nrel.gov/analysis/storage-futures

5.2 Fortgeschrittene Nukleartechnologien und Fusion: Die Potenziale und Herausforderungen der nächsten Generation der Kernenergie

Während erneuerbare Energien wie Sonne und Wind die Hauptlast der Dekarbonisierung des globalen Stromsektors tragen werden, gibt es einen wachsenden wissenschaftlichen und politischen Konsens darüber, dass eine zuverlässige, grundlastfähige und kohlenstofffreie Energiequelle benötigt wird, um die Stabilität des Netzes rund um die Uhr zu gewährleisten, insbesondere wenn Sonne und Wind über längere Zeiträume nicht verfügbar sind. In diesem Kontext erlebt die Kernenergie, die lange Zeit aufgrund von Sicherheitsbedenken und der ungelösten Endlagerfrage in vielen Ländern ein Schattendasein fristete, eine bemerkenswerte Renaissance. Diese Wiedergeburt stützt sich jedoch nicht auf die großen, traditionellen Leichtwasserreaktoren des 20. Jahrhunderts, sondern auf eine neue Generation von fortschrittlichen Reaktorkonzepten, die darauf abzielen, sicherer, flexibler, kostengünstiger und nachhaltiger zu sein. Zwei Hauptentwicklungsstränge stehen dabei im Fokus der globalen Forschung und Entwicklung: Kleine Modulare Reaktoren (Small Modular Reactors, SMRs), die kurz- bis mittelfristig eine flexiblere und inhärent sicherere Form der Kernspaltung versprechen, und die Kernfusion, die langfristig das ultimative Potenzial für eine nahezu unerschöpfliche, saubere und sichere Energiequelle birgt [3, 3].

Small Modular Reactors (SMRs) sind fortschrittliche Kernspaltungsreaktoren, die per Definition eine elektrische Leistung von weniger als 300 Megawatt (MWe) erzeugen – etwa ein Drittel oder weniger der Leistung eines herkömmlichen großen Kernkraftwerks [1, 2]. Ihr entscheidendes und namensgebendes Merkmal liegt jedoch nicht nur in ihrer geringeren Größe, sondern im Konzept der Modularität und der standardisierten Fertigung in Fabriken. Anstatt über viele Jahre hinweg als hochkomplexe, einmalige und teure Bauprojekte vor Ort errichtet zu werden, können SMRs als standardisierte Module (Reaktorgefäß, Dampferzeuger etc.) in einer kontrollierten Fabrikumgebung in Serie hergestellt und dann per LKW, Bahn oder Schiff zum Bestimmungsort transportiert und dort zu einem kompletten Kraftwerk montiert werden. Dieser Ansatz, der aus anderen Industriezweigen wie dem Flugzeugbau übernommen wurde, verspricht erhebliche Kostensenkungen durch Lerneffekte und Skaleneffekte in der Produktion, kürzere Bauzeiten und eine deutlich höhere und gleichbleibende Qualitätssicherung [6]. Viele SMR-Designs, die zu den sogenannten Reaktoren der Generation IV zählen, beinhalten zudem inhärente, passive Sicherheitssysteme. Diese sind so konzipiert, dass sie nicht auf externe Stromversorgung, aktive Pumpen oder menschliches Eingreifen angewiesen sind, um den Reaktor im Störfall sicher herunterzufahren und die Nachzerfallswärme abzuführen. Stattdessen verlassen sie sich allein auf fundamentale physikalische Prinzipien wie Schwerkraft (z. B. für das Einfallen von Kontrollstäben), natürliche Konvektion und Wärmeleitung, um den Reaktor in einen stabilen und sicheren Zustand zu überführen. Dies macht sie wesentlich robuster gegen schwere Unfälle, wie sie in Tschernobyl oder Fukushima aufgetreten sind [5]. Ihre geringere Größe und ihr geringerer Kapitalbedarf machen sie zudem zu einer attraktiven Option für die dezentrale Energieversorgung von abgelegenen Gemeinden, großen Industriekomplexen oder zur Produktion von kohlenstofffreier Prozesswärme für die chemische Industrie und zur Wasserstofferzeugung. Führende Unternehmen wie NuScale Power in den USA, aber auch staatliche Programme in China, Russland und Großbritannien arbeiten bereits an der kommerziellen Umsetzung und Zertifizierung ihrer Designs [4].

Während SMRs eine evolutionäre und pragmatische Weiterentwicklung der Kernspaltung darstellen, ist die Kernfusion ein revolutionärer und weitaus fundamentalerer Ansatz. Anstatt schwere Atomkerne wie Uran zu spalten, zielt die Fusion darauf ab, den Prozess nachzuahmen, der die Sonne und alle Sterne im Universum antreibt: die Verschmelzung von leichten Atomkernen (typischerweise den Wasserstoffisotopen Deuterium und Tritium) zu schwereren Kernen (Helium). Bei diesem Prozess wird eine gewaltige Menge an Energie gemäß Einsteins berühmter Formel $E = mc^2$ freigesetzt [3]. Die physikalische Herausforderung ist immens: Um die abstoßenden Kräfte zwischen den positiv geladenen Atomkernen zu überwinden und sie zur Fusion zu zwingen, muss ein Gas, ein sogenanntes Plasma, auf unvorstellbare Temperaturen von über 100 Mio. Grad Celsius erhitzt werden – mehr als sechsmal heißer als das Zentrum der Sonne – und gleichzeitig daran gehindert werden, die Wände des Reaktorgefäßes zu berühren, was es sofort schmelzen lassen würde [5]. Die führende Methode, um dieses extrem heiße Plasma einzuschließen, sind Tokamaks, ringförmige, donut-förmige Maschinen, die extrem starke, komplexe Magnetfelder nutzen, um das Plasma in der Schwebe zu halten. In den letzten Jahren gab es eine Reihe von bahnbrechenden wissenschaftlichen Durchbrüchen, die die Hoffnung auf kommerzielle Fusionsenergie neu entfacht haben. Im Dezember 2022 und erneut im August 2023 gelang es Wissenschaftlern am Lawrence Livermore National Laboratory in den USA erstmals, durch einen alternativen Ansatz, die Trägheitsfusion (bei der eine winzige Brennstoffkapsel mit den stärksten Lasern der Welt beschossen wird), mehr Energie aus einer Fusionsreaktion zu gewinnen, als zur Zündung der Reaktion aufgewendet wurde – ein historischer Meilenstein, der als „Netto-Energiegewinn“ oder „Zündung“ bezeichnet wird [4]. Auch Tokamak-Experimente wie der europäische JET und der französische WEST-Reaktor haben neue Rekorde bei der Dauer und Temperatur des aufrechterhaltenen Plasmas aufgestellt, was entscheidende Fortschritte auf dem Weg zu einem dauerhaft brennenden Plasma darstellt [1, 3].

Die potenziellen Vorteile der Fusionsenergie sind gewaltig und lesen sich wie die Lösung aller Energieprobleme der Menschheit. Der Brennstoff – Deuterium – kann kostengünstig und in riesigen Mengen aus gewöhnlichem Meerwasser gewonnen werden und ist praktisch unerschöpflich. Tritium, das radioaktiv ist, aber eine kurze Halbwertszeit hat, muss nicht abgebaut werden, sondern kann innerhalb des Fusionskraftwerks selbst aus dem reichlich vorhandenen Element Lithium „erbrütet" werden. Der Fusionsprozess erzeugt keine Treibhausgase und keine langlebigen, hoch radioaktiven Abfälle wie die Kernspaltung; das Hauptabfallprodukt ist harmloses Helium. Eine unkontrollierte, durchgehende Kettenreaktion wie bei einem Kernspaltungsreaktor ist physikalisch unmöglich; bei einer Störung würde das empfindliche Plasma sofort abkühlen und die Reaktion zum Erliegen kommen. Trotz der jüngsten Erfolge ist der Weg zu einem kommerziellen Fusionskraftwerk, das Strom in das Netz einspeist, noch weit und erfordert die Lösung zahlreicher gewaltiger wissenschaftlicher und technischer Herausforderungen, insbesondere bei der Entwicklung von Materialien, die dem extremen Neutronenbombardement im Inneren eines Reaktors standhalten können. Internationale Großprojekte wie ITER in Südfrankreich, der größte Tokamak der Welt, der von einer globalen Koalition gebaut wird, sollen diese Fragen klären und den Weg für Demonstrationskraftwerke ebnen. Die nächste Generation der Kernenergie, sei es durch flexible und sichere SMRs in der nahen Zukunft oder die ultimative Energiequelle der Fusion in der ferneren Zukunft, verspricht, eine entscheidende Rolle in einer zukünftigen, stabilen und kohlenstofffreien Energielandschaft zu spielen [6, 1].

Literaturhinweise zu Abschn. 5.2

1. IAEA (2021): What are Small Modular Reactors (SMRs)? Die Internationale Atomenergie-Organisation (IAEA) definiert SMRs als fortschrittliche Reaktoren mit einer Leistung von bis zu 300 MW(e). https://www.iaea.org/newscenter/news/what-are-small-modular-reactors-smrs
2. Europäische Kommission (n.d.): Small modular reactors explained. Die EU-Kommission erläutert die Definition und die potenziellen Vorteile von SMRs. https://energy.ec.europa.eu/topics/nuclear-energy/small-modular-reactors/small-modular-reactors-explained_en
3. Nuclear Business Platform (2025): Compact Fusion Reactors: The Next Big Leap in Small-Scale, Clean Energy. Dieser Artikel beschreibt kompakte Fusionsreaktoren als vielversprechende saubere Energiequelle im kleinen Maßstab. https://www.nuclearbusiness-platform.com/media/insights/compact-fusion-reactors
4. NuScale Power (n.d.): Small Modular Reactor (SMR) Nuclear Technology. Die Website des führenden SMR-Entwicklers NuScale Power gibt Einblicke in deren Technologie und Projekte. https://www.nuscalepower.com/

5. U.S. Department of Energy (n.d.): Advanced Small Modular Reactors (SMRs). Das US-Energieministerium beschreibt die Vielfalt der in den USA entwickelten SMR-Technologien und ihre Einsatzszenarien. https://www.energy.gov/ne/advanced-small-modular-reactors-smrs
6. Wikipedia (n.d.): Small modular reactor. Der Wikipedia-Artikel bietet einen umfassenden Überblick über das Konzept, die Designs und die Entwicklung von SMRs. https://en.wikipedia.org/wiki/Small_modular_reactor

5.3 Strukturelle Batteriekomposite und Nanozyme: Innovative Materialien, die die Energiespeicherung und industrielle Prozesse revolutionieren könnten

Über die reine Energieerzeugung hinaus wird die nächste technologische Revolution maßgeblich von der Entwicklung neuartiger, intelligenter Materialien vorangetrieben, die die Grenzen zwischen traditionellen Disziplinen wie Materialwissenschaft, Chemie und Biologie verwischen. Diese Materialien besitzen nicht nur verbesserte physikalische Eigenschaften wie höhere Festigkeit oder geringeres Gewicht, sondern sind oft multifunktional und von der Natur inspiriert. Sie können mehrere Aufgaben gleichzeitig erfüllen und ermöglichen so völlig neue Design- und Systemarchitekturen. Zwei besonders vielversprechende Klassen solcher innovativer Materialien, die an der vordersten Front der Forschung stehen, sind strukturelle Batteriekomposite, die die scheinbar unvereinbaren Funktionen der Energiespeicherung und der tragenden Struktur in einem einzigen Material vereinen, und Nanozyme, künstliche Nanomaterialien, die als hocheffiziente und robuste Katalysatoren für eine Vielzahl von industriellen und biomedizinischen Anwendungen dienen. Beide Technologien haben das Potenzial, etablierte Industrien von der Elektromobilität und Luftfahrt bis hin zur chemischen Produktion und Medizin grundlegend zu verändern.

Strukturelle Batteriekomposite (SBCs), vom Weltwirtschaftsforum als eine der Top-10 aufstrebenden Technologien des Jahres 2025 identifiziert, verfolgen eine radikal neue und elegante Idee der Energiespeicherung [1]. Anstatt eine schwere, voluminöse und rein passive Batterie in ein System wie ein Elektroauto, ein Flugzeug oder ein elektronisches Gerät zu integrieren, wird das Energiespeichermaterial selbst zum aktiven, tragenden, strukturellen Bestandteil des Systems gemacht. Das visionäre Konzept zielt auf eine „masselose“ Energiespeicherung ab, bei der die Karosserieteile eines Autos, der Rumpf eines Flugzeugs, die Flügel einer Drohne oder das Gehäuse eines Laptops gleichzeitig als Batterie fungieren und so Gewicht und Volumen sparen [4]. Das Herzstück dieser Technologie sind oft fortschrittliche Kohlefaserverbundwerkstoffe. Kohlefasern sind nicht nur extrem leicht und besitzen eine höhere spezifische Festigkeit als Stahl, sondern sind auch elektrisch leitfähig. In einem strukturellen Batteriekomposit können diese Kohlefasern als negative Elektrode (Anode) und gleichzeitig als mechanische Verstärkung dienen. Eine mit Lithium-Ionen beschichtete Folie (z. B. Lithiumeisenphosphat) fungiert als positive Elektrode (Kathode). Ein dünner, glasfaserbasierter Separator, der mit einem polymeren Elektrolyt getränkt ist, trennt die beiden Elektroden elektrisch, ermöglicht aber den Fluss der Lithium-Ionen während des Lade- und Entladevorgangs und trägt gleichzeitig die mechanische Last zwischen den Faserschichten [2, 6].

Die potenziellen Vorteile dieser Multifunktionalität sind enorm. Durch die Integration von Energiespeicher und Struktur kann das Gesamtgewicht eines Elektrofahrzeugs um 10–20 % oder mehr reduziert werden, was sich direkt in einer größeren Reichweite oder einer höheren Effizienz niederschlägt. In der Luft- und Raumfahrt, wo jedes Gramm zählt, könnten strukturelle Batterien das Gewicht von Flugzeugen oder Satelliten drastisch senken und so längere Flugzeiten, höhere Nutzlasten oder geringeren Treibstoffverbrauch ermöglichen. In der Robotik und bei tragbaren elektronischen Geräten könnten sie zu leichteren, schlankeren und ausdauernderen Designs führen, die heute noch nicht realisierbar sind [4]. Obwohl die Technologie noch in der Entwicklung steckt, wurden bereits beeindruckende Fortschritte erzielt. Forscherteams, unter anderem an der Chalmers University of Technology in Schweden, haben strukturelle Batterien entwickelt, die bemerkenswerte Energiedichten und gleichzeitig eine hohe mechanische Steifigkeit und Festigkeit aufweisen [3]. Die zentralen Herausforderungen liegen in der weiteren Optimierung der elektrochemischen Leistung (Energiedichte und Zyklenfestigkeit), der Gewährleistung der langfristigen Haltbarkeit unter mechanischer Belastung und der Entwicklung kostengünstiger, skalierbarer Herstellungsverfahren. Wenn diese Hürden überwunden werden, könnten strukturelle Batteriekomposite die Art und Weise, wie wir elektrische Systeme entwerfen und bauen, von Grund auf revolutionieren [5].

Eine weitere Klasse von revolutionären Materialien, die von der Natur inspiriert sind, sind die Nanozyme. Dabei handelt es sich um Nanomaterialien, die die katalytischen Eigenschaften von natürlichen Enzymen nachahmen oder sogar übertreffen [3]. Enzyme sind die Biokatalysatoren des Lebens; sie sind Proteine, die chemische Reaktionen in lebenden Organismen mit erstaunlicher Effizienz und Spezifität bei milden Bedingungen (Körpertemperatur, neutraler pH-Wert) beschleunigen. Ihr Einsatz in industriellen Prozessen ist jedoch oft durch ihre geringe Stabilität unter rauen Bedingungen (hohe Temperaturen, extreme pH-Werte, organische Lösungsmittel) und ihre hohen Herstellungskosten begrenzt [2]. Nanozyme, die typischerweise aus robusten und kostengünstigen anorganischen Materialien wie Metallen (z. B. Gold-, Silber- oder Platin-Nanopartikel), Metalloxiden (z. B. Eisenoxid-, Ceroxid-Nanopartikel) oder zweidimensionalen Materialien wie Graphenoxid bestehen, überwinden viele dieser Nachteile [1, 2]. Sie sind wesentlich stabiler, kostengünstiger in der Herstellung und ihre katalytische Aktivität kann durch die präzise Kontrolle ihrer Größe, Form und Oberflächenchemie gezielt eingestellt und optimiert werden [3].

Die Anwendungsbereiche für Nanozyme sind außerordentlich breit und vielfältig und erstrecken sich über zahlreiche Industrien. In der Biomedizin werden sie als hochsensitive Biosensoren für die Früherkennung von Krankheiten, als Kontrastmittel für die medizinische Bildgebung und sogar als therapeutische Wirkstoffe im Kampf gegen Krebs oder multiresistente bakterielle Infektionen erforscht [1, 6]. Ihre Fähigkeit, reaktive Sauerstoffspezies (ROS) zu erzeugen oder abzufangen, macht sie zu vielversprechenden Kandidaten für die Tumortherapie oder die Behandlung von entzündlichen Erkrankungen. In der Industrie haben Nanozyme das Potenzial, traditionelle und oft teure oder umweltschädliche Katalysatoren in der chemischen Produktion, der Lebensmittelverarbeitung und der Textilindustrie zu ersetzen [5]. Sie können zur Entfärbung von industriellen Abwässern, zur Verbesserung der Haltbarkeit von Lebensmitteln durch ihre antioxidative Wirkung oder zur Synthese von Feinchemikalien eingesetzt werden. Auch in der Landwirtschaft und im Umweltschutz finden sie Anwendung, beispielsweise als neuartige, stabilere Pestizide, zur Förderung des Pflanzenwachstums oder zur Sanierung von mit Schwermetallen oder organischen Schadstoffen kontaminierten Böden [4]. Die Entdeckung und Entwicklung von Nanozymen hat ein völlig neues und interdisziplinäres Forschungsfeld an der Schnittstelle von Nanotechnologie, Materialwissenschaft, Chemie und Biologie eröffnet. Sie erweitern die Grenzen der Katalyse weit über das hinaus, was mit natürlichen Enzymen allein möglich ist, und bieten einen leistungsstarken und vielseitigen Werkzeugkasten, um effizientere, nachhaltigere und kostengünstigere Lösungen für unzählige technologische Herausforderungen zu schaffen [5].

Literaturhinweise zu Abschn. 5.3

1. World Economic Forum (2025): Structural battery composites. Das WEF zählt strukturelle Batteriekomposite zu den Top 10 aufstrebenden Technologien und beschreibt sie als Integration von lasttragenden Komponenten und wiederaufladbarer Energiespeicherung. https://www.weforum.org/publications/top-10-emerging-technologies-of-2025/in-full/structural-battery-composites/
2. Ye, J. et al. (2024): Carbon fiber reinforced structural battery composites. Ein wissenschaftlicher Artikel, der SBCs als eine aufstrebende multifunktionale Technologie beschreibt, bei der Materialien mit Energiespeicherfunktionen ausgestattet werden. https://www.sciencedirect.com/science/article/pii/S1359836824002221
3. Dong, G.H. et al. (2023): Structural battery composites with remarkable energy storage and mechanical performance. Diese Studie zeigt einen neuen Weg zur Entwicklung von SBCs mit bemerkenswerten Energiespeicherfähigkeiten, insbesondere unter hoher Belastung. https://www.sciencedirect.com/science/article/abs/pii/S0263822322013472
4. Promwad (2025): Structural Battery Composites: How Energy-Storing Materials Reshape Industries. Beschreibt, wie SBCs Energiespeicherung und Festigkeit kombinieren und damit Elektrofahrzeuge, Luft- und Raumfahrt sowie Robotik neu gestalten. https://promwad.com/news/structural-battery-composites-electronics-transportation

5. A(n.d.): Composite Structural Battery: A Review. Ein Review-Artikel, der Verbund-Strukturbatterien als neue Lösung zur Reduzierung der Größe von elektrischen Systemen vorstellt, die Lasten tragen und Energie speichern können. https://asmedigitalcollection.asme.org/electrochemical/article/22/1/010801/1198728/Composite-Structural-Battery-A-Review
6. Plastics Today (2024): Multifunctional Structural Battery Combines Energy Storage and Load-Bearing Capacity. Berichtet über eine multifunktionale Struktur-Kohlefaser-Verbundbatterie, die lasttragend und feuerfest ist. https://www.plasticstoday.com/automotive-mobility/multifunctional-structural-battery-combines-energy-storage-and-load-bearing-capacity

Teil II

Wirtschaft: Transformation und neue Wertschöpfung

Der zweite Teil widmet sich den wirtschaftlichen Veränderungen, die durch die technologischen Entwicklungen und den gesellschaftlichen Wandel vorangetrieben werden. Hier werden die Transformation von Geschäftsmodellen, die Entstehung neuer Märkte, die Bedeutung von Nachhaltigkeit und Kreislaufwirtschaft sowie die Zukunft der Arbeit im Zeitalter der Automatisierung und KI untersucht. Die strategische Anpassung von Unternehmen an diese neuen Gegebenheiten wird ein zentrales Thema sein.

Das intelligente Unternehmen der Zukunft

6

6.1 Hyperautomatisierung und datengesteuerte Entscheidungsfindung: Wie Unternehmen durch die Automatisierung von Prozessen und die Analyse von Daten effizienter und agiler werden

Das Unternehmen der Zukunft agiert in einem Umfeld, das von beispielloser Komplexität, Geschwindigkeit und einer schier unendlichen Datenflut geprägt ist. Um in diesem dynamischen und oft unbarmherzigen Wettbewerb nicht nur zu überleben, sondern erfolgreich zu sein, müssen Organisationen ihre internen Abläufe und ihre fundamentalen Entscheidungsprozesse radikal neu gestalten. Zwei eng miteinander verknüpfte und sich gegenseitig verstärkende Konzepte bilden das Fundament für diese Transformation zum „intelligenten Unternehmen": die Hyperautomatisierung und die datengesteuerte Entscheidungsfindung. Hyperautomatisierung geht weit über die traditionelle Automatisierung einzelner, repetitiver Aufgaben hinaus und verfolgt das ambitionierte Ziel, jeden Geschäftsprozess, der sinnvollerweise automatisiert werden kann, auch tatsächlich zu automatisieren [2]. Dies wird nicht durch eine einzige Technologie, sondern durch die orchestrierte und intelligente Kombination einer Vielzahl von Werkzeugen erreicht, darunter Robotic Process Automation (RPA), künstliche Intelligenz (KI), maschinelles Lernen (ML), Process Mining, Natural Language Processing (NLP) und Low-Code-Anwendungsplattformen [5]. Das ultimative Ziel ist nicht nur die inkrementelle Steigerung der Effizienz, sondern die Schaffung einer agilen, anpassungsfähigen und intelligenten Organisation, in der menschliche Mitarbeiter von monotonen Routinetätigkeiten entlastet werden und ihre kognitiven Fähigkeiten auf höherwertige, kreative, empathische und strategische Aufgaben konzentrieren können. Die unverzichtbare Grundlage für diese intelligente Automatisierung ist eine konsequente und tief in der Unternehmenskultur verankerte Praxis der datengesteuerten Entscheidungsfindung, bei der

U. Karrenberg, *Next Generation World*,
https://doi.org/10.1007/978-3-662-72805-5_6

Meinungen, Hierarchien und Bauchgefühle systematisch durch Fakten, Analysen und Prognosen ersetzt werden, die aus den riesigen Datenmengen des Unternehmens gewonnen werden [1, 4].

Die Hyperautomatisierung stellt die nächste logische Evolutionsstufe der Prozessautomatisierung dar. Während die erste Welle der Automatisierung mit Robotic Process Automation (RPA) sich darauf konzentrierte, menschliche Interaktionen mit Software-Systemen auf der Benutzeroberfläche nachzuahmen, um strukturierte, regelbasierte Aufgaben zu erledigen (wie das Kopieren von Daten aus einer Excel-Tabelle in ein ERP-System), integriert die Hyperautomatisierung künstliche Intelligenz, um auch mit unstrukturierten Daten umzugehen und komplexere, wissensbasierte Prozesse zu bewältigen, die bisher menschliches Urteilsvermögen erforderten [6]. Ein Schlüsselelement ist dabei das Intelligent Document Processing (IDP). Diese Technologie nutzt KI-Verfahren wie Computer Vision und Natural Language Processing (NLP), um unstrukturierte oder semi-strukturierte Dokumente wie eingehende Rechnungen, Kunden-E-Mails, Verträge oder Frachtbriefe zu „lesen" und zu „verstehen". Sie kann relevante Informationen (z. B. Rechnungsnummer, Betrag, Lieferant) mit hoher Präzision extrahieren, validieren und diese automatisch in die entsprechenden Unternehmenssysteme (z. B. ERP oder CRM) einspeisen, was die manuelle Dateneingabe überflüssig macht und die Prozessgeschwindigkeit drastisch erhöht. Ein weiteres zentrales Werkzeug sind Process-Mining-Tools. Diese analysieren die digitalen Spuren (Log-Dateien), die in den IT-Systemen eines Unternehmens (wie SAP, Salesforce etc.) anfallen, um die tatsächlichen End-to-End-Prozesse zu rekonstruieren und zu visualisieren. So wird transparent, wie Prozesse wirklich ablaufen, und nicht, wie sie in einem Handbuch beschrieben sind. Auf diese Weise lassen sich Engpässe, Ineffizienzen, unnötige Schleifen und Abweichungen vom Soll-Prozess objektiv identifizieren und gezielt als neue Automatisierungspotenziale adressieren. KI-gestützte Algorithmen können dann Vorhersagen über den weiteren Prozessverlauf treffen (z. B. die Wahrscheinlichkeit einer verspäteten Lieferung), Entscheidungen innerhalb eines Prozesses vollständig automatisieren (z. B. die Genehmigung einer Standardbestellung) oder menschlichen Entscheidern intelligente Empfehlungen für komplexe Fälle geben [5]. Durch die Kombination dieser Technologien entsteht ein sich selbst optimierender Kreislauf aus Analyse, Automatisierung und kontinuierlicher Verbesserung, der es Unternehmen ermöglicht, ihre Abläufe zu verschlanken, Kosten zu senken, Fehlerquoten zu minimieren und die Prozessqualität und -konformität zu erhöhen. Gartner prognostiziert, dass KI-gestützte Automatisierung die Betriebskosten in einigen Branchen bis 2025 um bis zu 30 % senken kann, was die enorme wirtschaftliche Bedeutung dieses Trends unterstreicht [3].

Die wahre Kraft der Hyperautomatisierung entfaltet sich jedoch erst in einer Organisation, die eine tief verankerte Kultur der datengesteuerten Entscheidungsfindung (Data-Driven Decision Making, DDDM) pflegt. In einem intelligenten Unternehmen werden strategische und operative Entscheidungen auf allen Ebenen nicht mehr primär auf der Grundlage von Erfahrung, Intuition, Anekdoten oder der Meinung der ranghöchsten Person im Raum (dem sogenannten „HiPPO-Effekt“ – Highest Paid Person’s Opinion) getroffen, sondern auf der Basis von validen, relevanten und zeitnahen Daten [1]. Dies erfordert weit mehr als nur die Implementierung von neuen Analysetools. Es bedarf eines fundamentalen kulturellen Wandels, der die Neugier fördert, der das Stellen von kritischen Fragen belohnt, der Hypothesen aufstellt und diese systematisch anhand von Daten überprüft. Moderne Datenarchitekturen, die Daten aus allen Unternehmensbereichen (Produktion, Logistik, Vertrieb, Marketing, Finanzen, Personalwesen) in einem zentralen „Data Lake“ oder „Data Warehouse“ zusammenführen und zugänglich machen, bilden die technologische Grundlage. Self-Service-Business-Intelligence- (BI) und Visualisierungstools machen diese Daten für Fachanwender und Entscheidungsträger verständlich und nutzbar, sodass diese selbstständig Analysen durchführen und interaktive Dashboards erstellen können, um die für sie relevanten Kennzahlen (KPIs) in Echtzeit zu überwachen. Fortgeschrittene Analytik und maschinelles Lernen gehen noch einen entscheidenden Schritt weiter. Sie beschreiben nicht nur, was in der Vergangenheit passiert ist (deskriptive Analytik) und warum es passiert ist (diagnostische Analytik), sondern nutzen statistische Modelle, um vorherzusagen, was in der Zukunft wahrscheinlich passieren wird (prädiktive Analytik), und geben sogar konkrete Handlungsempfehlungen, um ein gewünschtes Ergebnis zu erzielen oder ein unerwünschtes zu vermeiden (präskriptive Analytik) [4].

Die Synergie zwischen Hyperautomatisierung und datengesteuerter Entscheidungsfindung schafft einen mächtigen, positiven Kreislauf, der das gesamte Unternehmen transformiert. Automatisierte Prozesse generieren saubere, strukturierte und konsistente Daten in Echtzeit, die eine ideale und vertrauenswürdige Grundlage für anspruchsvolle Analysen und das Training von maschinellen Lernmodellen bilden. Die aus diesen Daten gewonnenen Erkenntnisse wiederum ermöglichen es, die automatisierten Prozesse noch intelligenter und adaptiver zu gestalten und die zugrunde liegenden Entscheidungsregeln dynamisch anzupassen. Ein Beispiel ist die dynamische Preisgestaltung im E-Commerce: Ein KI-Algorithmus analysiert kontinuierlich interne Daten (Lagerbestände, Abverkaufszahlen) und externe Daten (Wettbewerbspreise, Marktnachfrage, Social-Media-Trends), um die Preise für Tausende von Produkten in Echtzeit optimal anzupassen – eine Aufgabe, die manuell unmöglich zu bewältigen wäre. In der Produktion können Sensordaten von Maschinen mithilfe von KI-Modellen analysiert werden, um minimalste Abweichungen im Vibrationsmuster oder der Temperatur zu erkennen und so den Wartungsbedarf präzise vorauszusagen (Predictive Maintenance), bevor eine Maschine ausfällt. Das intelligente Unternehmen der Zukunft ist somit eine Organisation, die ihre menschliche Intelligenz und Kreativität durch die schiere Kraft und Skalierbarkeit der Automatisierung und der Datenanalyse erweitert. Es ist ein Unternehmen, das schneller lernt, sich schneller an veränderte Marktbedingungen anpasst und auf allen Ebenen fundiertere Entscheidungen trifft als seine Konkurrenten und so einen nachhaltigen und schwer zu kopierenden Wettbewerbsvorteil in einer zunehmend digitalen und unvorhersehbaren Welt erzielt [1, 2].

Literaturhinweise zu Abschn. 6.1

1. ImpactMyBiz (n.d.): Quick Guide to Decision Making with Hyperautomation and Data Analytics. Dieser Leitfaden betont, wie Hyperautomatisierung und Datenanalyse Unternehmen dabei unterstützen, bessere, datengesteuerte Entscheidungen zu treffen. https://www.impactmybiz.com/blog/decision-making-with-hyperautomation-data-analytics-guide/
2. IBM (n.d.): What Is Hyperautomation? IBM definiert Hyperautomatisierung als das Konzept, alles in einer Organisation zu automatisieren, was automatisiert werden kann, um Prozesse zu optimieren. https://www.ibm.com/think/topics/hyperautomation
3. Charter Global (2025): AI Agents in Enterprise Automation. Zitiert Gartner mit der Prognose, dass KI-Automatisierung die Betriebskosten in einigen Branchen bis 2025 um bis zu 30 % senken wird. https://www.charterglobal.com/ai-agents-in-enterprise-automation/
4. KPMG (n.d.): Hyperautomation. KPMG beschreibt, wie Hyperautomatisierung Unternehmen ermöglicht, datengesteuerter, skalierbarer und effizienter zu werden, indem fortschrittliche Technologien wie KI und maschinelles Lernen integriert werden. https://kpmg.com/dk/en/services/ai-and-data/hyperautomation.html
5. RSM Global (2025): Hyperautomation in 2025: From busy-work to your business's operating system. Dieser Artikel erklärt, wie Hyperautomatisierung KI, RPA und andere Technologien integriert, um komplexe End-to-End-Prozesse zu automatisieren. https://www.rsm.global/insights/hyperautomation-2025-busy-work-your-businesss-operating-system
6. Swimlane (2025): What Is Hyperautomation in Cybersecurity? Definiert Hyperautomatisierung als das Ergebnis der Integration mehrerer Technologien zur Automatisierung komplexer Geschäftsprozesse. https://swimlane.com/blog/what-is-hyperautomation/

6.2 Die Transformation von Geschäftsmodellen: Die Notwendigkeit für Unternehmen, ihre traditionellen Geschäftsmodelle zu überdenken und anzupassen

Die technologischen Umwälzungen, die in den vorangegangenen Kapiteln beschrieben wurden – von künstlicher Intelligenz über das Internet der Dinge bis hin zur allgegenwärtigen Konnektivität –, sind keine isolierten Phänomene, die lediglich einzelne Abteilungen oder Prozesse betreffen. Sie sind die treibenden Kräfte einer fundamentalen und oft brutalen Veränderung der wirtschaftlichen Spielregeln, die treffend als digitale Disruption bezeichnet wird. Digitale Disruption beschreibt den Prozess, bei dem neue, oft einfachere und kostengünstigere digitale Technologien und die darauf aufbauenden Geschäftsmodelle bestehende Märkte und Wertschöpfungsketten radikal verändern, von unten aufrollen oder sogar vollständig ersetzen [3]. Etablierte Unternehmen, die über Jahrzehnte hinweg mit ihren Produkten und Dienstleistungen erfolgreich waren, sehen sich plötzlich von agilen, technologiegetriebenen Start-ups oder branchenfremden Technologiekonzernen herausgefordert, die mit innovativen, kundenzentrierten und datengesteuerten Ansätzen den Markt erobern. In diesem hochdynamischen Umfeld reicht es nicht mehr aus, bestehende Produkte und Prozesse nur schrittweise zu verbessern (inkrementelle Innovation). Unternehmen sind gezwungen, den Kern ihrer Existenz – ihr Geschäftsmodell – kritisch zu hinterfragen und grundlegend zu transformieren, um langfristig relevant und wettbewerbsfähig zu bleiben [6]. Die digitale Transformation ist somit keine rein technologische Aufrüstung oder ein IT-Projekt, sondern ein strategischer Imperativ, der eine tiefgreifende, oft schmerzhafte Reformation des gesamten Unternehmens, seiner Kultur und seiner Führung erfordert [5].

Ein Geschäftsmodell beschreibt im Wesentlichen, wie ein Unternehmen Werte für seine Kunden schafft (das Wertversprechen), wie es diese Werte liefert (die Wertschöpfungskette) und wie es dafür einen finanziellen Gegenwert erfasst (das Ertragsmodell). Die digitale Disruption greift an allen drei Stellen dieses Modells an und erzwingt ein Umdenken. Traditionelle, lineare Wertschöpfungsketten, in denen ein Produkt entworfen, hergestellt, über Händler vertrieben und dann vom Kunden genutzt wird, werden zunehmend durch komplexe, digitale Ökosysteme und Plattform-Geschäftsmodelle ersetzt. Plattformen, wie sie von Unternehmen wie Uber, Airbnb, Apple mit seinem App Store oder Amazon mit seinem Marketplace perfektioniert wurden, schaffen den Wert nicht primär selbst, sondern ermöglichen und orchestrieren die Interaktion und den direkten Werteaustausch zwischen verschiedenen, voneinander abhängigen Nutzergruppen (z. B. Fahrer und Fahrgäste, Gastgeber und Reisende, App-Entwickler und iPhone-Nutzer, Dritthändler und Amazon-Kunden). Ihr Erfolg beruht auf starken, sich selbst verstärkenden Netzwerkeffekten: Je mehr Nutzer eine Seite der Plattform hat, desto wertvoller und attraktiver wird sie für die Nutzer der anderen Seite, was zu einem „The-Winner-Takes-All"- oder „The-Winner-Takes-Most"-Szenario führen kann. Etablierte Unternehmen in Branchen wie dem Einzelhandel, dem Transportwesen oder den Medien müssen sich entscheiden, ob sie versuchen, eine eigene Plattform aufzubauen (was extrem kapital- und zeitintensiv ist), ob sie zu einem komplementären Partner in einem bestehenden Ökosystem werden oder ob sie eine hoch spezialisierte Nischenstrategie verfolgen, um nicht zwischen den dominanten Plattformen zerrieben zu werden [4].

Ein weiterer zentraler Hebel der Geschäftsmodell-Transformation ist der unaufhaltsame Wandel von produkt- zu serviceorientierten und ergebnisorientierten Modellen, oft unter dem Schlagwort „Anything-as-a-Service" (XaaS) zusammengefasst. Anstatt ein physisches Produkt einmalig zu verkaufen und die Beziehung zum Kunden damit weitgehend zu beenden, bieten Unternehmen zunehmend den Zugang zu diesem Produkt, seine Nutzung oder das damit erzielte Ergebnis als flexibles, abonnementbasiertes Servicepaket an. Ein klassisches Beispiel aus der Industrie ist der Wandel von Herstellern wie Rolls-Royce oder General Electric, die nicht mehr nur Flugzeugtriebwerke verkaufen, sondern „Power-by-the-Hour" – also die garantierte Verfügbarkeit und die Schubkraft der Triebwerke – als umfassende Dienstleistung an die Fluggesellschaften vermieten. Dies wird durch eine Vielzahl von Sensoren im Triebwerk (Internet der Dinge) ermöglicht, die kontinuierlich Leistungsdaten an den Hersteller senden. Dieser nutzt die Daten, um den Zustand des Triebwerks in Echtzeit zu überwachen, Wartungsbedarf vorausschauend zu planen (Predictive Maintenance) und den Betrieb zu optimieren. Dieses Modell schafft eine viel engere und langfristigere Kundenbindung, generiert stabile, wiederkehrende Umsätze und ermöglicht es dem Hersteller, durch die Analyse der Nutzungsdaten wertvolle Erkenntnisse für die Verbesserung seiner Produkte und die Entwicklung neuer Dienstleistungen zu gewinnen. Das gleiche Prinzip lässt sich auf viele andere Branchen übertragen: Software-as-a-Service (SaaS) hat die Softwareindustrie revolutioniert, Mobility-as-a-Service (MaaS) verändert die urbane Mobilität, und selbst traditionelle Maschinenbauer bieten ihre Anlagen zunehmend als Equipment-as-a-Service an. Die Fähigkeit, physische Produkte mit digitalen Dienstleistungen und Datenanalysen zu intelligenten, vernetzten Lösungen zu kombinieren, wird zu einem entscheidenden Wettbewerbsfaktor [2].

Die digitale Transformation erfordert von Unternehmen, eine Reihe kritischer Fähigkeiten zu entwickeln, die in der traditionellen, industriellen Welt oft unterentwickelt waren. Dazu gehört vor allem eine radikale und unbedingte Kundenorientierung. Digitale Technologien ermöglichen es, Kundeninteraktionen über alle Kanäle hinweg zu verfolgen, das Kundenverhalten detailliert zu analysieren und Produkte, Dienstleistungen und die gesamte Customer Journey in Echtzeit zu personalisieren. Unternehmen müssen lernen, in schnellen, iterativen Zyklen von „Build-Measure-Learn" zu denken und zu handeln, ähnlich wie Software-Unternehmen, die ihre Produkte kontinuierlich durch Updates und auf Basis von Nutzerfeedback verbessern. Dies erfordert eine agile Organisationskultur, die Experimente zulässt, aus Fehlern lernt und traditionelle Silos zwischen Abteilungen wie Entwicklung, Marketing und Vertrieb aufbricht, um interdisziplinäre, auf den Kundennutzen ausgerichtete Teams zu schaffen. Die strategische Nutzung von Daten ist dabei der alles entscheidende Schlüssel. Unternehmen, die es schaffen, Daten aus allen Kundenkontaktpunkten zu sammeln, zu integrieren, zu analysieren und in personalisierte Erlebnisse, bessere Produkte und effizientere Prozesse umzusetzen, werden die Gewinner der digitalen Transformation sein [1]. Die Notwendigkeit, traditionelle Geschäftsmodelle zu überdenken, ist keine Frage der Wahl mehr, sondern eine des Überlebens. Die digitale Disruption ist eine externe, unaufhaltsame Kraft, die entweder zur Zerstörung oder, bei rechtzeitiger und mutiger Reaktion, zur Transformation und Erneuerung des eigenen Unternehmens führen kann [5].

Literaturhinweise zu Abschn. 6.2

1. IEEE (n.d.): Digital Transformation and Disruption. Dieser Artikel unterscheidet zwischen digitaler Transformation als Integration von Technologie in alle Geschäftsbereiche und digitaler Disruption als technologiebedingte Destabilisierung von Geschäftsmodellen. https://digitalreality.ieee.org/publications/digital-transformation-and-disruption1
2. Prophet (2020): How Digital Disruption Is Changing My Industry. Beschreibt, wie eine erfolgreiche digitale Transformationsstrategie Unternehmen hilft, sich zu einem „Evolved Enterprise" zu entwickeln. https://prophet.com/2020/11/how-is-digital-disrupting-my-industry/
3. Raven (2024): What is Digital Disruption? Definiert digitale Disruption als die radikale Unterbrechung traditioneller Geschäftsmodelle durch digitale Technologien, die neue Ansätze schaffen. https://www.raven.inc/en/blogs/what-is-digital-disruption
4. PMI (n.d.): Digital Disruption. Das Project Management Institute (PMI) hebt die Notwendigkeit hervor, alte Geschäftsmodelle zu überwinden, um in einer Zeit ständigen technologischen Wandels zu bestehen. https://www.pmi.org/learning/thought-leadership/megatrends/2022/digital-disruption
5. Epilogue Systems (n.d.): 3 Key Differences Between Digital Disruption And Digital Transformation. Unterscheidet klar zwischen digitaler Transformation als interner organisatorischer Veränderung und digitaler Disruption als externer Kraft. https://epiloguesystems.com/blog/key-differences-between-digital-disruption-and-digital-transformation/
6. MIT CISR (n.d.): Classic Topics – Digital Business Models. Das Center for Information Systems Research am MIT identifiziert Schlüsselfragen, die die Transformationsstrategie eines Unternehmens leiten sollten. https://cisr.mit.edu/content/classic-topics-digital-business-models

6.3 Resilienz im Zeitalter der Unsicherheit: Strategien für Unternehmen, um in einer volatilen und unvorhersehbaren Welt zu bestehen

Die globalisierte Wirtschaft des 21. Jahrhunderts ist durch ein Maß an Vernetzung, Interdependenz und Komplexität gekennzeichnet, das sie anfälliger für plötzliche, unvorhersehbare Schocks und systemische Krisen macht als je zuvor. Die COVID-19-Pandemie, geopolitische Konflikte wie der Krieg in der Ukraine, die daraus resultierenden Energiepreisschocks, die anhaltenden Unterbrechungen globaler Lieferketten, die zunehmende Bedrohung durch raffinierte Cyberangriffe und die immer spürbareren Auswirkungen des Klimawandels haben eine neue Ära der permanenten Unsicherheit und Instabilität eingeläutet. Für Unternehmen hat sich das strategische Umfeld von einem komplizierten, aber im Wesentlichen analysier- und vorhersagbaren System zu einer sogenannten VUCA-Welt gewandelt – ein Akronym, das ursprünglich vom US-Militär geprägt wurde und für Volatilität (Volatility: schnelle, unvorhersehbare Veränderungen), Unsicherheit (Uncertainty: mangelnde Vorhersagbarkeit der Zukunft), Komplexität (Complexity: Vielzahl miteinander verknüpfter Teile und Faktoren) und Mehrdeutigkeit (Ambiguity: unklare Ursache-Wirkungs-Zusammenhänge) steht [4, 6]. In einer solchen Welt verlieren traditionelle strategische Planungsansätze, die auf langfristigen Prognosen und der Annahme eines stabilen Umfelds beruhen, dramatisch an Wirksamkeit. Stattdessen rückt eine neue, überlebenswichtige Kernkompetenz in den Mittelpunkt des unternehmerischen Erfolgs: die organisationale Resilienz. Resilienz ist dabei weit mehr als nur robustes Risikomanagement oder die Fähigkeit, nach einer Krise wieder zum Status quo ante zurückzukehren. Es ist die dynamische Fähigkeit einer Organisation, Störungen und Krisen zu antizipieren, ihnen standzuhalten, sich schnell davon zu erholen und – im Idealfall – aus ihnen zu lernen, sich anzupassen und gestärkt daraus hervorzugehen [3, 5].

Der Aufbau von organisationaler Resilienz erfordert einen ganzheitlichen und proaktiven Ansatz, der mehrere Dimensionen des Unternehmens umfasst. Eine entscheidende Säule ist die finanzielle Resilienz. Unternehmen müssen über eine solide Kapitalausstattung, ausreichende Liquiditätsreserven und flexible Finanzierungsstrategien verfügen, um auch bei plötzlichen Umsatzeinbrüchen, Zahlungsausfällen von Kunden oder unerwarteten Kostensteigerungen handlungs- und überlebensfähig zu bleiben. Dies beinhaltet ein proaktives Management von Finanzrisiken durch Stresstests, die Simulation verschiedener Krisenszenarien und die Entwicklung von detaillierten Notfallplänen, um die Liquidität zu sichern [1]. Eng damit verbunden ist die operative Resilienz, die sich auf die Widerstandsfähigkeit der physischen und digitalen Wertschöpfungsketten konzentriert. Die über Jahrzehnte auf maximale Effizienz und minimale Kosten getrimmte Just-in-time-Produktionsphilosophie hat sich in den jüngsten Krisen als äußerst fragil und störanfällig erwiesen. Resiliente Unternehmen verabschieden sich von der alleinigen Fokussierung auf einen einzigen, kostengünstigsten Lieferanten und diversifizieren ihre Lieferantenbasis geografisch, um die Abhängigkeit von einzelnen Ländern oder Anbietern zu verringern (Multi-Sourcing). Sie bauen strategische Pufferbestände für kritische Komponenten auf, investieren in Technologien zur Echtzeit-Transparenz und zum Monitoring ihrer Lieferketten, um potenzielle Störungen frühzeitig zu erkennen, und entwickeln flexible Produktionsnetzwerke, die es ermöglichen, die Fertigung schnell an alternative Standorte zu verlagern [2].

Eine weitere kritische Dimension, deren Bedeutung exponentiell zunimmt, ist die technologische und digitale Resilienz. In einer zunehmend digitalisierten und vernetzten Welt sind Unternehmen einem ständigen und sich weiterentwickelnden Risiko von Cyberangriffen ausgesetzt, die den gesamten Betrieb lahmlegen, sensible Daten stehlen und immense finanzielle und reputative Schäden verursachen können. Der Aufbau einer mehrschichtigen, robusten Cybersicherheits-Infrastruktur (Defense in Depth), die regelmäßige Schulung und Sensibilisierung von Mitarbeitern für Phishing und Social Engineering sowie die Entwicklung und regelmäßige Erprobung von Notfallplänen zur schnellen Wiederherstellung der Systeme nach einem Angriff (Disaster Recovery und Business Continuity Planning) sind absolut unerlässlich. Gleichzeitig kann Technologie aber auch ein entscheidender Faktor für die Stärkung der Resilienz sein. Cloud-basierte Infrastrukturen ermöglichen es Mitarbeitern, von überall aus sicher zu arbeiten und den Geschäftsbetrieb auch dann aufrechtzuerhalten, wenn physische Standorte nicht zugänglich sind. Digitale Kollaborationstools fördern die Kommunikation und den Zusammenhalt in verteilten Teams. KI und Datenanalyse können dabei helfen, Risiken in Lieferketten oder im Finanzbereich besser vorherzusagen und Entscheidungsprozesse in Krisensituationen durch die schnelle Bereitstellung relevanter Informationen zu unterstützen [4].

Die vielleicht wichtigste, aber am schwierigsten zu entwickelnde und zu messende Dimension ist jedoch die kulturelle und organisationale Resilienz. Sie wurzelt in den Menschen, den Führungskräften und der Kultur eines Unternehmens. Resiliente Organisationen zeichnen sich durch eine Kultur des Vertrauens, der psychologischen Sicherheit und der offenen, transparenten Kommunikation aus, in der Probleme und schlechte Nachrichten frühzeitig und ohne Angst vor Sanktionen angesprochen werden und Fehler als wertvolle Lernchancen begriffen werden. Sie fördern Anpassungsfähigkeit, Agilität und Improvisationsfähigkeit bei ihren Mitarbeitern, anstatt sich starr an vordefinierte Prozesse zu klammern. Führungskräfte in einer VUCA-Welt müssen die Fähigkeit besitzen, auch bei unvollständiger Informationslage und unter hohem Druck Entscheidungen zu treffen, eine klare Vision und Richtung zu vermitteln, um Orientierung zu geben, und gleichzeitig ihren Teams die Autonomie und die Ressourcen zu geben, um flexibel und dezentral auf unvorhergesehene Ereignisse zu reagieren [3]. Die Förderung von Innovation und kontinuierlichem Lernen ist ein weiterer Eckpfeiler. Unternehmen, die ständig ihre Umwelt scannen, neue Ansätze ausprobieren, strategische Partnerschaften eingehen und ihre eigenen, erfolgreichen Geschäftsmodelle proaktiv in Frage stellen, sind besser in der Lage, sich an ein sich veränderndes Umfeld anzupassen und neue Chancen zu ergreifen, die sich aus Krisen ergeben [5]. Resilienz ist letztlich keine statische Eigenschaft, die man einmal erreicht und dann besitzt, sondern ein dynamischer, fortwährender Prozess des Antizipierens, Beobachtens, Lernens und Anpassens. In einer Welt, in der die einzige Konstante die Veränderung ist, wird die Fähigkeit zur Resilienz zum entscheidenden Differenzierungsmerkmal und zur Voraussetzung für den langfristigen Erfolg und das Überleben von Unternehmen.

Literaturhinweise zu Abschn. 6.3

1. CohnReznick (2025): Build resilience in uncertain times: Key business strategies. Betont die Bedeutung von proaktivem Risikomanagement, starken Finanzstrategien und der Diversifizierung von Lieferketten, um die geschäftliche Resilienz zu stärken. https://www.cohnreznick.com/insights/build-resilience-uncertain-times-key-business-strategies

2. AthPower (2025): Stability in Uncertain Times: Navigating Volatility Strategies. Hebt die Verstärkung kritischer Geschäftsstrukturen und -prozesse sowie die Bedeutung der Notfallplanung für die Widerstandsfähigkeit hervor. https://www.athpower.com/navigating-volatility-strategies-for-stability-in-uncertain-times/
3. Harvard Business Review (2025): How to Lead When the Conditions for Success Suddenly Disappear. Beschreibt, wie Führungskräfte Unsicherheit in Erkenntnisse umwandeln können, um die Widerstandsfähigkeit zu fördern und die Dynamik wiederherzustellen. https://hbr.org/2025/10/how-to-lead-when-the-conditions-for-success-suddenly-disappear
4. Harvard Business Review (2024): How to Succeed in an Era of Volatility. Argumentiert, dass Unternehmen in einer volatilen Ära Fähigkeiten zur Vorhersage, Anpassungsfähigkeit und Widerstandsfähigkeit integrieren müssen. https://hbr.org/2024/03/how-to-succeed-in-an-era-of-volatility
5. McKinsey (2022): Business building: The path to resilience in uncertain times. McKinsey erklärt, dass Unternehmen in einem volatilen Umfeld Optionalität schaffen müssen, um ihre Risikoprofile zu verbessern. https://www.mckinsey.com/capabilities/risk-and-resilience/our-insights/business-building-the-path-to-resilience-in-uncertain-times
6. Thinkers360 (2024): Navigating Uncertainty: Strategies for Business Resilience in Volatile Times. Identifiziert Diversifizierung als eine Schlüsselstrategie zur Risikominderung und Absicherung gegen Unsicherheit. https://www.thinkers360.com/tl/blog/members/navigating-uncertainty-strategies-for-business-resilience-in-volatile-times

Arbeit und Bildung im Wandel

7

7.1 Die Zukunft der Arbeit: Remote, Hybrid und die neue Flexibilität

Die COVID-19-Pandemie fungierte als ein globaler, unvorhergesehener Katalysator, der lang schwelende Trends in der Arbeitswelt nicht nur beschleunigte, sondern unumkehrbar machte und die traditionelle, im Industriezeitalter verwurzelte Vorstellung von Arbeit, die an einen festen Ort und feste Zeiten gebunden ist, fundamental in Frage stellte. Das erzwungene globale Experiment der Fernarbeit hat in einem Ausmaß, das zuvor unvorstellbar schien, bewiesen, dass eine Vielzahl von Wissensarbeitsplätzen nicht nur möglich, sondern oft sogar hocheffektiv außerhalb der traditionellen Bürowände ausgeführt werden können. Dies hat einen tiefgreifenden und dauerhaften Wandel in den Erwartungen der Arbeitnehmer und den strategischen Überlegungen der Unternehmen eingeleitet. Die Zukunft der Arbeit ist nicht mehr ein monolithisches, für alle geltendes Konzept, sondern ein breites Spektrum an flexiblen Modellen, das von vollständiger Präsenzarbeit über eine Vielzahl verschiedener hybrider Arrangements bis hin zur kompletten, ortsunabhängigen Fernarbeit reicht. Das hybride Arbeitsmodell, eine bewusste und strukturierte Mischung aus Arbeit im zentralen Unternehmensbüro und an einem entfernten Ort (typischerweise dem Homeoffice), kristallisiert sich dabei für die Mehrheit der Unternehmen und Mitarbeiter als das bevorzugte und nachhaltigste Modell heraus [2, 3]. Es verspricht, die Vorteile beider Welten zu vereinen: die erhöhte Autonomie, die ungestörte Konzentration und die verbesserte Work-Life-Balance der Fernarbeit mit den unbestreitbaren Vorteilen der persönlichen, spontanen Zusammenarbeit, des sozialen Austauschs, des informellen Lernens und der Stärkung der Unternehmenskultur, die das physische Büro bietet [1].

Die Gestaltung eines erfolgreichen und fairen hybriden Modells ist jedoch eine komplexe strategische Aufgabe, die weit über die bloße Festlegung von „zwei oder drei Büro-

U. Karrenberg, *Next Generation World*,
https://doi.org/10.1007/978-3-662-72805-5_7

tagen pro Woche“ hinausgeht. Unternehmen müssen ihre Büros fundamental neu denken – weg von reinen Orten der individuellen, stillen Abarbeitung von Aufgaben an zugewiesenen Schreibtischen hin zu dynamischen Zentren der Kollaboration, der Innovation, des Mentoring und des sozialen Miteinanders. Die Zeit im Büro muss einen klaren und spürbaren Mehrwert bieten, der die tägliche Anreise rechtfertigt. Dies erfordert eine Neugestaltung der physischen Räume mit mehr flexiblen Projektzonen, Kreativräumen, Lounges für informelle Begegnungen und technologisch hochwertig ausgestatteten Besprechungsräumen. Gleichzeitig müssen die digitalen Werkzeuge und die Kommunikationsprozesse so gestaltet sein, dass eine nahtlose, inklusive und gleichberechtigte Zusammenarbeit zwischen den Mitarbeitern im Büro und denen an entfernten Standorten gewährleistet ist (Meeting Equity). Eine der größten Herausforderungen besteht darin, eine „Zwei-Klassen-Gesellschaft“ zu vermeiden, in der Mitarbeiter, die häufiger im Büro präsent sind, als engagierter wahrgenommen werden und Vorteile bei der Karriereentwicklung oder dem Zugang zu wichtigen Informationen haben, während Mitarbeiter im Homeoffice zu „Bürgern zweiter Klasse“ werden [4]. Dies erfordert von Führungskräften neue, anspruchsvolle Kompetenzen: Sie müssen lernen, Teams asynchron zu führen, Vertrauen anstelle von mikromanagementartiger Kontrolle in den Mittelpunkt zu stellen und die Leistung ihrer Mitarbeiter primär anhand von Ergebnissen und erreichtem Mehrwert statt anhand von reiner Anwesenheit oder sichtbarer Geschäftigkeit zu beurteilen. Die überwiegende Mehrheit der Arbeitnehmer, insbesondere der hoch qualifizierten Talente, wünscht sich diese Flexibilität, und Unternehmen, die starre Präsenzpflichten durchsetzen, riskieren, im globalen Wettbewerb um die besten Köpfe ins Hintertreffen zu geraten [5, 6].

Am äußersten Ende des Flexibilitätsspektrums steht der Aufstieg der digitalen Nomaden. Dies sind Personen, die die Möglichkeiten der Fernarbeit voll ausschöpfen, um ortsunabhängig zu leben und zu arbeiten, oft während sie die Welt bereisen und verschiedene Kulturen erleben [4]. Angetrieben durch die globale Verfügbarkeit von schnellem Internet, einer wachsenden Zahl von digitalen Kollaborationstools und einer Zunahme von Coworking-Spaces und Coliving-Angeboten weltweit, können sie ihre beruflichen Tätigkeiten von praktisch jedem Ort mit einer stabilen Internetverbindung ausüben. Diese Gruppe ist äußerst vielfältig und reicht von freiberuflichen Programmierern, Grafikdesignern, Online-Marketern und Autoren bis hin zu festangestellten Mitarbeitern in fortschrittlichen Unternehmen, die explizite „Work-from-Anywhere“-Richtlinien eingeführt haben [5]. Für Unternehmen kann die bewusste Öffnung für digitale Nomaden den potenziellen Talentpool von einem lokalen oder nationalen auf einen globalen Maßstab erweitern und den Zugang zu hoch spezialisierten Fachkräften ermöglichen, die an einem festen Standort nicht verfügbar wären. Es stellt sie jedoch auch vor erhebliche administrative, steuerliche und rechtliche Herausforderungen, da die Beschäftigung von Mitarbeitern, die sich ständig zwischen verschiedenen Ländern und Rechtsordnungen bewegen, komplexe Fragen der Sozialversicherungspflicht, des Arbeitsrechts und der Unternehmensbesteuerung aufwirft [6]. Einige Länder haben diesen Trend erkannt und spezielle Visa für digitale Nomaden eingeführt, um diese talentierte und oft kaufkräftige Gruppe anzuziehen und von ihren Ausgaben und ihrem

Wissen zu profitieren. Der Aufstieg der digitalen Nomaden ist ein klares Zeichen dafür, dass die Entkopplung von Arbeit und Ort für eine wachsende Zahl von Berufen zur Realität wird und die traditionellen, starren Grenzen zwischen Arbeit, Leben und Reisen zunehmend verschwimmen.

Die neue Flexibilität der Arbeitswelt ist mehr als nur ein vorübergehender Trend oder eine Reaktion auf die Pandemie; sie ist eine tiefgreifende strukturelle Veränderung, die von den technologischen Möglichkeiten und einem fundamentalen Wandel der gesellschaftlichen Wertevorstellungen angetrieben wird. Arbeitnehmer, insbesondere die jüngeren Generationen der Millennials und der Gen Z, legen zunehmend Wert auf Autonomie, Sinnhaftigkeit ihrer Tätigkeit (Purpose) und eine ausgewogene, selbstbestimmte Integration von Berufs- und Privatleben (Work-Life-Integration statt Work-Life-Balance). Flexible Arbeitsmodelle sind ein entscheidendes Instrument, um diesen Bedürfnissen gerecht zu werden. Sie können die Mitarbeiterzufriedenheit und -bindung nachweislich erhöhen, das psychische Wohlbefinden verbessern, Stress reduzieren und den Zugang zu einem breiteren und diverseren Talentpool ermöglichen, indem sie beispielsweise Eltern, pflegenden Angehörigen, Menschen mit Behinderungen oder Menschen in ländlichen Regionen eine bessere Teilhabe am Arbeitsmarkt ermöglichen. Gleichzeitig erfordert diese neu gewonnene Freiheit ein hohes Maß an Selbstorganisation, Disziplin und proaktiver Kommunikationsfähigkeit von den Mitarbeitern sowie ein radikales Umdenken in der Führungs- und Unternehmenskultur. Die Zukunft der Arbeit liegt nicht in einem Einheitsmodell, das allen übergestülpt wird, sondern in der intelligenten, bewussten und kontinuierlich angepassten Gestaltung von flexiblen Rahmenbedingungen, die sowohl den individuellen Bedürfnissen der Mitarbeiter als auch den strategischen Zielen des Unternehmens gerecht werden und so eine produktive, integrative und nachhaltige Arbeitsumgebung für das 21. Jahrhundert schaffen [1, 2].

Literaturhinweise zu Abschn. 7.1

1. SAP (n.d.): Hybrid Workplace: The Future of Work. Beschreibt das hybride Arbeitsplatzmodell, das Remote- und Vor-Ort-Arbeit kombiniert und den Mitarbeitern Flexibilität bei der Wahl ihres Arbeitsortes und ihrer Arbeitszeit bietet. https://www.sap.com/products/hcm/what-is-a-hybrid-workplace-model.html
2. Stanford University (n.d.): Hybrid is the future of work. Ein Policy Brief, der die Vorteile von hybriden Arbeitsregelungen hervorhebt, die die Vorzüge der Büroarbeit mit denen der Heimarbeit in Einklang bringen. https://siepr.stanford.edu/publications/policy-brief/hybrid-future-work
3. Radancy (2025): The Rise of Hybrid Work: Redesigning Work-Life Balance. Erläutert, wie hybride Arbeit die Arbeitsplätze neu geformt hat, indem sie Flexibilität und Zusammenarbeit mischt, um Produktivität und Work-Life-Balance zu unterstützen. https://blog.radancy.com/2025/02/06/the-rise-of-hybrid-work-redesigning-work-life-balance/

4. Fragomen (2024): Digital Nomad Report: Exploring Impacts of Remote and Hybrid Work. Der Bericht untersucht die Stimmungen auf dem Arbeitsmarkt in Bezug auf Remote-, Hybrid- und digitale Nomaden-Routen und wie diese flexiblen Arbeitsvereinbarungen der langfristigen Geschäftsstrategie zugutekommen. https://www.fragomen.com/insights/fragomen-digital-nomad-report-finds-remote-and-hybrid-work-benefit-long-term-business-strategy.html
5. University of Virginia (2024): Want to Work from Anywhere? This Professor has Tips for Aspiring Digital Nomads. Beschreibt die Vielfalt der modernen Nomaden, von Programmierern bis hin zu Managern, die auf Reisen arbeiten. https://ideas.darden.virginia.edu/digital-nomads
6. Gallup (2023): The Future of the Office Has Arrived: It's Hybrid. Stellt fest, dass 40 % der fernarbeitsfähigen Mitarbeiter von reiner Vor-Ort-Arbeit zu hybriden oder vollständig entfernten Arbeitsregelungen gewechselt sind. https://www.gallup.com/workplace/511994/future-office-arrived-hybrid.aspx

7.2 Lebenslanges Lernen: Die Notwendigkeit von Upskilling und Reskilling in einer digitalen Welt

Die technologischen Revolutionen, die unsere Wirtschaft und Gesellschaft mit zunehmender Geschwindigkeit transformieren, führen zu einer fundamentalen und immer schnelleren Veränderung der auf dem Arbeitsmarkt nachgefragten Fähigkeiten und Kompetenzen. Die Halbwertszeit von technologischem Wissen verkürzt sich dramatisch, und Berufsfelder, die heute noch als sicher und stabil gelten, könnten in einem Jahrzehnt obsolet sein oder sich zumindest in ihren Kernanforderungen grundlegend gewandelt haben. In diesem Kontext wird das traditionelle, lineare Bildungsmodell – eine einmalige, frontale Ausbildung in der Jugend, die für ein ganzes Berufsleben qualifizieren soll – zunehmend hinfällig und dysfunktional. Es wird ersetzt durch das unumgängliche Paradigma des lebenslangen Lernens (Lifelong Learning). Lebenslanges Lernen ist keine bloße Option für besonders ambitionierte Individuen mehr, sondern eine zwingende wirtschaftliche und persönliche Notwendigkeit für jeden Einzelnen, um beruflich relevant und beschäftigungsfähig zu bleiben, und eine zentrale strategische Priorität für Unternehmen und ganze Volkswirtschaften, um ihre Innovations- und Wettbewerbsfähigkeit zu sichern [3, 5]. Im Zentrum dieser neuen, dynamischen Lernkultur stehen die Konzepte des Upskilling und Reskilling, die darauf abzielen, die Belegschaft proaktiv und kontinuierlich an die sich wandelnden Anforderungen der digitalen Welt anzupassen [2].

Upskilling (Weiterqualifizierung) bezieht sich auf den Prozess, bei dem Mitarbeiter zusätzliche, neue und höherwertige Kompetenzen erlernen, um ihre Leistung in ihrer aktuellen Rolle zu verbessern und sich auf zukünftige, komplexere Anforderungen innerhalb ihres Berufsfeldes vorzubereiten. Ein typisches Beispiel wäre ein Marketingexperte, der neue Fähigkeiten im Bereich der Datenanalyse, der Suchmaschinenoptimierung (SEO) und des KI-gestützten Marketings erwirbt, um seine Kampagnen effektiver, personalisierter und messbarer zu gestalten. Reskilling (Umschulung) ist ein noch tiefgreifenderer und transformativerer Prozess, bei dem Mitarbeiter auf eine völlig neue Rolle mit einem signifikant anderen Anforderungsprofil umgeschult werden, oft weil ihre bisherige Tätigkeit durch Automatisierung, technologischen Wandel oder eine strategische Neuausrichtung des Unternehmens bedroht oder bereits weggefallen ist [6]. Ein klassisches Beispiel hierfür wäre ein Fließbandarbeiter in der Automobilindustrie, dessen manuelle Tätigkeit durch Roboter ersetzt wird und der zu einem Techniker für die Wartung und Programmierung eben dieser Produktionsroboter umgeschult wird. Beide Strategien sind entscheidend, um den digitalen Wandel proaktiv zu gestalten, anstatt nur passiv auf ihn zu reagieren. Für Unternehmen sind Investitionen in systematische Upskilling- und Reskilling-Programme nicht nur ein Akt der sozialen Verantwortung gegenüber ihrer Belegschaft, sondern eine zwingende wirtschaftliche Notwendigkeit, um internen Fachkräftemangel zu begegnen, wertvolle Mitarbeiter mit institutionellem Wissen zu binden, die Innovationsfähigkeit der Organisation zu sichern und die Abhängigkeit vom externen Arbeitsmarkt zu verringern [1, 4].

Im Zentrum der heute und in Zukunft benötigten Kompetenzen stehen die digitalen Fähigkeiten. Diese lassen sich grob in drei Ebenen unterteilen, die alle gleichermaßen wichtig sind. Die grundlegende Ebene umfasst die digitale Grundbildung (Digital Literacy), also die Fähigkeit, digitale Werkzeuge wie Computer, Smartphones, gängige Office-Anwendungen und Kommunikationsplattformen souverän und sicher für alltägliche Aufgaben in Beruf und Privatleben zu nutzen [3]. Die zweite Ebene betrifft fortgeschrittene digitale Kompetenzen, die in praktisch allen Wissensberufen zunehmend zur selbstverständlichen Voraussetzung werden. Dazu gehören Fähigkeiten im Umgang mit Kollaborationstools (wie Microsoft Teams oder Slack), Projektmanagement-Software (wie Jira oder Asana), Datenvisualisierungstools (wie Tableau oder Power BI) und ein grundlegendes Verständnis für die Prinzipien der Cybersicherheit und des Datenschutzes. Die dritte und höchste Ebene umfasst spezialisierte digitale Expertenkenntnisse in den am stärksten nachgefragten Bereichen wie Softwareentwicklung, Datenwissenschaft (Data Science), künstliche Intelligenz und maschinelles Lernen, Cloud Computing, IT-Sicherheit und digitale Produktentwicklung. Der Bedarf an Fachkräften mit diesen tiefgehenden technologischen Fähigkeiten übersteigt das Angebot auf dem Arbeitsmarkt bei weitem, was zu einem intensiven globalen Wettbewerb um Talente führt. Erfolgreiche Upskilling- und Reskilling-Initiativen müssen daher auf allen drei Ebenen ansetzen: Sie müssen sicherstellen, dass die gesamte Belegschaft über eine solide digitale Grundkompetenz verfügt, und gleichzeitig gezielte, tiefgehende Programme anbieten, um Mitarbeiter zu fortgeschrittenen Anwendern und digitalen Experten weiterzuentwickeln [1].

Um eine nachhaltige Kultur des lebenslangen Lernens zu etablieren, müssen Unternehmen, Bildungseinrichtungen und auch der Staat neue, flexible, zugängliche und motivierende Lernformate schaffen und fördern. Das traditionelle mehrtägige Präsenzseminar, das Mitarbeiter aus dem Arbeitsprozess herausreißt, weicht zunehmend digitalen und hybriden Lernformen, die sich besser in den individuellen Alltag integrieren lassen. Online-Lernplattformen wie Coursera, edX, Udacity oder LinkedIn Learning bieten Tausende von hochwertigen Kursen von renommierten Universitäten und führenden Technologieunternehmen an, die zeit- und ortsunabhängig im eigenen Tempo absolviert werden können. Microlearning-Ansätze vermitteln Wissen in kleinen, leicht verdaulichen und auf den Punkt gebrachten Einheiten (z. B. kurze Videos, interaktive Übungen, Podcasts), die sich gut in den Arbeitsalltag integrieren lassen und dem Prinzip des „Lernens im Fluss der Arbeit" folgen. Personalisiertes Lernen, das durch KI-gestützte Plattformen ermöglicht wird, passt die Lerninhalte, -formate und -pfade an die individuellen Vorkenntnisse, beruflichen Ziele und die bevorzugte Lerngeschwindigkeit des Einzelnen an. Es geht nicht mehr darum, dass alle das Gleiche lernen (One-Size-Fits-All), sondern dass jeder genau das lernt, was er oder sie für die Bewältigung der aktuellen und zukünftigen Aufgaben benötigt [4]. Unternehmen spielen eine entscheidende Rolle bei der Förderung dieser Entwicklung, indem sie ihren Mitarbeitern dedizierte Lernzeitkontingente zur Verfügung stellen, den Zugang zu hochwertigen Lernplattformen finanzieren und eine psychologisch sichere Kultur schaffen, in der Neugier, Experimentierfreude und das Teilen von Wissen aktiv gefördert und belohnt werden. Lebenslanges Lernen wird so von einer reinen individuellen Verpflichtung zu einem integralen Bestandteil der Unternehmensstrategie und der täglichen Arbeit, der über die Zukunftsfähigkeit von Individuen und Organisationen gleichermaßen entscheidet [2, 5].

Literaturhinweise zu Abschn. 7.2

1. Weltwirtschaftsforum (2025): Reskilling and upskilling: Lifelong learning opportunities. Betont, dass Umschulungs- und Weiterbildungsprogramme, die sich auf digitale Fähigkeiten konzentrieren, den Mitarbeitern helfen können, Technikkompetenz zu entwickeln. https://www.weforum.org/stories/2025/01/ai-and-beyond-how-every-career-can-navigate-the-new-tech-landscape/
2. Thunderbird School of Global Management (n.d.): Reskilling and Upskilling: The Key to Staying Competitive. Beschreibt Umschulung und Weiterqualifizierung als wesentliche Strategien für Unternehmen, um wettbewerbsfähig zu bleiben und sich an den technologischen Fortschritt anzupassen. https://thunderbird.asu.edu/thought-leadership/insights/reskilling-and-upskilling
3. Workday Blog (2025): Future Professions You Need to Skill Up For. Hebt hervor, dass Upskilling, Reskilling und lebenslanges Lernen die Menschen anpassungsfähig und bereit für berufliches Wachstum machen. https://blog.workday.com/en-us/future-professions-you-need-to-skill-up-for.html
4. Forbes (2024): The Rise Of Upskilling And Continuous Learning In A Slow Labor Market. Stellt fest, dass Upskilling- und Reskilling-Initiativen für Arbeit-

geber angesichts eines sich verlangsamenden Arbeitsmarktes und wachsender Qualifikationslücken an Bedeutung gewinnen. https://www.forbes.com/sites/kateduchene/2024/09/06/the-rise-of-upskilling-and-continuous-learning-in-a-slow-labor-market/
5. Aspen University (2024): Upskilling for the Future: Why Continuous Learning Is Critical in Business and Technology. Argumentiert, dass Upskilling und Reskilling entscheidend sind, um in einer Welt erfolgreich zu sein, die Agilität und Innovation schätzt. https://www.aspen.edu/altitude/upskilling-for-the-future-why-continuous-learning-is-critical-in-business-and-technology/
6. Cornerstone OnDemand (2025): Difference Between Reskilling, Upskilling & New Skilling. Definiert Reskilling als das Training von Mitarbeitern in einem völlig neuen Satz von Fähigkeiten, um sie auf eine andere Rolle im Unternehmen vorzubereiten. https://www.cornerstoneondemand.com/resources/article/difference-between-reskilling-upskilling-new-skilling/

7.3 Mensch-Maschine-Kollaboration: Wie KI die menschliche Arbeit erweitert und verändert

Die öffentliche und oft von Ängsten geprägte Debatte über den Einfluss von künstlicher Intelligenz (KI) auf die Arbeitswelt wird häufig von einer dystopischen Vision der Massenarbeitslosigkeit dominiert, in der intelligente Maschinen und autonome Roboter menschliche Arbeitskräfte in großem Stil ersetzen. Während die Automatisierung von Routineaufgaben, sowohl manueller als auch kognitiver Art, zweifellos fortschreiten und bestimmte Berufe und Tätigkeitsfelder verdrängen wird, zeichnet sich für die nahe und mittlere Zukunft ein weitaus nuancierteres, realistischeres und letztlich produktiveres Bild ab: das der Mensch-Maschine-Kollaboration. In diesem Paradigma wird KI nicht primär als ein feindlicher Konkurrent oder Ersatz für den Menschen gesehen, sondern als ein extrem leistungsstarkes Werkzeug und ein intelligenter Partner, der die menschlichen Fähigkeiten erweitert, verstärkt und auf ein neues Niveau hebt (Augmentation). Anstatt einer Konkurrenz zwischen Mensch und Maschine erleben wir die Entstehung einer tiefgreifenden Symbiose, in der die einzigartigen Stärken beider Seiten strategisch kombiniert werden, um Ergebnisse zu erzielen, die keine der beiden Seiten allein erreichen könnte [1, 4]. Die Zukunft der Arbeit liegt für die meisten Berufsfelder nicht in der vollständigen Automatisierung des Menschen, sondern in der intelligenten Zusammenarbeit mit der Maschine [2].

Dieses Konzept der erweiterten Intelligenz (Augmented Intelligence) steht im bewussten Gegensatz zur Idee der künstlichen allgemeinen Intelligenz (AGI), die das ferne Ziel verfolgt, das menschliche Denken in seiner Gänze zu replizieren oder sogar zu übertreffen. Erweiterte Intelligenz verfolgt einen pragmatischeren Ansatz und positioniert

Mensch und KI als Partner, die sich in ihren Fähigkeiten gegenseitig ergänzen [1]. Maschinen, insbesondere moderne KI-Systeme, sind dem Menschen bei der schnellen Verarbeitung riesiger, unstrukturierter Datenmengen, der präzisen Erkennung von komplexen Mustern und subtilen Korrelationen in diesen Datensätzen, der Durchführung von hochpräzisen, repetitiven Aufgaben ohne Ermüdung und der schnellen Berechnung von Wahrscheinlichkeiten und Prognosen auf Basis statistischer Modelle weit überlegen. Menschen hingegen besitzen nach wie vor einzigartige und schwer zu replizierende Fähigkeiten, die oft als „menschliche" oder „weiche" Kompetenzen bezeichnet werden: tiefes kontextuelles Verständnis, Kreativität, kritisches Denken, strategisches Urteilsvermögen, emotionale Intelligenz, Empathie, ethische Abwägung und die Fähigkeit, mit neuartigen, unvorhergesehenen und mehrdeutigen Situationen umzugehen. Die Mensch-Maschine-Kollaboration zielt darauf ab, das Beste aus beiden Welten zu vereinen: Die KI übernimmt die datenintensiven, repetitiven, analytischen und vorbereitenden Teile einer Aufgabe, während der Mensch sich auf die Interpretation der von der KI gelieferten Ergebnisse, die strategische Entscheidungsfindung, die kreative Problemlösung und die empathische, zwischenmenschliche Interaktion konzentriert [6, 3].

Die Anwendungsfelder für eine solche kollaborative Intelligenz sind außerordentlich vielfältig und erstrecken sich über nahezu alle Branchen und Unternehmensfunktionen. In der Medizin können KI-Systeme Radiologen dabei unterstützen, medizinische Bilder wie Röntgenaufnahmen, CT- oder MRT-Scans zu analysieren. Die KI kann in Sekundenschnelle Tausende von Bildern durchsuchen, verdächtige Bereiche markieren, sie mit einer riesigen Datenbank von bekannten Fällen vergleichen und auf subtile Muster hinweisen, die für das menschliche Auge schwer zu erkennen sind. Der menschliche Arzt behält jedoch die Kontrolle, interpretiert diese Vorschläge im Kontext des gesamten klinischen Bildes und der Krankengeschichte des Patienten und trifft die endgültige Diagnose. Diese Zusammenarbeit erhöht nachweislich die Genauigkeit und Geschwindigkeit der Diagnose, reduziert die Fehlerquote und entlastet die hoch qualifizierten Ärzte von der mühsamen und ermüdenden Routinearbeit der Bilddurchsicht. In der Softwareentwicklung können KI-gestützte „Copiloten" Programmierern helfen, indem sie kontextbezogene Code-Vervollständigungen vorschlagen, Fehler im Code finden und korrigieren, automatisch Unit-Tests schreiben oder komplexe Algorithmen in natürliche Sprache übersetzen und dokumentieren. Der menschliche Entwickler bleibt jedoch der Architekt und Stratege, der die Gesamtlogik des Programms entwirft, die Anforderungen des Kunden versteht und die Qualität und Sicherheit des von der KI generierten Codes sicherstellt. Im Kundenservice können KI-gestützte Chatbots und Voicebots Standardanfragen rund um die Uhr sofort und konsistent beantworten, während menschliche Agenten für komplexe, emotionale oder eskalierte Fälle zur Verfügung stehen. Die KI kann den menschlichen Agenten dabei unterstützen, indem sie das Kundenproblem vorqualifiziert, relevante Informationen aus verschiedenen Systemen zusammenstellt und passende Lösungsvorschläge in Echtzeit liefert, sodass sich der Agent voll auf die Problemlösung und die empathische Kundenkommunikation konzentrieren kann [5].

Die erfolgreiche Implementierung der Mensch-Maschine-Kollaboration ist jedoch keine rein technologische Herausforderung, sondern erfordert eine bewusste Neugestaltung von Arbeitsprozessen und eine tiefgreifende Anpassung der Unternehmenskultur. Anstatt nur darüber nachzudenken, welche Jobs oder Aufgaben vollständig automatisiert werden können, müssen Unternehmen die Arbeitsabläufe in ihre einzelnen Bestandteile zerlegen und für jede Teilaufgabe analysieren, ob sie am besten von einer Maschine, von einem Menschen oder von beiden in Kollaboration ausgeführt werden sollte. Dies erfordert ein tiefes Verständnis sowohl der technologischen Möglichkeiten und Grenzen als auch der menschlichen kognitiven und sozialen Prozesse. Es bedeutet auch, dass Mitarbeiter neue Fähigkeiten erlernen müssen – nicht unbedingt, um selbst zu KI-Experten zu werden, aber um zu lernen, wie man effektiv mit KI-Systemen interagiert, wie man die richtigen Fragen an eine KI stellt (Prompt Engineering), wie man ihre Ergebnisse kritisch hinterfragt und validiert und wie man ihre Stärken optimal für die eigene Arbeit nutzt. Die Fähigkeit, die Ergebnisse einer KI zu interpretieren, ihre potenziellen Verzerrungen (Bias) zu erkennen und ihre Grenzen zu verstehen, wird zu einer neuen, entscheidenden Schlüsselkompetenz. Führungskräfte müssen eine Kultur des Vertrauens und des Experimentierens schaffen, in der Mitarbeiter die KI nicht als Bedrohung oder Konkurrenten, sondern als unterstützendes und befähigendes Werkzeug wahrnehmen. Die Zusammenarbeit zwischen Mensch und KI hat das Potenzial, die Arbeitsproduktivität erheblich zu steigern, die Qualität und Kreativität der Arbeitsergebnisse zu verbessern und völlig neue Innovationsmöglichkeiten zu erschließen. Sie kann die Arbeit bereichern, indem sie Menschen von monotonen, repetitiven und administrativen Aufgaben befreit und ihnen ermöglicht, sich auf die Aspekte ihrer Arbeit zu konzentrieren, die menschliche Kreativität, Intuition, strategisches Denken und soziale Intelligenz erfordern [4, 6].

Literaturhinweise zu Abschn. 7.3

1. HP Tech Takes (2025): Augmented Intelligence vs AI: Human-Machine Collaboration. Unterscheidet erweiterte Intelligenz von traditioneller KI und positioniert Menschen und KI als Partner. https://www.hp.com/id-en/shop/tech-takes/post/augmented-intelligence-vs-artificial-intelligence
2. MIT Sloan (2025): When humans and AI work best together. Erklärt, dass die Kombination von KI und menschlichen Arbeitskräften das größte Potenzial für Aufgaben birgt, die Menschen derzeit besser beherrschen als KI. https://mitsloan.mit.edu/ideas-made-to-matter/when-humans-and-ai-work-best-together-and-when-each-better-alone
3. Georgia Tech (n.d.): Human-Machine Collaboration: Augmenting Productivity, Creativity, and Decision-Making. Beschreibt, wie KI-gestützte Werkzeuge die menschliche Kreativität erweitern, indem sie neue Ideen generieren und Designalternativen vorschlagen. https://scaleuplab.gatech.edu/human-machine-collaboration-augmenting-productivity-creativity-and-decision-making/

4. ThoughtWorks (n.d.): Human-machine collaboration. Definiert die Mensch-Maschine-Kollaboration als das Zusammenbringen von menschlicher und künstlicher Intelligenz, um wertvollere Erkenntnisse zu liefern. https://www.thoughtworks.com/en-us/insights/decoder/h/human-machine-collaboration
5. Salesforce (n.d.): Human-AI Collaboration: The Future of Work. Hebt hervor, dass Sektoren, die KI ausgesetzt sind, ein fast fünfmal höheres Wachstum der Arbeitsproduktivität verzeichnen. https://www.salesforce.com/agentforce/human-ai-collaboration/
6. Aalpha.net (n.d.): Human-AI Collaboration: Augmenting Capabilities with Agentic Platforms. Betont, dass es bei der Mensch-KI-Kollaboration nicht darum geht, menschliche Fähigkeiten an den Rand zu drängen, sondern sie zu erweitern. https://www.aalpha.net/blog/human-ai-collaboration-augmenting-capabilities-with-agentic-platforms/

Die Zukunft der Arbeit

8

8.1 Die Auswirkungen von KI und Automatisierung auf Arbeitsplätze: Eine Analyse, welche Berufe verschwinden, sich verändern und neu entstehen werden

Die vierte industrielle Revolution, angetrieben durch die rasanten Fortschritte in der künstlichen Intelligenz (KI) und der Automatisierung, löst eine der tiefgreifendsten Transformationen der Arbeitswelt seit der Erfindung der Dampfmaschine aus. Die öffentliche Debatte darüber ist oft von zwei Extremen geprägt: der utopischen Vision einer Welt ohne mühsame Arbeit und der dystopischen Angst vor Massenarbeitslosigkeit. Die Realität, so zeichnet es sich in aktuellen Analysen ab, liegt in einem komplexen und nuancierten Dazwischen. Es geht weniger um einen simplen Ersatz von Menschen durch Maschinen als vielmehr um eine tiefgreifende Umstrukturierung von Aufgaben, Berufen und den dafür benötigten Fähigkeiten. Die zentrale Frage ist nicht, ob KI Arbeitsplätze beeinflussen wird, sondern wie, welche und in welchem Ausmaß. Die Auswirkungen lassen sich in drei Hauptkategorien einteilen: die Substitution von Aufgaben und Berufen, die Transformation bestehender Rollen und die Schaffung völlig neuer Tätigkeitsfelder [2, 4].

Die größte und unmittelbarste Auswirkung der KI ist die Automatisierung von Routinetätigkeiten, sowohl kognitiver als auch manueller Art. Aufgaben, die repetitiv, regelbasiert und datenintensiv sind, sind die ersten Kandidaten für die Übernahme durch KI-Systeme. Dazu gehören Tätigkeiten wie die Dateneingabe, die grundlegende Buchhaltung, die Bearbeitung von Standard-Kundenanfragen oder die Sortierung und Klassifizierung von Informationen [6]. Berufe, die überwiegend aus solchen Aufgaben bestehen, wie etwa Sachbearbeiter in der Verwaltung, Mitarbeiter in Callcentern für einfache Anfragen oder auch bestimmte Tätigkeiten in der Logistik, stehen unter einem hohen Substitutionsdruck. Schätzungen zufolge könnten in den USA und Europa bis zu einem Viertel aller Arbeitsstunden von KI automatisiert werden [1]. Es ist jedoch ein Trugschluss, anzunehmen, dass

U. Karrenberg, *Next Generation World*,
https://doi.org/10.1007/978-3-662-72805-5_8

ganze Berufe einfach verschwinden. Vielmehr werden einzelne Aufgaben innerhalb eines Berufs automatisiert, was den Charakter der menschlichen Arbeit verändert. Ein Bericht des Weltwirtschaftsforums prognostizierte, dass bis 2025 zwar 85 Mio. Arbeitsplätze durch die neue Arbeitsteilung zwischen Mensch und Maschine verdrängt werden könnten, gleichzeitig aber 97 Mio. neue Rollen entstehen, die besser an diese neue Koexistenz angepasst sind [3].

Die zweite, weitaus umfassendere Auswirkung ist die Transformation bestehender Berufe. Die meisten Arbeitsplätze, insbesondere im Bereich der Wissensarbeit, werden nicht vollständig verschwinden, sondern sich grundlegend verändern. KI wird zu einem allgegenwärtigen Werkzeug, das menschliche Fähigkeiten erweitert und die Produktivität steigert. Dieses Konzept der Mensch-Maschine-Kollaboration oder „Augmented Intelligence" sieht die KI nicht als Konkurrenten, sondern als intelligenten Assistenten. Ärzte werden KI nutzen, um medizinische Bilder schneller und genauer zu analysieren und personalisierte Therapiepläne zu entwickeln. Anwälte werden KI-Systeme einsetzen, um in Sekundenschnelle riesige Mengen an juristischen Dokumenten und Präzedenzfällen zu durchsuchen. Ingenieure werden generative KI verwenden, um Hunderte von Designvarianten für ein neues Bauteil zu entwerfen und zu simulieren. In all diesen Fällen übernimmt die KI die zeitaufwändige, datenintensive und analytische Arbeit, während der Mensch seine Expertise, sein kritisches Urteilsvermögen, seine Kreativität und seine ethische Verantwortung einbringt, um die endgültigen Entscheidungen zu treffen [5]. Diese Transformation führt dazu, dass der Fokus menschlicher Arbeit sich von der reinen Informationsverarbeitung hin zu höherwertigen Tätigkeiten wie strategischer Planung, komplexer Problemlösung, kreativer Ideenfindung und empathischer zwischenmenschlicher Kommunikation verschiebt.

Die dritte und langfristig vielleicht bedeutendste Auswirkung ist die Schaffung völlig neuer Berufe und Branchen. So wie die Erfindung des Automobils nicht nur den Beruf des Kutschers überflüssig machte, sondern auch völlig neue Berufe wie den des Automechanikers, des Tankwarts oder des Verkehrsplaners schuf, wird auch die KI-Revolution neue Rollen hervorbringen, die wir uns heute kaum vorstellen können. Einige dieser neuen Berufe zeichnen sich bereits ab. Dazu gehören KI-Spezialisten, Datenwissenschaftler, Robotik-Ingenieure und Experten für maschinelles Lernen. Aber auch weniger technische Rollen entstehen, wie zum Beispiel der „KI-Trainer", der KI-Systeme mit hochwertigen Daten füttert und ihre Ergebnisse überwacht und korrigiert, oder der „KI-Ethiker", der sicherstellt, dass KI-Systeme fair, transparent und im Einklang mit gesellschaftlichen Werten eingesetzt werden. Es werden Experten für die Mensch-Maschine-Interaktion benötigt, die Arbeitsprozesse so gestalten, dass die Zusammenarbeit reibungslos funktioniert. Die Transformation wird auch die Nachfrage nach Berufen steigern, die auf zutiefst menschlichen Fähigkeiten beruhen, die von Maschinen nur schwer zu replizieren sind, wie etwa in der Pflege, der Bildung, der Psychologie und in kreativen Bereichen [3]. Die Geschichte der technologischen Revolutionen zeigt, dass der technologische Fortschritt langfristig immer mehr Arbeitsplätze geschaffen als vernichtet hat. Die Herausforderung besteht darin, diesen Übergang sozialverträglich zu gestalten und die Menschen auf die neuen Anforderungen der zukünftigen Arbeitswelt vorzubereiten [2, 4].

Literaturhinweise zu Abschn. 8.1

1. Goldman Sachs (2025): How Will AI Affect the Global Workforce? Die Analyse legt nahe, dass KI-Innovationen kurzfristig zu Arbeitsplatzverlagerungen führen, aber letztendlich auch neue Möglichkeiten schaffen werden. https://www.goldmansachs.com/insights/articles/how-will-ai-affect-the-global-workforce
2. Nexford University (2025): How will Artificial Intelligence Affect Jobs 2025-2030. Der Bericht prognostiziert, dass zwei Drittel der Arbeitsplätze in den USA und Europa einem gewissen Grad an KI-Automatisierung ausgesetzt sein werden. https://www.nexford.edu/insights/how-will-ai-affect-jobs
3. Innopharma (n.d.): The Impact of AI on Job Roles, Workforce, and Employment. Zitiert einen Bericht des Weltwirtschaftsforums, wonach KI bis 2025 zwar 75 Millionen Arbeitsplätze verdrängen, aber 133 Millionen neue schaffen wird. https://www.innopharmaeducation.com/blog/the-impact-of-ai-on-job-roles-workforce-and-employment-what-you-need-to-know
4. Brookings Institution (2024): Generative AI, the American worker, and the future of work. Stellt fest, dass mehr als 30 % aller Arbeitnehmer eine Störung von mindestens 50 % ihrer beruflichen Aufgaben durch generative KI erleben könnten. https://www.brookings.edu/articles/generative-ai-the-american-worker-and-the-future-of-work/
5. ScienceDirect (2025): AI-induced job impact: Complementary or substitution? Ein wissenschaftlicher Artikel, der argumentiert, dass die Integration von KI eher zu einer Transformation von Arbeitsplätzen und zur Schaffung neuer Rollen als zu einer reinen Verdrängung führt. https://www.sciencedirect.com/science/article/pii/S2773032824000154
6. Beam.ai (2025): Ihr Job im Jahr 2030: Diese 5 KI-Veränderungen werden härter einschlagen, als Sie denken. Beschreibt die Automatisierung von Routineaufgaben als eine der bedeutendsten Auswirkungen von KI. https://beam.ai/de/agentic-insights/your-job-in-2030-these-5-ai-changes-will-hit-harder-than-you-think

8.2 Neue Kompetenzen für die zukünftige Arbeitswelt: Die Fähigkeiten und Qualifikationen, die in Zukunft gefragt sein werden

Die Transformation der Arbeitswelt durch künstliche Intelligenz und Automatisierung führt unweigerlich zu einer Neubewertung der Fähigkeiten und Kompetenzen, die für den beruflichen Erfolg entscheidend sind. Während die Bedeutung von reinem Fachwissen und routinemäßigen Fertigkeiten abnimmt, da diese zunehmend von Maschinen übernommen werden können, steigt die Nachfrage nach genuin menschlichen Fähigkeiten, die schwer zu automatisieren sind. Die zukünftige Arbeitswelt erfordert eine neue Art von Qualifikationsprofil, das technologische Kompetenz mit kognitiven, sozialen und emotionalen Fähigkeiten kombiniert. Experten sind sich einig, dass die Anpassungsfähigkeit und die Bereitschaft zum lebenslangen Lernen die grundlegendsten aller Zukunftskompetenzen sein werden. Das Weltwirtschaftsforum prognostiziert, dass sich bis 2030 die Kernkompetenzen von fast 40 % aller Arbeitnehmer ändern werden, was die enorme Dynamik dieser Entwicklung unterstreicht [2].

An erster Stelle der gefragten Kompetenzen stehen höherwertige kognitive Fähigkeiten. Dazu zählt vor allem das analytische und kritische Denken. In einer Welt der Informationsüberflutung und der potenziellen Desinformation durch KI-generierte Inhalte wird die Fähigkeit, Informationen kritisch zu bewerten, Argumente zu analysieren, logische Fehler zu erkennen und fundierte Urteile zu fällen, immer wichtiger. Es geht nicht mehr nur darum, Informationen zu finden, sondern ihre Glaubwürdigkeit und Relevanz zu beurteilen. Eng damit verbunden ist die komplexe Problemlösungskompetenz. Während KI bei der Lösung von klar definierten Problemen helfen kann, sind menschliche Experten gefragt, wenn es darum geht, neuartige, schlecht strukturierte und mehrdeutige Probleme zu identifizieren, zu definieren und kreative Lösungsstrategien dafür zu entwickeln. Ebenso gewinnt die Kreativität an Bedeutung. In einer Welt, in der KI Standardlösungen generieren kann, wird die Fähigkeit, originelle Ideen zu entwickeln, neue Verbindungen herzustellen und über den Tellerrand hinauszuschauen, zu einem entscheidenden menschlichen Differenzierungsmerkmal [4].

Die zweite große Gruppe von Zukunftskompetenzen sind die sozialen und emotionalen Fähigkeiten. Da die Zusammenarbeit in interdisziplinären und oft auch kulturell diversen Teams zur Norm wird, sind Kollaborations- und Kommunikationsfähigkeiten unerlässlich. Die Fähigkeit, klar zu kommunizieren, aktiv zuzuhören, konstruktives Feedback zu geben und effektiv im Team zu arbeiten, ist die Grundlage für den gemeinsamen Erfolg. In diesem Kontext gewinnt auch die emotionale Intelligenz an Bedeutung. Darunter versteht man die Fähigkeit, die eigenen Emotionen und die Emotionen anderer zu erkennen, zu verstehen und zu steuern. Empathie, also die Fähigkeit, sich in die Perspektive anderer hineinzuversetzen, ist entscheidend für eine erfolgreiche Kundenbeziehung, für eine motivierende Führung und für die Lösung von Konflikten im Team. Diese sozialen und emotionalen Kompetenzen sind für KI-Systeme extrem schwer zu erlernen, da sie auf tiefem menschlichem und sozialem Kontextverständnis beruhen [3].

Die dritte Säule der Zukunftskompetenzen ist die technologische Kompetenz. Dies bedeutet nicht, dass jeder zum Programmierer oder Datenwissenschaftler werden muss. Es bedeutet jedoch, dass eine grundlegende digitale Grundbildung (Digital Literacy) für nahezu alle Berufe zur Voraussetzung wird [5]. Dazu gehört der souveräne Umgang mit digitalen Werkzeugen, ein Verständnis für die grundlegende Funktionsweise von Algorithmen und ein Bewusstsein für Themen wie Datensicherheit und Datenschutz. Darüber hinaus entstehen neue Kompetenzfelder an der Schnittstelle von Mensch und Maschine. Die Fähigkeit, effektiv mit KI-Systemen zu interagieren, die richtigen Fragen zu stellen (Prompt Engineering) und die Ergebnisse der KI kritisch zu interpretieren und zu nutzen, wird zu einer Schlüsselqualifikation. Laut einer Studie von McKinsey werden Fähigkeiten im Umgang mit KI und maschinellem Lernen, Cloud-Technologien und Cybersicherheit zu den am schnellsten wachsenden Anforderungsbereichen gehören [1]. Die neue „Skills Triad" für die moderne Arbeitswelt umfasst daher eine Kombination aus KI-Kompetenz, virtuellem Arbeiten und einem Verständnis für Nachhaltigkeitsthemen [6].

Zusammenfassend lässt sich sagen, dass die Arbeitswelt der Zukunft eine Verschiebung von spezialisiertem, statischem Wissen hin zu dynamischen, übertragbaren Kompetenzen erfordert. Die Fähigkeit, zu lernen, wie man lernt, wird zur wichtigsten Metakompetenz. Neugier, geistige Flexibilität, Belastbarkeit (Resilienz) und die Bereitschaft, sich kontinuierlich an neue Technologien und Arbeitsweisen anzupassen, sind die entscheidenden Eigenschaften, um in einer sich ständig wandelnden Welt nicht nur zu bestehen, sondern sie aktiv mitzugestalten. Bildungseinrichtungen und Unternehmen stehen vor der gewaltigen Aufgabe, ihre Lehrpläne und Weiterbildungsprogramme radikal zu überarbeiten, um diese Zukunftskompetenzen in den Mittelpunkt zu stellen und eine Kultur des lebenslangen Lernens zu fördern [2, 4].

Literaturhinweise zu Abschn. 8.2

1. McKinsey (2025): We're all techies now: Digital skill building for the future. Der Artikel hebt hervor, dass Bereiche wie KI, maschinelles Lernen, Cloud-Technologie und Cybersicherheit zu den gefragtesten Kompetenzen gehören. https://www.mckinsey.com/capabilities/people-and-organizational-performance/our-insights/we-are-all-techies-now-digital-skill-building-for-the-future
2. Weltwirtschaftsforum (2025): The Future of Jobs Report 2025. Prognostiziert, dass sich bis 2030 die Kernkompetenzen von 39 % der Arbeitnehmer ändern werden, was eine erhebliche Qualifikationslücke aufzeigt. https://www.weforum.org/publications/the-future-of-jobs-report-2025/in-full/3-skills-outlook/
3. OECD (n.d.): SKILLS FOR 2030. Das Konzeptpapier der OECD betont, dass soziale und emotionale Fähigkeiten wie Empathie, Selbstwahrnehmung und Kommunikationsfähigkeit unerlässlich werden. https://www.oecd.org/content/dam/oecd/en/about/projects/edu/education-2040/concept-notes/Skills_for_2030_concept_note.pdf
4. EIT Deep Tech Talent Initiative (2025): Preparing for 2030 – The future of workforce reskilling. Nennt KI und Big Data, analytisches Denken, kreatives Denken sowie Resilienz, Flexibilität und Agilität als Kernkompetenzen für 2030. https://www.eitdeeptechtalent.eu/news-and-events/news-archive/the-future-of-work-preparing-for-2030-the-future-of-workforce-reskilling/
5. National Skills Coalition (2023): New Report: 92 % of Jobs Require Digital Skills. Eine Analyse, die zeigt, dass 92 % der untersuchten Arbeitsplätze digitale Fähigkeiten erfordern, während ein Drittel der Arbeitnehmer nur geringe oder keine digitalen Fähigkeiten besitzt. https://nationalskillscoalition.org/news/press-

releases/new-report-92-of-jobs-require-digital-skills-one-third-of-workers-have-low-or-no-digital-skills-due-to-historic-underinvestment-structural-inequities/
6. Weltwirtschaftsforum (2025): The new skills triad for the future of work. Beschreibt die neue Kompetenz-Triade – CO_2-Intelligenz, virtuelle Intelligenz und KI-Kompetenz – als neue Grundlage für den Erfolg in der modernen Arbeitswelt. https://www.weforum.org/stories/2025/04/new-skills-triad-and-future-of-work/

8.3 Die Gig-Economy und neue Arbeitsmodelle: Die Vor- und Nachteile von flexiblen Arbeitsformen

Parallel zur technologischen Transformation der Arbeit durch KI und Automatisierung findet eine weitere, ebenso tiefgreifende Veränderung in der Struktur von Beschäftigungsverhältnissen statt: der Aufstieg der Gig-Economy. Die Gig-Economy bezeichnet einen Arbeitsmarkt, der durch das Vorherrschen von kurzfristigen Verträgen, freiberuflicher Tätigkeit und befristeten Aufträgen anstelle von traditionellen, unbefristeten Vollzeitstellen gekennzeichnet ist. Angetrieben wird dieser Trend durch digitale Plattformen, die als Vermittler zwischen Anbietern und Nachfragern von Dienstleistungen fungieren [2]. Diese Plattformen, wie Uber für Fahrdienste, Lieferando für Essenslieferungen oder Upwork und Fiverr für freiberufliche Kreativ- und IT-Dienstleistungen, haben die Art und Weise, wie Millionen von Menschen ihr Einkommen erzielen, radikal verändert [1, 4]. Dieses Modell verspricht auf der einen Seite ein hohes Maß an Flexibilität und Autonomie für die Arbeitenden, wirft aber auf der anderen Seite grundlegende Fragen bezüglich sozialer Absicherung, Arbeitsrechten und der Zukunft des Normalarbeitsverhältnisses auf.

Die Vorteile der Gig-Economy für die Arbeitnehmer liegen auf der Hand und sind der Hauptgrund für ihre Attraktivität. An erster Stelle steht die Flexibilität. Gig-Worker können oft selbst entscheiden, wann, wo und wie viel sie arbeiten möchten. Diese Autonomie ermöglicht eine bessere Vereinbarkeit von Beruf, Familie und Privatleben und kommt den Bedürfnissen vieler Menschen entgegen, die sich nicht in ein starres 9-to-5-Korsett pressen lassen wollen [5]. Für Studierende, Eltern, Künstler oder Menschen, die einen schrittweisen Übergang in den Ruhestand suchen, bietet die Gig-Economy die Möglichkeit, ein zusätzliches oder flexibles Einkommen zu erzielen. Ein weiterer Vorteil ist die Vielfalt und der direkte Zugang zu Aufträgen. Digitale Plattformen senken die Hürden für den Einstieg in die Selbstständigkeit erheblich. Ein Programmierer oder Designer kann über eine Plattform wie Upwork Kunden auf der ganzen Welt finden, ohne in traditionelles Marketing oder Vertrieb investieren zu müssen [4]. Für Unternehmen bieten diese Modelle ebenfalls Vorteile: Sie können flexibel auf Auftragsschwankungen reagieren, ohne langfristige Personalverpflichtungen einzugehen, und haben Zugriff auf einen globalen Pool von spezialisierten Talenten für zeitlich begrenzte Projekte.

Den unbestreitbaren Vorteilen der Flexibilität stehen jedoch erhebliche Nachteile und Risiken gegenüber, die eine wachsende gesellschaftliche und politische Debatte ausgelöst haben. Das zentrale Problem ist die oft prekäre soziale und rechtliche Stellung der Gig-Worker. Die meisten Plattformen klassifizieren ihre Arbeitskräfte als „unabhängige Auftragnehmer" und nicht als „Arbeitnehmer". Diese juristische Unterscheidung hat weitreichende Folgen: Als Selbstständige haben Gig-Worker in der Regel keinen Anspruch auf gesetzlichen Mindestlohn, bezahlten Urlaub, Lohnfortzahlung im Krankheitsfall oder Kündigungsschutz. Sie müssen sich selbst um ihre Kranken-, Renten- und Arbeitslosenversicherung kümmern, was viele aufgrund des oft geringen und unregelmäßigen Einkommens nicht oder nur unzureichend tun [6]. Dies führt zu einer mangelnden sozialen Absicherung und einem erhöhten Armutsrisiko. Zudem herrscht oft eine starke Machtasymmetrie zwischen den mächtigen Plattformen und den einzelnen Arbeitskräften. Die Plattformen diktieren die Preise, die Vermittlungsgebühren und die Arbeitsbedingungen einseitig über ihre Algorithmen. Die algorithmische Steuerung kann zu einem hohen Leistungsdruck und ständiger Überwachung führen, während die menschliche Interaktion und die Möglichkeit zur Verhandlung fehlen.

Die Debatte um die Gig-Economy ist Teil einer größeren Diskussion über die Zukunft der Arbeit und die Notwendigkeit, unsere Arbeitsmarktregulierung und unsere sozialen Sicherungssysteme an das 21. Jahrhundert anzupassen. Es geht darum, eine neue Balance zu finden, die die Vorteile der Flexibilität bewahrt, ohne die grundlegenden Schutzrechte der Arbeitenden zu untergraben. Weltweit gibt es verschiedene regulatorische Ansätze. Einige Gerichte und Gesetzgeber haben begonnen, bestimmte Gruppen von Gig-Workern als Arbeitnehmer einzustufen, was ihnen entsprechende Rechte gewährt. Andere Ansätze zielen auf die Schaffung einer neuen, dritten Kategorie zwischen Arbeitnehmer und Selbstständigem ab, die ein Basisniveau an Schutz bietet. Diskutiert werden auch Modelle von branchenweiten Tarifverträgen für Plattformarbeiter oder die Idee von portablen Sozialversicherungsansprüchen, die nicht an einen einzelnen Arbeitgeber gebunden sind, sondern von den Arbeitnehmern von Job zu Job mitgenommen werden können. Die Gig-Economy ist ein Symptom für den Wandel von einem stabilen, langfristig planbaren Arbeitsmarkt hin zu einer fragmentierteren und dynamischeren Arbeitswelt. Die Herausforderung für die Gesellschaft besteht darin, diesen Wandel so zu gestalten, dass er nicht zu einer neuen digitalen Unterschicht führt, sondern faire und nachhaltige Arbeitsbedingungen für alle schafft [1, 6].

Literaturhinweise zu Abschn. 8.3

1. Weltwirtschaftsforum (2025): The future of the gig economy, and other jobs news this week. Beschreibt, wie digitale Arbeitsplattformen die Art und Weise, wie Millionen von Menschen ihren Lebensunterhalt verdienen, verändert haben. https://www.weforum.org/stories/2025/06/the-gig-economy-ilo-labour-platforms/

2. Park University (2024): The Gig Economy: Shaping the Future of Work and Business. Definiert die Gig-Economy als einen Arbeitsmarkt mit kurzfristigen Verträgen oder freiberuflicher Arbeit, der durch Online-Plattformen erleichtert wird. https://www.park.edu/blog/the-gig-economy-shaping-the-future-of-work-and-business/
3. Instawork (2025): The New Wave of Gig Economy Platforms (2025 Guide). Erklärt Gig-Economy-Plattformen als digitale Marktplätze, die Unternehmen mit Freiberuflern für kurzfristige, flexible Arbeit verbinden. https://www.instawork.com/blog/gig-economy-platforms
4. Outsource Accelerator (2024): 12 Best gig economy platforms for your side hustle. Listet einige der besten Gig-Economy-Plattformen wie Fiverr, Upwork und Freelancer auf. https://www.outsourceaccelerator.com/articles/gig-economy-platforms/
5. Gallup (2022): The Advantages and Challenges of Hybrid Work. Hebt hervor, dass die größten Vorteile der flexiblen Arbeit eine verbesserte Work-Life-Balance, eine effizientere Zeitnutzung und die Kontrolle über Arbeitszeiten und -ort sind. https://www.gallup.com/workplace/398135/advantages-challenges-hybrid-work.aspx
6. Springer (2021): Arbeit per App – neue Abhängigkeiten in der Gig Economy. Analysiert, wie in der Gig-Economy neue Arbeitsbedingungen ausgehandelt werden, die regulierende Instanzen vor besondere Herausforderungen stellen. https://link.springer.com/article/10.1007/s00548-021-00695-w

Der Kunde im Mittelpunkt

9

9.1 Hyper-Personalisierung und Kundenerfahrung: Wie Unternehmen durch die individuelle Ansprache von Kunden eine stärkere Bindung aufbauen können

In der heutigen, von digitaler Reizüberflutung und intensivem, globalem Wettbewerb geprägten Wirtschaft ist die ungeteilte Aufmerksamkeit der Kunden zur wertvollsten und knappsten Ressource geworden. Traditionelle, segmentbasierte Marketingansätze, die Kunden in grobe, soziodemografische Gruppen wie „Frauen zwischen 30 und 40 mit hohem Einkommen" einteilen, verlieren zunehmend an Wirkung, da sie die immense Heterogenität innerhalb dieser Gruppen ignorieren. Kunden erwarten heute mehr als nur ein gutes Produkt zu einem fairen Preis; sie erwarten eine relevante, kontextbezogene, antizipatorische und nahtlose Erfahrung, die exakt auf ihre individuellen Bedürfnisse, Vorlieben und ihre aktuelle Lebenssituation zugeschnitten ist. An dieser Stelle setzt das Konzept der Hyper-Personalisierung an. Es stellt die nächste, durch künstliche Intelligenz angetriebene Evolutionsstufe der Personalisierung dar und geht weit über die bloße Anrede mit dem Vornamen in einer E-Mail oder das Anzeigen von zuletzt angesehenen Produkten hinaus. Hyper-Personalisierung nutzt Echtzeit-Daten, künstliche Intelligenz (KI) und maschinelles Lernen (ML), um für jeden einzelnen Kunden eine einzigartige und dynamisch angepasste Erfahrung über alle Berührungspunkte und den gesamten Kundenlebenszyklus hinweg zu schaffen [3, 5]. Das strategische Ziel ist es, von einer ineffizienten One-to-Many-Kommunikation zu einer echten, skalierbaren One-to-One-Beziehung überzugehen, die dem Kunden das Gefühl gibt, verstanden und wertgeschätzt zu werden [2].

Die technologische Grundlage der Hyper-Personalisierung ist die Fähigkeit, riesige Mengen an Kundendaten aus unterschiedlichsten Quellen zu sammeln, zu integrieren, zu analysieren und die gewonnenen Erkenntnisse in Echtzeit in Handlungen umzusetzen. Diese Daten stammen aus einer Vielzahl von Quellen: explizit gegebene Informationen

U. Karrenberg, *Next Generation World*,
https://doi.org/10.1007/978-3-662-72805-5_9

wie demografische Daten oder Präferenzeinstellungen, Verhaltensdaten wie die bisherige Kaufhistorie, das Klickverhalten auf der Website, die Verweildauer auf bestimmten Seiten, Interaktionen in sozialen Medien, die Nutzung der mobilen App, aber auch implizite und kontextbezogene Informationen wie Standortdaten, das verwendete Endgerät, die aktuelle Tageszeit, das lokale Wetter oder sogar öffentlich verfügbare Informationen über Lebensereignisse [4]. KI- und ML-Algorithmen, insbesondere aus den Bereichen des Predictive Analytics und des Reinforcement Learning, analysieren diese Datenströme kontinuierlich, um Muster zu erkennen, die Absichten des Kunden zu antizipieren (predictive personalization) und die „nächstbeste Aktion" oder das „nächstbeste Angebot" für jeden einzelnen Kunden zu bestimmen. Anstatt Kunden in starre, vordefinierte Segmente zu pressen, ermöglicht dieser Ansatz die Schaffung eines dynamischen, atmenden und individuellen Kundenprofils – eines „Segments of One" –, das sich mit jeder einzelnen Interaktion weiterentwickelt und verfeinert. Auf dieser granularen Basis können Unternehmen hochgradig personalisierte Produktempfehlungen aussprechen, die nicht nur auf vergangenen Käufen, sondern auf vorhergesagten zukünftigen Bedürfnissen basieren, individuelle Preisangebote und Rabatte in Echtzeit erstellen, maßgeschneiderte Inhalte und Landing Pages auf ihrer Website anzeigen oder proaktiv Service-Benachrichtigungen versenden, die genau auf die aktuelle Situation des Kunden zugeschnitten sind [1, 6].

Die Anwendungsbeispiele für erfolgreiche Hyper-Personalisierung sind vielfältig und zunehmend ausgefeilt. Streaming-Dienste wie Netflix oder Spotify sind die Pioniere auf diesem Gebiet. Ihre Empfehlungsalgorithmen analysieren nicht nur, welche Filme oder Songs ein Nutzer konsumiert hat, sondern auch, wann er sie konsumiert, welche er nach wenigen Sekunden überspringt, welche er zu einer Playlist hinzufügt, welche er erneut abspielt und wie sein Verhalten im Vergleich zu Millionen anderer Nutzer mit ähnlichem Geschmack aussieht. Das Ergebnis ist eine hochgradig personalisierte Startseite, die jedem Nutzer ein einzigartiges und relevantes Angebot präsentiert und so die Kundenbindung und die Nutzungsdauer massiv erhöht. Im E-Commerce nutzen Unternehmen wie Amazon Hyper-Personalisierung, um Produktempfehlungen in Echtzeit anzupassen, basierend auf den Artikeln, die ein Kunde gerade angesehen, in den Warenkorb gelegt oder von seiner Wunschliste entfernt hat. Im Finanzsektor können Banken personalisierte Spar- und Anlageempfehlungen basieren auf dem individuellen Ausgabeverhalten ihrer Kunden geben oder proaktiv vor ungewöhnlichen Kontobewegungen warnen. In der Reisebranche können Fluggesellschaften oder Hotelportale maßgeschneiderte Angebote erstellen, die nicht nur das Reiseziel, sondern auch die bevorzugte Art des Reisens, das Budget und frühere Buchungen berücksichtigen. Die Vorteile für Unternehmen sind erheblich: Eine effektiv umgesetzte Hyper-Personalisierungsstrategie kann die Konversionsraten um ein Vielfaches steigern, den durchschnittlichen Bestellwert (Customer Lifetime Value) erhöhen, die Kundenabwanderung (Churn) signifikant reduzieren und die Marketingeffizienz drastisch verbessern, da die Streuverluste minimiert und die Werbebudgets auf die vielversprechendsten Kunden und Angebote konzentriert werden. Studien zeigen, dass Unternehmen, die führend in der Personalisierung sind, fünf- bis achtmal höhere Renditen auf ihre Marketingausgaben erzielen und ihren Umsatz um mehr als 10 % steigern können [1].

Die Umsetzung von Hyper-Personalisierung ist jedoch auch mit erheblichen technologischen und organisatorischen Herausforderungen verbunden. Die wichtigste Voraussetzung ist eine solide, flexible und integrierte Dateninfrastruktur. Viele Unternehmen kämpfen immer noch mit Datensilos, bei denen Kundeninformationen über verschiedene, nicht miteinander verbundene Systeme (CRM, ERP, E-Commerce, Social Media etc.) verstreut sind. Um ein ganzheitliches 360-Grad-Bild des Kunden zu erhalten, müssen diese Daten in einer zentralen Plattform, wie einer Customer Data Platform (CDP), zusammengeführt, bereinigt und in Echtzeit verfügbar gemacht werden. Eine weitere große Herausforderung ist der ethische und rechtliche Spagat zwischen Personalisierung und dem Schutz der Privatsphäre. Kunden schätzen zwar relevante und hilfreiche Angebote, reagieren aber zunehmend sensibel und ablehnend auf die als aufdringlich, manipulativ oder „unheimlich" (creepy) empfundene Nutzung ihrer persönlichen Daten. Unternehmen müssen daher eine strikte Balance finden und absolute Transparenz darüber herstellen, welche Daten sie zu welchem Zweck sammeln und wie sie diese verwenden. Sie müssen den Kunden die volle Kontrolle über ihre Daten und Präferenzen geben (z. B. durch ein detailliertes Preference Center) und die strengen Vorgaben von Datenschutzgesetzen wie der DSGVO (Datenschutz-Grundverordnung) nicht nur als lästige Pflicht, sondern als Chance zum Aufbau von Vertrauen begreifen. Der Aufbau von digitalem Vertrauen ist die Grundvoraussetzung für eine erfolgreiche und nachhaltige Personalisierungsstrategie. Es geht nicht darum, alles zu tun, was technologisch möglich ist, sondern darum, die Daten ausschließlich dazu zu nutzen, einen echten, willkommenen und vom Kunden geschätzten Mehrwert zu schaffen [4, 5]. Letztendlich ist Hyper-Personalisierung kein reines Technologie- oder Marketingprojekt, sondern erfordert eine tiefgreifende kundenzentrierte Ausrichtung der gesamten Organisation, von der Produktentwicklung über den Vertrieb bis hin zum Kundenservice.

Literaturhinweise zu Abschn. 9.1

1. Comarch (2024): Die Macht der Hyperpersonalisierung: Wie KI das Kundenerlebnis steigert. Beschreibt, wie Hyper-Personalisierung die Rendite von Marketingausgaben steigern und den Umsatz um 10 % oder mehr erhöhen kann. https://www.comarch.de/blog/die-macht-der-hyperpersonalisierung-wie-ki-das-kundenerlebnis-steigert/
2. Forbes (2024): How Generative AI Is Driving Hyperpersonalization. Erklärt, wie generative KI es ermöglicht, hochgradig individualisierte Erlebnisse in einem noch nie dagewesenen Umfang zu liefern. https://www.forbes.com/sites/kathleenwalch/2024/07/15/how-generative-ai-is-driving-hyperpersonalization/
3. Optimizely (n.d.): What is hyper-personalization? Definiert Hyper-Personalisierung als den Einsatz von KI und ML, um über die Segmentierung hinauszugehen und ein Kundenerlebnis für den Einzelnen zu schaffen. https://www.optimizely.com/optimization-glossary/hyper-personalization/

4. Techfunnel (2024): Using Data to Personalize the Customer Journey. Erörtert, wie Führungskräfte Daten nutzen können, um personalisierte Kundenreisen zu erstellen, die Engagement, Loyalität und Umsatzwachstum fördern. https://www.techfunnel.com/martech/using-data-to-personalize-customer-journey/
5. IBM (n.d.): What is Hyper-personalization? Beschreibt Hyper-Personalisierung als eine Technik, die es Unternehmen ermöglicht, hochgradig maßgeschneiderte Interaktionen zu schaffen, die das Benutzererlebnis verbessern. https://www.ibm.com/think/topics/hyper-personalization
6. Five9 (2025): Hyper-Personalization and the Power of More in Customer Experience. Erklärt, wie KI-gesteuerte Hyper-Personalisierung das Kundenerlebnis in Echtzeit anpasst und so Loyalität, Vertrauen und ROI steigert. https://www.five9.com/blog/hyper-personalization-and-power-more-customer-experience

9.2 Die Macht von Omnichannel-Strategien: Die nahtlose Verknüpfung von Online- und Offline-Kanälen

In der modernen Handelslandschaft existiert der „Online-Kunde“ oder der „Offline-Kunde“ als getrennte Entität nicht mehr. Der heutige Konsument, oft als „Phygital“-Kunde bezeichnet, bewegt sich fließend, selbstverständlich und oft simultan zwischen einer Vielzahl von digitalen und physischen Kanälen und Berührungspunkten. Eine typische Customer Journey kann heute so aussehen: Ein Kunde entdeckt ein Produkt durch eine Anzeige auf Instagram, recherchiert die Details und Alternativen auf der Website des Herstellers, liest Kundenbewertungen auf seinem Smartphone, während er in der U-Bahn sitzt, vergleicht Preise in einer spezialisierten App, lässt sich das Produkt im physischen Geschäft vorführen, um es anzufassen und auszuprobieren, und kauft es schließlich einige Tage später über den Online-Shop, um es sich bequem nach Hause liefern zu lassen – oder er kauft es online und holt es noch am selben Tag im nächstgelegenen Laden ab (Click & Collect). Diese nicht-lineare, fragmentierte und hochgradig individuelle Customer Journey stellt Unternehmen vor die immense Herausforderung, ihre traditionellen, in Silos organisierten Vertriebs-, Marketing- und Servicekanäle aufzubrechen. Die strategische Antwort auf diese Herausforderung ist die Omnichannel-Strategie. Im deutlichen Gegensatz zum veralteten Multichannel-Ansatz, bei dem lediglich mehrere Kanäle (z. B. ein Online-Shop, eine App und physische Geschäfte) unverbunden nebeneinander existieren, zielt die Omnichannel-Strategie darauf ab, all diese Kanäle nahtlos, konsistent und intelligent miteinander zu verknüpfen, um ein einheitliches, durchgängiges und reibungsloses Kundenerlebnis zu schaffen, unabhängig davon, welchen Kanal der Kunde wann und wofür nutzt [1, 6].

Das Kernprinzip und die radikale Neuerung der Omnichannel-Strategie ist die konsequente und kompromisslose Ausrichtung aller Prozesse, Systeme und auch der Unternehmensorganisation auf den Kunden und seine individuelle Reise, nicht auf den einzelnen Kanal und dessen isolierte Performance-Metriken. Der Kunde soll die Möglichkeit haben, seine Interaktion mit dem Unternehmen auf einem Kanal zu beginnen, auf einem zweiten fortzusetzen und auf einem dritten abzuschließen, ohne dass dabei Informationen verloren gehen, er sich wiederholen muss oder Brüche im Erlebnis entstehen [2]. Ein Kunde, der online einen Warenkorb füllt, sollte diesen auch in der mobilen App oder an einem interaktiven Kiosk-Terminal im Geschäft aufrufen und weiter bearbeiten können. Ein Servicemitarbeiter im Callcenter muss in seinem System sofort sehen können, welche Produkte sich ein Kunde online angesehen hat oder welche Bestellung er in einer Filiale getätigt hat, um ihm kompetent und ohne langes Nachfragen helfen zu können. Ein Verkäufer im Laden sollte über sein Tablet in Echtzeit prüfen können, ob ein nicht vorrätiger Artikel in einer anderen Filiale oder im Zentrallager verfügbar ist, und ihn direkt für den Kunden nach Hause oder zur Abholung in die Filiale bestellen können. Diese nahtlose Verknüpfung von Online- und Offline-Welt erfordert eine tiefgreifende technologische Integration der zugrunde liegenden IT-Systeme, insbesondere des Warenwirtschaftssystems (ERP), des Kundenbeziehungsmanagements (CRM), der E-Commerce-Plattform und des Point-of-Sale (POS)-Systems in den Filialen. Architekturen wie der „Headless Commerce“, bei dem das Frontend (die Benutzeroberfläche) vom Backend (der Geschäftslogik) entkoppelt ist, und eine starke Nutzung von Programmierschnittstellen (APIs) sind entscheidende technologische Enabler für diese Flexibilität [4].

Die Vorteile einer erfolgreich umgesetzten Omnichannel-Strategie sind immens und manifestieren sich in einer signifikant höheren Kundenzufriedenheit, einer stärkeren emotionalen Kundenbindung und letztendlich in einem deutlich höheren Umsatz und Customer Lifetime Value. Kunden, die mehrere Kanäle eines Unternehmens nutzen, sind nachweislich wertvoller: Sie kaufen häufiger, geben pro Transaktion mehr Geld aus und weisen eine höhere Loyalitätsrate auf als Kunden, die nur einen einzigen Kanal nutzen. Eine nahtlose und konsistente Erfahrung über alle Kanäle hinweg reduziert die Frustration der Kunden, die oft durch inkonsistente Informationen oder unterbrochene Prozesse entsteht, und stärkt das Vertrauen in die Kompetenz und Zuverlässigkeit der Marke. Innovative Services, die erst durch eine Omnichannel-Architektur möglich werden, bieten den Kunden einen echten und spürbaren Mehrwert und verbinden die Vorteile des E-Commerce (riesige Auswahl, bequeme Bestellung rund um die Uhr) mit denen des stationären Handels (sofortige Verfügbarkeit, persönliche Beratung, haptisches Erleben). Dazu gehören Services wie „Click & Collect“ (online kaufen, im Laden abholen), „Reserve in Store“ (online reservieren, im Laden anprobieren), „Endless Aisle“ (im Laden auf das gesamte Online-Sortiment zugreifen und bestellen) oder „Return-to-Store“ (online gekaufte Ware unkompliziert im Laden zurückgeben) [3]. Für den Händler bietet die Omnichannel-Strategie die entscheidende Möglichkeit, seine physischen Filialen neu zu positionieren und ihre Existenz im digitalen Zeitalter zu rechtfertigen: Sie werden von reinen Warenlagern und Verkaufsstellen zu multifunktionalen Service-Hubs, Showrooms, Logistikzentren für die „letzte Meile“, Event-Locations und Orten der menschlichen Interaktion und der gelebten Markenerfahrung. Die Filiale wird so zu einem integralen und wertvollen Bestandteil der gesamten Customer Journey und trägt entscheidend dazu bei, die digitale und die physische Welt miteinander zu verschmelzen [5].

Die Umsetzung einer echten Omnichannel-Strategie ist jedoch eine der größten organisatorischen und technologischen Herausforderungen für etablierte Unternehmen. Viele Organisationen sind immer noch in starren Kanal-Silos organisiert, mit getrennten Teams, Budgets, Zielvorgaben und Kennzahlen (KPIs) für den E-Commerce, das mobile Geschäft und den stationären Handel. Diese Silos führen oft zu internen Konkurrenzkämpfen (z. B. um die Anrechnung eines Umsatzes) und verhindern eine ganzheitliche, kollaborative Sicht auf den Kunden. Eine erfolgreiche Omnichannel-Strategie erfordert daher einen tiefgreifenden kulturellen Wandel hin zu einer kanalübergreifenden Zusammenarbeit, zu gemischten Teams und zu einer gemeinsamen Verantwortung für das gesamte Kundenerlebnis. Die Anreizsysteme müssen so gestaltet sein, dass sie die Kooperation zwischen den Kanälen belohnen und nicht bestrafen. Die technologische Integration ist ebenfalls äußerst anspruchsvoll. Eine zentrale Datenhaltung, die eine einheitliche, konsistente und in Echtzeit verfügbare Sicht auf Kunden, Bestände und Bestellungen über alle Kanäle hinweg ermöglicht („Single Source of Truth"), ist die unabdingbare, aber oft schwer zu realisierende Voraussetzung. Unternehmen müssen in moderne, flexible und API-getriebene Technologien investieren, die es ihnen ermöglichen, ihre Kunden über verschiedene Kanäle hinweg zu identifizieren und ihre Interaktionen zu einer einzigen, kohärenten Customer Journey zusammenzufügen. Trotz dieser erheblichen Herausforderungen ist der Weg hin zu einer umfassenden Omnichannel-Strategie für die meisten Unternehmen im Einzelhandel und zunehmend auch in anderen Branchen (wie Banken oder Versicherungen) unumgänglich. In einer Welt, in der der Kunde die Regeln diktiert und maximale Bequemlichkeit erwartet, sind es diejenigen Unternehmen, die das nahtloseste, bequemste und konsistenteste Erlebnis über alle Berührungspunkte hinweg bieten, die langfristig erfolgreich sein und ihre Relevanz sichern werden [1, 2, 6].

Literaturhinweise zu Abschn. 9.2

1. Zendesk (2025): What is omnichannel retail? Definition, examples, and trends. Definiert Omnichannel-Handel als eine Kundenerlebnisstrategie, die es Kunden ermöglicht, mit einer Marke auf den Kanälen ihrer Wahl zu interagieren und vernetzte Erlebnisse zu genießen. https://www.zendesk.com/blog/what-is-omnichannel-retail/
2. Shopify (2024): Omnichannel Retailing Strategy: Benefits and Examples. Beschreibt eine Omnichannel-Strategie als die Integration mehrerer Einkaufskanäle, um ein nahtloses Kundenerlebnis zu bieten. https://www.shopify.com/enterprise/blog/omni-channel-retail-strategy
3. Emarsys (2024): 8 Examples of Omnichannel Retail Experiences. Bietet Beispiele für Omnichannel-Erlebnisse von führenden Marken, um andere zu inspirieren. https://emarsys.com/learn/blog/omnichannel-for-ecommerce-retailers/

4. Insider (2025): What is Omnichannel Customer Experience? A Guide for 2025. Erklärt, dass eine Omnichannel-Strategie sicherstellt, dass jede Interaktion eines Kunden mit der Marke über alle Kanäle hinweg konsistent und relevant bleibt. https://useinsider.com/omnichannel-customer-experiences/
5. Forbes (2024): Revolutionizing Retail With Seamless Omnichannel Shopping. Beschreibt Omnichannel-Werbung als die Schaffung eines nahtlosen und vollständig integrierten Erlebnisses für Verbraucher über mehrere Kanäle hinweg. https://www.forbes.com/sites/garydrenik/2024/05/02/revolutionizing-retail-with-seamless-omnichannel-shopping/
6. Qualtrics (n.d.): What is Omnichannel Customer Experience? Beschreibt das Omnichannel-Kundenerlebnis als die zusammenhängenden, integrierten Interaktionen, die Kunden mit einer Marke über alle Berührungspunkte hinweg haben. https://www.qualtrics.com/experience-management/customer/omnichannel-customer-experience/

9.3 Generatives Wasserzeichen und Vertrauen im digitalen Zeitalter: Technologien zur Bekämpfung von Desinformation und zur Stärkung des Vertrauens in digitale Inhalte

Das digitale Zeitalter hat uns einen beispiellosen Zugang zu Informationen und die Möglichkeit zur globalen Kommunikation in Echtzeit beschert. Doch diese Medaille hat eine dunkle und zunehmend bedrohliche Kehrseite: die explosionsartige und unkontrollierte Verbreitung von Desinformation, Fake News und gezielt manipulierten Inhalten. Die jüngsten, atemberaubenden Fortschritte bei der generativen künstlichen Intelligenz haben dieses Problem auf eine neue, alarmierende Ebene gehoben. KI-Modelle können heute auf Knopfdruck und in Sekundenschnelle hochgradig realistische und überzeugende Texte, Bilder, Videos und Audiodateien erzeugen, die von authentischen, von Menschen geschaffenen Inhalten mit bloßem Auge oder Ohr kaum noch zu unterscheiden sind. Diese sogenannten Deepfakes und KI-generierten Falschinformationen haben das Potenzial, das grundlegende Vertrauen in die Medien, in öffentliche Institutionen, in die Wissenschaft und letztlich in unsere gemeinsame Wahrnehmung der Realität nachhaltig zu untergraben [4, 5]. Wenn wir nicht mehr sicher sein können, ob ein Bild von einem Kriegsgebiet, ein Video eines Politikers oder das wissenschaftliche Paper, das wir lesen, echt oder eine ausgeklügelte KI-Fälschung ist, erodiert die Grundlage für jeden rationalen öffentlichen Diskurs und jede demokratische Willensbildung. In diesem Kontext wird die Entwicklung und Implementierung von robusten Technologien zur Verifizierung der Authentizität und der Herkunft (Provenance) digitaler Inhalte zu einer entscheidenden, gesellschaftlichen Aufgabe für die Aufrechterhaltung des digitalen Vertrauens. Eine der vielversprechendsten und meistdiskutierten Technologien in diesem Bereich ist das generative Wasserzeichen [1, 2].

Ein Wasserzeichen ist eine Information, die unsichtbar oder sichtbar in ein digitales Medium (ein Bild, ein Video, eine Audiodatei oder sogar einen Text) eingebettet wird, um dessen Herkunft, Urheberrecht oder Authentizität zu kennzeichnen. Während traditionelle Wasserzeichen oft sichtbar (wie ein Logo auf einem Bild) und relativ leicht zu entfernen sind, arbeiten generative Wasserzeichen auf einer weitaus subtileren, statistischen Ebene, die für den Menschen nicht wahrnehmbar ist. Bei der Erzeugung von Inhalten durch ein KI-Modell werden während des Generierungsprozesses bestimmte, für den Menschen nicht erkennbare Muster in die Datenstruktur des Inhalts eingebettet. Bei Texten kann dies beispielsweise durch eine statistisch leicht voreingenommene Auswahl von Synonymen oder Satzstrukturen geschehen. Bei Bildern können unsichtbare Muster im Frequenzbereich oder in den Farbwerten einzelner Pixel hinterlegt werden. Diese Muster sind so subtil, dass sie die wahrgenommene Qualität des Inhalts nicht beeinträchtigen, aber sie können später von einem speziellen Algorithmus mit hoher Sicherheit ausgelesen werden, um zweifelsfrei festzustellen, ob der Inhalt von einer KI generiert wurde und – im Idealfall – sogar von welchem spezifischen KI-Modell er stammt [1]. Man kann es sich wie ein unsichtbares, statistisches „Geburtsmal" oder einen genetischen Fingerabdruck vorstellen, den jeder KI-generierte Inhalt mit sich trägt. Diese Technologie kann ein wirksames Instrument sein, um Transparenz zu schaffen und die Flut von unerkannten KI-Fälschungen einzudämmen. Wenn Nachrichtenagenturen, soziale Netzwerke, Suchmaschinen und Browser solche Wasserzeichen automatisch erkennen und die entsprechenden Inhalte klar als „KI-generiert" markieren können, erhalten die Nutzer einen entscheidenden Hinweis auf den Ursprung des Inhalts und können ihn besser und kritischer einordnen [3].

Mehrere große Technologieunternehmen, Forschungseinrichtungen und zivilgesellschaftliche Organisationen arbeiten mit Hochdruck an der Entwicklung und Standardisierung solcher Wasserzeichentechnologien. Die Content Authenticity Initiative (CAI), eine von Adobe, Microsoft, der BBC, Intel und vielen anderen führende Gemeinschaft, entwickelt einen offenen, interoperablen Standard zur Zertifizierung der Herkunft und der Bearbeitungshistorie digitaler Inhalte. Dieser Standard, der in die Coalition for Content Provenance and Authenticity (C2PA) eingeflossen ist, funktioniert wie ein fälschungssicheres, digitales Nährwertetikett, das kryptografisch signiert an einer Mediendatei angehängt wird und deren gesamten Lebenslauf dokumentiert [6]. Wenn ein Fotojournalist ein Bild von einem Ereignis macht, kann seine Kamera sofort eine signierte Herkunftsbescheinigung erstellen, die den Fotografen, die Zeit und den Ort der Aufnahme festhält. Wenn dieses Bild später in einer Bildbearbeitungssoftware zugeschnitten oder farblich korrigiert wird, wird jede dieser Änderungen manipulationssicher in der Historie vermerkt. Wenn ein KI-generiertes Bild erstellt wird, wird dies ebenfalls transparent als Erstellungs- oder Bearbeitungsschritt dokumentiert. Diese Herkunftsinformationen (Provenance) bleiben mit der Datei verbunden, egal wo sie im Internet geteilt oder kopiert wird, und können von jedem mit den entsprechenden, frei verfügbaren Tools überprüft werden. Dies schafft eine nachvollziehbare Kette des Vertrauens von der Erstellung bis zum Konsum des Inhalts und macht es für Manipulatoren deutlich schwerer, Fälschungen als authentisch auszugeben.

Die breitenwirksame Einführung von Wasserzeichen und Herkunftszertifikaten ist jedoch kein technologisches Allheilmittel und steht vor erheblichen praktischen und konzeptionellen Herausforderungen. Erstens ist die technische Robustheit entscheidend. Ein Wasserzeichen ist nur dann nützlich, wenn es nicht durch einfache Operationen wie Komprimierung, das Erstellen eines Screenshots oder erneutes Bearbeiten leicht entfernt oder zerstört werden kann. Böswillige Akteure werden unweigerlich versuchen, Wege zu finden, um Wasserzeichen zu umgehen, zu entfernen oder sogar gefälschte Herkunftszertifikate zu erstellen. Es wird ein ständiges technisches Wettrüsten zwischen den Entwicklern von Wasserzeichen- und Fälschungstechnologien geben. Zweitens ist die breite Akzeptanz und Standardisierung entscheidend. Wasserzeichen sind nur dann wirksam, wenn sie von einer kritischen Masse von KI-Modell-Anbietern, Softwareherstellern (z. B. für Bildbearbeitung), Social-Media-Plattformen und Endgeräteherstellern (z. B. Kamerahersteller) unterstützt werden. Freiwillige Selbstverpflichtungen der großen Technologiekonzerne sind ein wichtiger erster Schritt, aber es könnte auch eine gesetzliche Regulierung erforderlich sein, um eine umfassende Kennzeichnungspflicht für kommerziell genutzte KI-generierte Inhalte durchzusetzen. Drittens und vielleicht am wichtigsten: Wasserzeichen lösen nicht das grundlegende Problem der menschlichen Anfälligkeit für Desinformation. Auch ein als KI-generiert gekennzeichneter Inhalt kann zu Propagandazwecken missbraucht werden, und menschlich erstellte Falschinformationen, Lügen oder irreführende Darstellungen bleiben von dieser Technologie gänzlich unberührt. Wasserzeichen sind daher nur ein, wenn auch wichtiger, Baustein in einer umfassenderen gesellschaftlichen Strategie zur Stärkung des digitalen Vertrauens. Diese Strategie muss zwingend auch die massive Förderung von Medien- und Digitalkompetenz in der Bevölkerung, die Stärkung des unabhängigen Qualitätsjournalismus und die verantwortungsvolle, transparente Gestaltung von Social-Media-Algorithmen umfassen, die heute oft noch die Verbreitung von emotionalisierenden und polarisierenden Inhalten belohnen [3, 5]. Trotz dieser Einschränkungen sind generative Wasserzeichen und Provenance-Technologien ein unverzichtbares Werkzeug, um in einer zunehmend von synthetischen Medien geprägten Informationslandschaft ein Mindestmaß an Transparenz, Nachvollziehbarkeit und Rechenschaftspflicht zu gewährleisten und so dem schleichenden Vertrauensverlust in alles, was wir online sehen und lesen, entgegenzuwirken.

Literaturhinweise zu Abschn. 9.3

1. Digital Bricks (2025): Generative AI Watermarking. Beschreibt generatives KI-Wasserzeichen als eine aufkommende Technologie, die unsichtbare Marker in KI-generierte Inhalte einbettet, um deren Authentizität zu überprüfen. https://www.digitalbricks.ai/blog-posts/generative-ai-watermarking
2. Weltwirtschaftsforum (n.d.): Generative Watermarking. Erklärt, dass generative Wasserzeichen unsichtbare oder nachweisbare Marker direkt in KI-generierte

Texte, Bilder, Audio- und Videodateien einbetten, sodass der Inhalt zum ursprünglichen Modell zurückverfolgt werden kann. https://intelligence.weforum.org/topics/a1GTG000001Hmqr2AC

3. Electronic Frontier Foundation (2024): AI Watermarking Won't Curb Disinformation. Argumentiert, dass Wasserzeichen für KI-generierte Inhalte zwar eine einfach klingende Lösung für das Problem der Desinformation sind, aber ihre Grenzen haben und nicht das ganze Problem lösen. https://www.eff.org/deeplinks/2024/01/ai-watermarking-wont-curb-disinformation
4. PwC (2025): Why the fight against deepfakes begins with trust, not technology. Stellt fest, dass KI-generierte Fehlinformationen und Deepfakes besonders schädlich sind, weil sie das öffentliche Vertrauen schnell untergraben können. https://www.pwc.com.au/services/artificial-intelligence/why-deepfakes-are-trust-infrastructure-problem.html
5. Pindrop (2024): How Deepfakes Are Impacting Public Trust in Media. Beschreibt, wie Deepfakes das Vertrauen in die Medien beeinträchtigen, indem sie Fehlinformationen und gesellschaftliche Polarisierung schüren. https://www.pindrop.com/article/deepfakes-impacting-trust-media/
6. Content Authenticity Initiative (n.d.): How it works. Die CAI entwickelt Open-Source-Tools zur überprüfbaren Aufzeichnung der Herkunft beliebiger digitaler Medien, einschließlich mit generativer KI erstellter Inhalte, um eine Kette des Vertrauens zu schaffen. https://contentauthenticity.org/how-it-works

Demografischer Wandel und seine Folgen 10

10.1 Die alternde Bevölkerung: Eine globale Herausforderung für die Sozialsysteme

Die Menschheit durchlebt derzeit eine der tiefgreifendsten, unaufhaltsamsten und folgenreichsten Transformationen ihrer Geschichte: den globalen demografischen Wandel. In praktisch allen Ländern der Welt, insbesondere aber in den hoch entwickelten Industrie- und zunehmend auch in den Schwellenländern, sinken die Geburtenraten seit Jahrzehnten, während die Lebenserwartung dank beispielloser medizinischer Fortschritte, besserer Ernährung und verbesserter Lebens- und Arbeitsbedingungen stetig steigt. Diese beiden Entwicklungen – weniger Geburten und ein längeres Leben – führen in Summe zu einer fundamentalen und dauerhaften Verschiebung der Altersstruktur unserer Gesellschaften. Der Anteil älterer und sehr alter Menschen an der Gesamtbevölkerung nimmt rapide zu, während der Anteil jüngerer Menschen und potenzieller Erwerbstätiger im Verhältnis dazu schrumpft. Dieser als alternde Bevölkerung bekannte Prozess ist keine abstrakte statistische Größe, sondern eine tiefgreifende globale Herausforderung, die die Grundfesten unserer sozialen Sicherungssysteme, unserer Volkswirtschaften und unseres gesellschaftlichen Zusammenlebens erschüttert [1, 2]. Die Weltgesundheitsorganisation (WHO) prognostiziert, dass sich die Zahl der Menschen über 60 Jahre zwischen 2015 und 2050 von 900 Mio. auf 2 Mrd. mehr als verdoppeln wird. Bis zum Jahr 2030 wird bereits jeder sechste Mensch auf der Welt 60 Jahre oder älter sein, und die Zahl der über 80-Jährigen wird sich im selben Zeitraum voraussichtlich verdreifachen [1]. Diese demografische Revolution, die in ihrer Tragweite mit der industriellen Revolution vergleichbar ist, stellt eine der größten Herausforderungen des 21. Jahrhunderts dar und erfordert ein grundlegendes, vorausschauendes und mutiges Umdenken in Politik, Wirtschaft und Gesellschaft.

Die weitreichendsten und unmittelbarsten Folgen dieser Entwicklung treffen die sozialen Sicherungssysteme, die in den meisten Industrieländern im 20. Jahrhundert unter

U. Karrenberg, *Next Generation World*,
https://doi.org/10.1007/978-3-662-72805-5_10

völlig anderen demografischen Vorzeichen – einer jungen, wachsenden Bevölkerungspyramide – konzipiert wurden. Insbesondere die umlagefinanzierten Renten- und Gesundheitssysteme, die das Rückgrat des modernen Sozialstaats bilden, geraten unter massiven und stetig wachsenden Druck. Das Grundprinzip der Umlagefinanzierung, oft als „Generationenvertrag" bezeichnet, ist einfach: Die aktive, erwerbstätige Generation finanziert durch ihre Beiträge und Steuern die laufenden Leistungen für die Generation im Ruhestand. Dieses System funktioniert nur so lange, wie ein ausgewogenes Verhältnis zwischen Beitragszahlern und Leistungsempfängern besteht. Durch die Alterung der Gesellschaft verschiebt sich dieses Verhältnis jedoch dramatisch und unaufhaltsam: Immer weniger Erwerbstätige müssen die Renten und Gesundheitskosten für eine stetig wachsende Zahl von Rentnern aufbringen [4, 6]. In Deutschland beispielsweise kamen 1962 noch sechs Beitragszahler auf einen Rentner; heute sind es nur noch etwa zwei, und Prognosen zufolge könnte das Verhältnis bis 2040 auf eins zu eins sinken. Dieser dramatische Anstieg des sogenannten Altenquotienten führt unweigerlich zu einer strukturellen Finanzierungslücke, die entweder durch drastisch steigende Beiträge für die Jüngeren (was deren verfügbares Einkommen und Wettbewerbsfähigkeit belastet), durch spürbar sinkende Rentenniveaus für die Älteren (was das Risiko von Altersarmut erhöht) oder durch massive und stetig steigende Zuschüsse aus dem allgemeinen Staatshaushalt (was andere wichtige Staatsausgaben wie Bildung oder Infrastruktur verdrängt) geschlossen werden muss – oder, was am wahrscheinlichsten ist, durch eine schmerzhafte Kombination aus allen drei unpopulären Maßnahmen [5].

Parallel zu den Rentensystemen explodieren die Kosten in den Gesundheitssystemen. Ältere Menschen nehmen naturgemäß und zwangsläufig mehr medizinische Leistungen in Anspruch. Mit steigendem Alter nimmt die Prävalenz chronischer und oft multiples auftretender (multimorbider) Krankheiten wie Herz-Kreislauf-Erkrankungen, Diabetes, Krebs, Arthrose oder neurodegenerativer Erkrankungen wie Demenz signifikant zu [1, 3]. Diese Langzeiterkrankungen erfordern eine intensive, kontinuierliche und kostenintensive medizinische Betreuung, die oft über viele Jahre oder Jahrzehnte andauert. Die steigende Zahl älterer Menschen führt somit zu einer überproportionalen Zunahme der Nachfrage nach Gesundheitsdienstleistungen, von Arztbesuchen über Krankenhausaufenthalte und Rehabilitationsmaßnahmen bis hin zu teuren Medikamenten und innovativen Therapien. Gleichzeitig wächst der Bedarf an Langzeitpflege dramatisch an. Viele alternde Gesellschaften stehen vor der doppelten Herausforderung, eine wachsende Zahl von pflegebedürftigen Menschen versorgen zu müssen, während gleichzeitig die Zahl der potenziellen Pflegekräfte, oft weibliche Familienangehörige oder professionelle Dienstleister aus dem In- und Ausland, abnimmt. Dies führt zu einem akuten Mangel an qualifiziertem Pflegepersonal, einer enormen physischen und psychischen Überlastung der pflegenden Angehörigen und einer drohenden Finanzierungskrise in den gesetzlichen oder privaten Pflegeversicherungen. Die Sicherstellung einer qualitativ hochwertigen, zugänglichen und menschenwürdigen Gesundheitsversorgung und Pflege für eine rapide alternde Bevölkerung wird zu einer der zentralen und kostspieligsten sozialpolitischen Aufgaben der kommenden Jahrzehnte [3, 5].

Über die direkten Auswirkungen auf die Sozialsysteme hinaus hat die Bevölkerungsalterung auch tiefgreifende Konsequenzen für den Arbeitsmarkt und die gesamtwirtschaftliche Dynamik. Ein schrumpfender Anteil der Bevölkerung im erwerbsfähigen Alter führt potenziell zu einem strukturellen Mangel an Arbeits- und Fachkräften, der das Wirtschaftswachstum nachhaltig bremsen kann. Branchen, die auf junge und flexible Arbeitskräfte angewiesen sind, könnten erhebliche Schwierigkeiten haben, offene Stellen zu besetzen, was zu Produktionsausfällen und einem Verlust an internationaler Wettbewerbsfähigkeit führen kann. Gleichzeitig müssen Unternehmen und Gesellschaft lernen, das immense Potenzial älterer Arbeitnehmer besser zu erkennen, zu heben und zu nutzen. Dies erfordert einen Kulturwandel: weg von einem defizitorientierten Altersbild hin zu einer Wertschätzung von Erfahrung, Loyalität und Urteilsvermögen. Konkret bedeutet dies, altersgerechte Arbeitsplätze zu schaffen, die die physische und kognitive Gesundheit erhalten, flexible Übergänge in den Ruhestand zu ermöglichen und vor allem massiv in lebenslanges Lernen und kontinuierliche Weiterbildung zu investieren, um die Fähigkeiten der älteren Belegschaft auf dem neuesten Stand zu halten. Eine alternde, aber erfahrene und motivierte Belegschaft kann eine große Bereicherung sein. Die Herausforderung besteht darin, eine Arbeitswelt zu schaffen, in der Jung und Alt produktiv zusammenarbeiten, voneinander lernen und ihre jeweiligen Stärken einbringen können. Darüber hinaus verändert eine alternde Bevölkerung auch die Konsummuster und schafft neue Märkte. Die Nachfrage nach Produkten und Dienstleistungen, die auf die spezifischen Bedürfnisse älterer Menschen zugeschnitten sind – von barrierefreiem Wohnen und intelligenter Haushaltstechnik über Gesundheitstechnologien (Age-Tech) und personalisierte Medizin bis hin zu altersgerechten Reise-, Freizeit- und Bildungsangeboten – wird stark ansteigen. Dieser als „Silver Economy" bezeichnete Markt bietet erhebliche wirtschaftliche Chancen für Unternehmen, die es verstehen, diese wachsende, heterogene und oft kaufkräftige Zielgruppe differenziert und respektvoll anzusprechen. Die Bewältigung des demografischen Wandels ist somit nicht nur eine Frage der Krisenverwaltung, sondern auch eine große Chance zur sozialen, technologischen und wirtschaftlichen Innovation [2, 6].

Literaturhinweise zu Abschn. 10.1

1. Weltgesundheitsorganisation (WHO) (2025): Ageing and health. Beschreibt die globale demografische Verschiebung und die Herausforderungen für Gesundheits- und Sozialsysteme. https://www.who.int/news-room/fact-sheets/detail/ageing-and-health
2. Weltbank (2022): Societal Aging. Erörtert die vielfältigen Herausforderungen und Chancen der Bevölkerungsalterung, von makroökonomischen Aspekten bis hin zum Arbeitsmarkt. https://www.worldbank.org/en/topic/pensions/brief/societal-aging

3. NCBI (2024): Healthcare on the brink: navigating the challenges of an aging population. Analysiert die vielfältigen Auswirkungen einer alternden Bevölkerung auf die Gesundheitsversorgung, einschließlich erhöhter Inanspruchnahme von Dienstleistungen und höherer Prävalenz von Krankheiten. https://pmc.ncbi.nlm.nih.gov/articles/PMC10998868/
4. Bundeszentrale für politische Bildung (bpb) (2022): Die Folgen des demografischen Wandels. Erläutert die gravierenden Folgen des demografischen Wandels für die Sozialsysteme in Deutschland, insbesondere Rente, Pflege und Gesundheit. https://www.bpb.de/shop/zeitschriften/izpb/demografischer-wandel-350/507789/die-folgen-des-demografischen-wandels/
5. Statista (n.d.): Herausforderungen des demografischen Wandels. Fasst die zentralen Herausforderungen einer alternden Gesellschaft zusammen, vom Fachkräftemangel bis zur Belastung der Renten- und Pflegesysteme. https://de.statista.com/themen/12162/herausforderungen-des-demografischen-wandels/
6. Peter G. Peterson Foundation (2025): How Does the Aging of the Population Affect Our Fiscal Health? Untersucht, wie die Alterung der Bevölkerung die fiskalische Gesundheit beeinflusst, insbesondere durch steigende Kosten für die Gesundheitsversorgung. https://www.pgpf.org/article/how-does-the-aging-of-the-population-affect-our-fiscal-health/

10.2 Die Zukunft von Rente und Gesundheitsversorgung: Neue Modelle und Ansätze

Angesichts des unerbittlichen und sich weiter verschärfenden Drucks, den der demografische Wandel auf die traditionellen, im 20. Jahrhundert geschaffenen Sozialsysteme ausübt, ist eine grundlegende, strukturelle und oft auch schmerzhafte Reform der Renten- und Gesundheitssysteme unumgänglich geworden. Das bloße Festhalten an den Modellen der Vergangenheit und das inkrementelle „Herumdoktern" an den Symptomen ist keine tragfähige Option mehr; es bedarf mutiger, vorausschauender und innovativer Ansätze, um die finanzielle Nachhaltigkeit dieser Systeme langfristig zu sichern und gleichzeitig eine angemessene, qualitativ hochwertige Versorgung für alle Generationen zu gewährleisten. Die öffentliche und politische Debatte über die Zukunft der Rente dreht sich im Kern um die notwendige Anpassung der drei zentralen Stellschrauben: das Renteneintrittsalter, die Höhe der Beiträge und das Niveau der ausgezahlten Renten. Eine der am häufigsten diskutierten und in vielen Ländern bereits eingeleiteten Maßnahmen ist die weitere Anhebung des gesetzlichen Renteneintrittsalters und dessen dynamische Kopplung an die gestiegene durchschnittliche Lebenserwartung. Wenn die Menschen länger leben und, was entscheidend ist, auch länger gesund bleiben, so die zentrale Argumentation, können und müssen sie auch länger arbeiten und Beiträge zahlen, was die Rentensysteme auf der Einnahmen- und Ausgabenseite entlastet [3, 6]. Solche Maßnahmen sind jedoch politisch oft unpopulär und müssen sozial gerecht gestaltet und abgefedert werden, um Menschen in körperlich oder psychisch besonders anstrengenden Berufen nicht zu benachteiligen und um zu verhindern, dass ein höheres Rentenalter für viele nur einen längeren Bezug von Arbeitslosen- oder Krankengeld bedeutet. Ein weiterer, komplementärer Ansatzpunkt ist die massive Stärkung der privaten und betrieblichen Altersvorsorge, um die alleinige Abhängigkeit von der gesetzlichen Rente zu verringern und ein robustes Drei-Säulen-Modell zu etablieren. Staatlich geförderte und standardisierte private Sparpläne, die Einführung von kapitalgedeckten Elementen in die gesetzliche Rente (wie eine „Aktienrente" nach dem Vorbild Schwedens oder Norwegens) oder verpflichtende Beiträge von Arbeitgebern und Arbeitnehmern zu branchenweiten Pensionsfonds können dazu beitragen, die individuelle Vorsorgelücke zu schließen und die Last der Alterssicherung auf mehrere Schultern zu verteilen [2, 5].

Darüber hinaus werden neue, flexiblere und individualisierte Modelle für den Übergang vom Erwerbsleben in den Ruhestand immer wichtiger. Anstelle eines abrupten Stopps der Erwerbstätigkeit von einem Tag auf den anderen könnten flexible Teilzeitrentenmodelle, die eine graduelle Reduzierung der Arbeitszeit bei gleichzeitigem teilweisen Rentenbezug ermöglichen, an Bedeutung gewinnen. Solche Modelle erlauben es älteren Arbeitnehmern, ihr wertvolles Wissen und ihre immense Erfahrung weiterhin in die Unternehmen einzubringen, während sie gleichzeitig ihre Arbeitsbelastung an ihre persönlichen Bedürfnisse und ihre gesundheitliche Situation anpassen können. Dies kommt nicht nur den Rentenkassen zugute, sondern auch den Unternehmen, die dem drohenden Fachkräftemangel entgegenwirken und wertvolles Erfahrungswissen im Betrieb halten können, und nicht zuletzt den älteren Menschen selbst, die sozial und kognitiv aktiv bleiben und sich weiterhin als wertvoller und produktiver Teil der Gesellschaft fühlen können. Die konsequente Förderung von lebenslangem Lernen, die Schaffung altersgerechter und ergonomischer Arbeitsbedingungen und der Abbau von Altersdiskriminierung auf dem Arbeitsmarkt sind die entscheidenden Voraussetzungen, um die Beschäftigungsfähigkeit und -motivation älterer Arbeitnehmer zu erhalten und solche flexiblen Übergangsmodelle für eine breite Masse zu ermöglichen. Letztendlich wird die Zukunft der Rente wahrscheinlich in einem intelligenten Mix aus verschiedenen, länderspezifisch angepassten Maßnahmen liegen: einer moderaten, aber stetigen Anpassung des Rentenalters, einer deutlichen Stärkung der kapitalgedeckten Vorsorge und einer wesentlich größeren Flexibilität und Wahlfreiheit am Ende des Erwerbslebens [1, 4].

Auch im Gesundheitswesen erzwingt der demografische Wandel ein radikales und längst überfälliges Umdenken. Das traditionelle, auf die episodische Behandlung akuter Krankheiten in Krankenhäusern und Arztpraxen ausgerichtete System stößt angesichts der pandemischen Zunahme chronischer und multipler Erkrankungen im Alter an seine finanziellen, personellen und strukturellen Grenzen. Die Zukunft der Gesundheitsversorgung liegt in einem fundamentalen Paradigmenwechsel: weg von der reaktiven Reparaturmedizin, hin zu einer proaktiven, personalisierten und prädiktiven Prävention und einem integrierten, patientenzentrierten Versorgungsmanagement. Anstatt zu warten, bis Krankheiten auftreten und teuer behandelt werden müssen, müssen Gesundheitssysteme massiv in Maßnahmen investieren, die ein gesundes Altern fördern und Krankheiten verhindern oder hinauszögern. Dazu gehören bevölkerungsweite Aufklärungskampagnen, niedrigschwellige Vorsorgeuntersuchungen und die konsequente Förderung eines gesunden Lebensstils (Bewegung, Ernährung, Stressmanagement). Digitale Technologien spielen hierbei eine entscheidende und transformative Rolle. Wearables wie Smartwatches und intelligente Gesundheits-Apps können Vitaldaten kontinuierlich überwachen, personalisierte Gesundheitstipps geben und frühzeitig auf individuelle Risiken hinweisen. Telemedizinische Anwendungen ermöglichen es, Patienten, insbesondere in ländlichen oder unterversorgten Gebieten, aus der Ferne zu betreuen, chronische Krankheiten zu managen und den Zugang zu ärztlicher Expertise zu demokratisieren. KI-gestützte Diagnosesysteme können Ärzte bei der Früherkennung von Krankheiten wie Krebs, Diabetes oder Demenz unterstützen und personalisierte Therapiepläne erstellen [3, 6].

Ein weiterer zentraler Baustein für die zukunftsfähige Gesundheitsversorgung ist die Schaffung integrierter Versorgungsmodelle, die die starren und ineffizienten Sektorengrenzen zwischen ambulanter (Haus- und Fachärzte), stationärer (Krankenhäuser) und rehabilitativer Versorgung sowie der Langzeitpflege überwinden. Anstatt dass der multimorbide ältere Patient zwischen verschiedenen, nicht miteinander kommunizierenden Ärzten, Krankenhäusern und Pflegediensten hin- und hergeschoben wird, koordinieren interdisziplinäre und interprofessionelle Teams aus Ärzten, Pflegekräften, Therapeuten, Apothekern und Sozialarbeitern die gesamte Behandlungskette. Gemeinsam erstellte, patientenzentrierte Versorgungspläne stellen sicher, dass die Behandlung auf die individuellen Bedürfnisse, Wünsche und Lebensumstände des älteren Menschen zugeschnitten ist und Doppeluntersuchungen sowie Medikationsfehler vermieden werden. Neue, sektorenübergreifende Wohn- und Versorgungsformen wie betreutes Wohnen, Mehrgenerationenhäuser, ambulant betreute Wohngemeinschaften oder lokale Gesundheitszentren (Community Health Centers) können dazu beitragen, älteren Menschen ein langes und selbstbestimmtes Leben in ihrem gewohnten sozialen Umfeld zu ermöglichen und teure und oft unerwünschte Krankenhaus- oder Pflegeheimaufenthalte zu vermeiden. Die Finanzierung solcher integrierten und präventiven Ansätze erfordert grundlegend neue Vergütungsmodelle, die nicht mehr die einzelne ärztliche oder pflegerische Leistung (Fee-for-Service), sondern den langfristigen Behandlungserfolg, die Verbesserung der Lebensqualität des Patienten und die Effizienz der Versorgung in den Mittelpunkt stellen (Value-based Healthcare). Die Transformation des Gesundheitswesens ist eine gewaltige und komplexe Aufgabe, aber sie ist unerlässlich, um eine hochwertige, menschenwürdige und langfristig bezahlbare Versorgung für eine unweigerlich alternde Gesellschaft zu gewährleisten [1, 4, 5].

Literaturhinweise zu Abschn. 10.2

1. CFA Institute (2025): Aging Populations Demand Urgent Pension Reforms. Betont die Notwendigkeit dringender Rentenreformen angesichts der steigenden Kosten für Gesundheit, Altenpflege und öffentliche Renten. https://blogs.cfainstitute.org/investor/2025/01/02/aging-populations-demand-urgent-pension-reforms-are-we-prepared/
2. Internationaler Währungsfonds (IWF) (2020): The Impact of Aging Worldwide on Pensions and Public Policy. Hebt die Rolle der öffentlichen Politik bei der Gewährleistung eines angemessenen Alterseinkommens und der Nachhaltigkeit von Rentensystemen hervor. https://www.imf.org/en/Publications/fandd/issues/2020/03/impact-of-aging-on-pensions-and-public-policy-gaspar
3. NCBI (2024): Healthcare on the brink: navigating the challenges of an aging population. Beschreibt die Notwendigkeit, das US-Gesundheitssystem angesichts einer alternden Bevölkerung und eines Mangels an Arbeitskräften neu zu überdenken. https://pmc.ncbi.nlm.nih.gov/articles/PMC10998868/
4. NCBI (2022): Health system reforms and the needs of the ageing population. Untersucht, wie Gesundheitsreformen in Finnland und Schweden auf die Bedürfnisse der alternden Bevölkerung eingehen. https://pmc.ncbi.nlm.nih.gov/articles/PMC9012246/
5. Tagesschau (2025): Die Rentenpläne der Bundesregierung im Überblick. Gibt einen Überblick über aktuelle Gesetzesvorhaben der deutschen Bundesregierung zur Stabilisierung des Rentensystems. https://www.tagesschau.de/wirtschaft/arbeitsmarkt/rentensystem-bundesregierung-gesetzesvorhaben-100.html
6. Prognos (n.d.): Perspektive 2040: Fakten zur Rentendebatte. Analysiert die Entwicklung des Beitragssatzes in Deutschland bis 2040 und die Auswirkungen einer verlängerten Erwerbsphase. https://www.prognos.com/de/projekt/perspektive-2040-fakten-zur-rentendebatte

10.3 Urbanisierung und die Megacities der Zukunft: Nachhaltige Stadtentwicklung als globale Aufgabe

Parallel zum demografischen Wandel der Alterung vollzieht sich eine weitere, ebenso transformative und globale Entwicklung, die das Gesicht unseres Planeten nachhaltig verändert: die unaufhaltsame Urbanisierung. Seit dem Jahr 2007 lebt erstmals in der Geschichte der Menschheit mehr als die Hälfte der Weltbevölkerung in Städten. Und dieser Trend, der vor über 200 Jahren mit der industriellen Revolution in Europa begann, beschleunigt sich weiter in einem atemberaubenden Tempo. Die Vereinten Nationen prognostizieren, dass bis zum Jahr 2050 zwei Drittel der Menschheit, also fast 7 Mrd. Menschen, in städtischen Gebieten leben werden [5]. Das Wachstum konzentriert sich dabei zunehmend auf riesige Metropolregionen, sogenannte Megacities (Städte mit mehr als 10 Mio. Einwohnern) und Metacities (Städte mit mehr als 20 Mio. Einwohnern). Während es 1990 erst zehn solcher Megacities gab, sind es heute bereits über 30, und ihre Zahl wächst weiter, vor allem in Asien und Afrika, wo sich die Urbanisierung am dynamischsten vollzieht. Städte sind die unbestrittenen Motoren der globalen Wirtschaft; sie generieren über 80 % des weltweiten Bruttoinlandsprodukts. Sie sind die Zentren von Innovation, wissenschaftlichem Fortschritt, Kultur und Kreativität. Sie bieten Zugang zu besseren Arbeitsplätzen, höherer Bildung und spezialisierter Gesundheitsversorgung und ziehen daher wie Magneten Menschen auf der Suche nach einem besseren Leben und sozialen Aufstiegschancen an. Doch dieses rasante und oft unkontrollierte Wachstum stellt die Städte und ihre Verwaltungen vor immense Herausforderungen und macht eine intelligente und nachhaltige Stadtentwicklung zu einer der dringendsten und komplexesten globalen Aufgaben des 21. Jahrhunderts [1, 3, 4].

Die Herausforderungen, mit denen insbesondere die schnell wachsenden Megacities des globalen Südens, aber auch etablierte Metropolen konfrontiert sind, sind gewaltig und vielschichtig. Eine der größten und sichtbarsten Belastungen ist die Infrastruktur. Öffentliche und private Verkehrssysteme brechen unter der Last von Millionen von täglichen Pendlern zusammen, was zu permanenten Staus, einer enormen Luft- und Lärmverschmutzung und Milliarden an verlorenen produktiven Stunden führt. Die Versorgung der wachsenden Bevölkerung mit sauberem Trinkwasser, die Sammlung und Behandlung von Abwasser und die Entsorgung von riesigen Mengen an Müll werden zu einer permanenten logistischen und finanziellen Zerreißprobe, die viele Stadtverwaltungen überfordert. Die Bereitstellung von bezahlbarem und angemessenem Wohnraum ist eine weitere kritische Herausforderung. In vielen Städten führt das unkontrollierte Wachstum zur Entstehung riesiger informeller Siedlungen oder Slums an den Stadträndern, in denen die Bewohner oft ohne grundlegende Versorgung (Wasser, Strom, Sanitäranlagen) und ohne rechtliche Sicherheit (Eigentumstitel) leben. Darüber hinaus sind Städte enorme Energieverbraucher und Hauptverursacher von Treibhausgasemissionen, die für über 70 % des globalen CO_2-Ausstoßes verantwortlich sind. Dies macht sie zu einem zentralen Faktor im Klimawandel. Gleichzeitig sind sie aufgrund ihrer oft küstennahen Lage, ihrer dichten Bebauung und der Versiegelung von Flächen besonders anfällig für die Folgen des Klimawandels wie extreme Hitzewellen (urbane Hitzeinseln), Dürren, Überschwemmungen durch Starkregenereignisse und den Anstieg des Meeresspiegels [2, 5]. Die soziale Ungleichheit und Segregation verschärfen sich in vielen Megacities, wo extremer Reichtum und bittere Armut oft nur wenige Straßen voneinander entfernt existieren. Die Sicherstellung von sozialem Zusammenhalt, öffentlicher Sicherheit und Lebensqualität für alle Bewohner wird unter diesen Bedingungen zu einer Herkulesaufgabe.

Die Antwort auf diese komplexen und miteinander verknüpften Herausforderungen liegt im Konzept der Smart City oder der intelligenten, vernetzten und nachhaltigen Stadt. Die Vision der Smart City nutzt die enormen Möglichkeiten der Digitalisierung, des Internets der Dinge (IoT) und der Datenanalyse, um die städtische Infrastruktur und die öffentlichen Dienstleistungen effizienter, resilienter, bürgerfreundlicher und nachhaltiger zu gestalten. Intelligente Verkehrssteuerungssysteme, die auf Echtzeit-Daten von Sensoren und Fahrzeugen basieren, können den Verkehrsfluss optimieren, Staus vorhersagen und reduzieren und den öffentlichen Nahverkehr bedarfsgerecht steuern. Smarte Stromnetze (Smart Grids) können den Energieverbrauch an die volatile Erzeugung aus erneuerbaren Quellen anpassen, Lastspitzen managen und so die Energieeffizienz und Netzstabilität steigern. Intelligente Straßenlaternen können nicht nur Energie sparen, indem sie ihre Helligkeit an die Umgebung anpassen, sondern auch als Träger für WLAN-Hotspots, Umweltsensoren oder Ladestationen für Elektrofahrzeuge dienen. Intelligente Abfallwirtschaftssysteme mit Füllstandssensoren in Müllcontainern können die Abholrouten optimieren und Kosten sparen. Digitale Plattformen können die Bürgerbeteiligung an Planungsentscheidungen erleichtern (Citizen Science), die Kommunikation zwischen Verwaltung und Bürgern verbessern (E-Government) und neue, datenbasierte Dienstleistungen ermöglichen. Das Ziel ist es, die Stadt als einen vernetzten Organismus zu begreifen, in dem Daten aus unzähligen Sensoren zusammenfließen, um ein besseres, ganzheitliches Verständnis der städtischen Prozesse zu ermöglichen und den Stadtverwaltungen zu helfen, fundiertere und vorausschauendere Entscheidungen zu treffen [1, 4].

Eine wirklich nachhaltige Stadtentwicklung geht jedoch weit über die technologische Optimierung hinaus. Sie erfordert eine integrierte, langfristige Planung, die ökologische, soziale und wirtschaftliche Aspekte gleichermaßen berücksichtigt und den Menschen in den Mittelpunkt stellt. Dazu gehört die Wiederentdeckung und konsequente Umsetzung des Leitbilds einer „Stadt der kurzen Wege“, in der Wohnen, Arbeiten, Einkaufen, Bildung und Freizeit räumlich so gemischt sind, dass die meisten täglichen Wege zu Fuß, mit dem Fahrrad oder mit dem öffentlichen Nahverkehr zurückgelegt werden können. Der massive Ausbau eines attraktiven, zuverlässigen und bezahlbaren öffentlichen Nahverkehrs ist eine Grundvoraussetzung, um die Abhängigkeit vom motorisierten Individualverkehr zu reduzieren. Die systematische Schaffung und Vernetzung von Grünflächen, Parks, urbanen Wäldern und begrünten Dächern und Fassaden (grüne Infrastruktur) verbessert nicht nur die Luftqualität und das städtische Mikroklima, sondern steigert auch die Biodiversität, die Lebensqualität und fördert die soziale Interaktion und die psychische Gesundheit der Bewohner. Konzepte wie die Kreislaufwirtschaft, bei der Abfall als Ressource betrachtet und durch Recycling, Upcycling und Wiederverwendung im Kreislauf gehalten wird, und die dezentrale Erzeugung und Speicherung erneuerbarer Energien auf städtischen Gebäuden tragen entscheidend zur Reduzierung des ökologischen Fußabdrucks der Städte bei. Letztendlich ist die nachhaltige Stadt der Zukunft eine Stadt, die nicht nur technologisch intelligent, sondern vor allem sozial gerecht, inklusiv und resilient ist. Sie bietet allen ihren Bewohnern, unabhängig von ihrem Einkommen, ihrer Herkunft, ihrem Alter oder ihren körperlichen Fähigkeiten, einen fairen Zugang zu bezahlbarem Wohnraum, guter Bildung, hochwertiger Gesundheitsversorgung und einem sicheren und sauberen Lebensumfeld. Die Gestaltung dieser lebenswerten Städte ist eine der komplexesten und wichtigsten Aufgaben unserer Zeit. Sie erfordert eine neue Kultur der Zusammenarbeit zwischen Stadtplanern, Architekten, Ingenieuren, Sozialwissenschaftlern, Politikern, Unternehmen und vor allem den engagierten Bürgern selbst [3, 5, 6].

Literaturhinweise zu Abschn. 10.3

1. Wilo (2024): Megacities/Megastädte – Gegenwart, Zukunft & mehr. Beschreibt Megastädte als Zentren von Innovation und Fortschritt, die gleichzeitig mit Herausforderungen wie Umweltverschmutzung und Verkehrsstaus konfrontiert sind. https://wilo.com/de/Pioniergeist/Stories/Megacities-Ein-Blick-auf-Gegenwart-und-Zukunft_40512.html
2. ScienceDirect (2020): SUSTAINABILITY AND RESILIENCE IN MEGACITIES. Hebt hervor, dass schnell urbanisierende Städte einen steigenden Energiebedarf haben, während die Landverfügbarkeit abnimmt, was eine Herausforderung für die traditionelle Energieplanung darstellt. https://www.sciencedirect.com/science/article/abs/pii/S2210670719303130
3. Zukunftsinstitut (n.d.): Der Megatrend Urbanisierung. Beschreibt den Megatrend der Urbanisierung als das Wachstum städtischer Räume und die zunehmende Konzentration der Bevölkerung in Städten. https://www.zukunftsinstitut.de/zukunftsthemen/megatrend-urbanisierung
4. IEC (2024): Smart urban planning for cities of the future. Betont, dass Städte angesichts des erwarteten starken Wachstums der städtischen Bevölkerung auf Innovationen setzen müssen. https://www.iec.ch/blog/smart-urban-planning-cities-future
5. Globalance (2023): Urbanisierung: Wie wir die Städte bauen, die wir brauchen. Stellt fest, dass der Megatrend der Urbanisierung anhält und bis 2050 weitere 2,5 Milliarden Menschen in Städten leben werden. https://www.globalance-invest.de/news-trends/urbanisierung-stadte/
6. ICLEI (2024): City of tomorrow: How megacities are pioneering sustainable development solutions. Erörtert, wie Megastädte mit drängenden Problemen wie Armut, sozialer Ungleichheit und Umweltzerstörung zu kämpfen haben. https://talkofthecities.iclei.org/city-of-tomorrow-how-megacities-are-pioneering-sustainable-development-solutions/

Teil III

Sozialwesen: Gesellschaft im Wandel

Dieser Abschnitt beleuchtet die sozialen und gesellschaftlichen Auswirkungen der technologischen und wirtschaftlichen Transformationen. Demografischer Wandel, neue Formen des Zusammenlebens und Arbeitens, die Rolle von Bildung und Weiterbildung sowie die ethischen und sozialen Herausforderungen, die sich aus dem Einsatz neuer Technologien ergeben, werden hier thematisiert. Ein besonderer Fokus liegt auf der Gestaltung eines inklusiven und gerechten sozialen Wandels.

Die Zukunft der Bildung 11

11.1 Lebenslanges Lernen in einer sich wandelnden Welt: Die Notwendigkeit, sich kontinuierlich weiterzubilden, um mit dem technologischen Wandel Schritt zu halten

In der Vergangenheit war der Bildungsweg eines Menschen oft linear und vorhersehbar: Auf die Schule folgte eine Ausbildung oder ein Studium, das den Einzelnen mit dem notwendigen Wissen und den Fähigkeiten für einen bestimmten Beruf ausstattete, den er dann oft bis zum Rentenalter ausübte. Dieses Modell der einmaligen Qualifizierung zu Beginn des Berufslebens ist in der heutigen, von rasantem technologischem Wandel und globaler Vernetzung geprägten Welt obsolet geworden. Die Halbwertszeit von Wissen, insbesondere von technologischem Wissen, hat sich dramatisch verkürzt. Fähigkeiten, die heute auf dem Arbeitsmarkt gefragt sind, können in wenigen Jahren veraltet sein, während ständig neue Berufsfelder und Anforderungsprofile entstehen, die vor einem Jahrzehnt noch undenkbar waren. In diesem dynamischen Umfeld wird lebenslanges Lernen – also der kontinuierliche, freiwillige und selbstgesteuerte Erwerb von Wissen und Kompetenzen über die gesamte Lebensspanne hinweg – von einer persönlichen Tugend zu einer existenziellen Notwendigkeit für jeden Einzelnen und zu einem entscheidenden Wettbewerbsfaktor für Unternehmen und ganze Volkswirtschaften [1, 3, 4].

Die treibende Kraft hinter dieser Entwicklung ist die digitale Transformation, die alle Bereiche von Wirtschaft und Gesellschaft erfasst. Technologien wie künstliche Intelligenz, Automatisierung und Datenanalyse verändern nicht nur einzelne Aufgaben, sondern ganze Berufsbilder und Wertschöpfungsketten. Routine-Tätigkeiten, sowohl manuelle als auch kognitive, werden zunehmend von Maschinen übernommen. Dies führt nicht zwangsläufig zu Massenarbeitslosigkeit, aber zu einer massiven Verschiebung der gefragten Kompetenzen. Gefragt sind nicht mehr diejenigen, die eine einmal erlernte Aufgabe über Jahrzehnte wiederholen können, sondern diejenigen, die in der Lage sind, sich schnell an neue

U. Karrenberg, *Next Generation World*,
https://doi.org/10.1007/978-3-662-72805-5_11

Technologien anzupassen, komplexe Probleme zu lösen, kreativ zu denken und effektiv mit anderen Menschen und zunehmend auch mit intelligenten Systemen zusammenzuarbeiten [2, 5]. Diese Entwicklung erfordert eine grundlegende Neuausrichtung des Verständnisses von Bildung. Bildung ist kein abgeschlossener Prozess mehr, der mit einem Zeugnis oder einem Diplom endet, sondern ein permanenter, in den Arbeits- und Lebensalltag integrierter Prozess der Weiterentwicklung und Anpassung. Das Konzept des „Auslernens" hat ausgedient; an seine Stelle tritt die Notwendigkeit, die Fähigkeit zum Lernen selbst zu erlernen und zu kultivieren („Lernkompetenz") [6].

Für den Einzelnen bedeutet die Notwendigkeit des lebenslangen Lernens, die Verantwortung für die eigene „Beschäftigungsfähigkeit" (Employability) aktiv in die Hand zu nehmen. Es reicht nicht mehr aus, sich auf dem einmal erworbenen Wissen auszuruhen. Stattdessen müssen die eigenen Fähigkeiten regelmäßig überprüft, aktualisiert und erweitert werden. Dies kann auf vielfältige Weise geschehen: durch formale Weiterbildungen wie Zertifikatskurse oder berufsbegleitende Studiengänge, durch informelles Lernen am Arbeitsplatz, durch die Teilnahme an Online-Kursen auf Plattformen wie Coursera oder edX, durch das Lesen von Fachliteratur, den Besuch von Konferenzen oder den Austausch in beruflichen Netzwerken. Die Motivation für dieses kontinuierliche Lernen ist nicht nur der Erhalt des eigenen Arbeitsplatzes, sondern auch die persönliche Weiterentwicklung, die geistige Flexibilität und die aktive Teilhabe an einer sich schnell verändernden Gesellschaft. In einer Welt, in der die durchschnittliche Verweildauer in einem Job sinkt und mehrfache Berufswechsel im Laufe eines Lebens zur Norm werden, ist die Fähigkeit zur schnellen Aneignung neuen Wissens die wichtigste Metakompetenz überhaupt [1, 4].

Für Unternehmen wird die Förderung des lebenslangen Lernens ihrer Mitarbeiter zu einer strategischen Kernaufgabe. In der wissensbasierten Ökonomie ist das Humankapital – das Wissen, die Fähigkeiten und die Kreativität der Belegschaft – die entscheidende Ressource im Wettbewerb. Unternehmen, die es versäumen, in die kontinuierliche Weiterbildung ihrer Mitarbeiter zu investieren, riskieren den Verlust ihrer Innovationskraft und ihrer Wettbewerbsfähigkeit. Es geht dabei um zwei zentrale Prozesse: Upskilling, also die Vertiefung und Aktualisierung von Fähigkeiten im bestehenden Berufsfeld, und Reskilling, also die Umschulung von Mitarbeitern für völlig neue Aufgabenbereiche, deren bisherige Tätigkeiten durch Automatisierung wegfallen. Eine erfolgreiche Unternehmenskultur des lebenslangen Lernens erfordert mehr als nur ein jährliches Budget für externe Seminare. Sie erfordert eine Lernumgebung, die Neugierde fördert, das Experimentieren erlaubt, Fehler als Lernchance begreift und den Wissensaustausch zwischen den Mitarbeitern aktiv unterstützt. Moderne Lernformate wie E-Learning, Blended Learning, Micro-Learning (Lernen in kleinen, leicht verdaulichen Einheiten) und soziales Lernen auf internen Plattformen müssen zu einem integralen Bestandteil des Arbeitsalltags werden. Führungskräfte spielen dabei eine entscheidende Rolle: Sie müssen als Vorbilder agieren, ihren Mitarbeitern Zeit und Freiräume für das Lernen einräumen und die Weiterentwicklung aktiv fördern und einfordern [2, 5, 6]. Investitionen in die Bildung der Mitarbeiter sind keine reinen Kosten, sondern die wichtigste Investition in die Zukunftsfähigkeit des Unternehmens.

Literaturhinweise zu Abschn. 11.1

1. UNESCO (2024): Fostering a Culture of Lifelong Learning in the Digital Era. Betont die Notwendigkeit, Lernende in allen Lebensphasen zu unterstützen, um eine Kultur des lebenslangen Lernens zu fördern. https://www.unesco.org/en/articles/fostering-culture-lifelong-learning-digital-era
2. PwC (n.d.): Lifelong learning: how to stay relevant in the digital age. Hebt hervor, dass Fähigkeiten wie Problemlösung, Kommunikation, Neugierde und Anpassungsfähigkeit immer wichtiger werden. https://www.pwc.nl/en/insights-and-publications/services-and-industries/people-and-organisation/lifelong-learning-how-to-stay-relevant-in-the-digital-age.html
3. T andfonline (2024): Transforming adult learning in the digital age. Erklärt, dass die Digitalisierung das lebenslange Lernen ermöglicht, indem sie Erwachsenen den Zugang zu Bildung erleichtert. https://www.tandfonline.com/doi/full/10.1080/02601370.2024.2367395
4. Aspen University (2024): Upskilling for the Future: Why Continuous Learning Is Critical in Business and Technology. Beschreibt kontinuierliches Lernen als wesentlich für die Anpassung an schnelle Veränderungen und die Relevanz im Berufsleben. https://www.aspen.edu/altitude/upskilling-for-the-future-why-continuous-learning-is-critical-in-business-and-technology/
5. McKinsey (2025): We're all techies now: Digital skill building for the future. Argumentiert, dass die digitale Weiterbildung allen Mitarbeitern hilft, erfolgreich zu sein und die Wettbewerbsfähigkeit von Unternehmen zu steigern. https://www.mckinsey.com/capabilities/people-and-organizational-performance/our-insights/we-are-all-techies-now-digital-skill-building-for-the-future
6. Weltwirtschaftsforum (2025): Continuous people development and creating meaningful work. Betont, dass Mitarbeiter zukunftsfähige Fähigkeiten wie analytisches Denken entwickeln müssen, da sich die Branchen aufgrund des technologischen Fortschritts verändern. https://www.weforum.org/stories/2025/01/developing-a-resilient-workforce-strategies-for-continuous-people-development/

11.2 Die Rolle der Technologie in der Bildung: Wie digitale Werkzeuge das Lehren und Lernen verändern können

Die digitale Transformation, die das lebenslange Lernen zur Notwendigkeit macht, liefert gleichzeitig auch die Werkzeuge, um diese Herausforderung zu bewältigen. Die Technologie hat das Potenzial, das Lehren und Lernen grundlegend zu verändern, den Zugang zu Bildung zu demokratisieren und Lernerfahrungen zu schaffen, die effektiver, ansprechender und individueller sind als je zuvor. Das traditionelle Bildungsmodell, das oft durch einen Lehrer-zentrierten Frontalunterricht, standardisierte Lehrpläne und einen „One-size-fits-all"-Ansatz gekennzeichnet ist, wird zunehmend durch technologiegestützte, schülerzentrierte Lernumgebungen ergänzt und ersetzt. Digitale Lernplattformen, interaktive Tools und künstliche Intelligenz sind keine bloßen Hilfsmittel mehr, sondern werden zu integralen Bestandteilen eines neuen Bildungs-Ökosystems [1, 3, 4].

Eine der fundamentalsten Veränderungen ist der nahezu unbegrenzte Zugang zu Wissen und Lerninhalten. Digitale Lernplattformen wie Khan Academy, Coursera oder edX, aber auch Bildungsangebote von Universitäten (Massive Open Online Courses, MOOCs) und spezialisierte Lern-Apps ermöglichen es Menschen auf der ganzen Welt, unabhängig von ihrem Standort oder ihrem sozialen Hintergrund, auf hochwertige Bildungsressourcen zuzugreifen – oft kostenlos oder zu geringen Kosten [2, 6]. Ein Schüler in einem abgelegenen Dorf kann dieselbe Vorlesung eines Nobelpreisträgers an einer Eliteuniversität verfolgen wie ein Student vor Ort. Ein Berufstätiger kann sich abends oder am Wochenende in seinem eigenen Tempo neue Fähigkeiten aneignen. Diese Entkopplung des Lernens von einem festen Ort und einer festen Zeit schafft eine nie dagewesene Flexibilität und ermöglicht es, Bildung nahtlos in den individuellen Lebensverlauf zu integrieren. Digitale Medien wie Erklärvideos, Simulationen, virtuelle Labore oder Lernspiele können zudem komplexe Sachverhalte auf eine Weise veranschaulichen, die mit traditionellen Lehrmitteln wie dem Schulbuch kaum möglich ist. Sie ermöglichen ein interaktives, entdeckendes und multisensorisches Lernen, das die Motivation und den Lernerfolg nachweislich steigern kann [4, 5].

Die vielleicht tiefgreifendste Veränderung wird jedoch durch den Einsatz von künstlicher Intelligenz (KI) in der Bildung angestoßen. KI hat das Potenzial, eine der ältesten und größten Herausforderungen der Pädagogik zu lösen: die Individualisierung des Lernens in großen Gruppen. Adaptive Lernsysteme, die auf KI basieren, können den Lernfortschritt jedes einzelnen Schülers oder Studenten in Echtzeit analysieren und die Lerninhalte, die Aufgaben und den Schwierigkeitsgrad dynamisch an dessen individuelles Tempo, seine Stärken und Schwächen anpassen. Wenn ein Schüler ein bestimmtes Konzept nicht versteht, kann das System ihm zusätzliche Erklärungen, Übungsaufgaben oder alternative Lernmaterialien anbieten, bis das Konzept verstanden wurde. Wenn ein anderer Schüler den Stoff bereits beherrscht, kann er anspruchsvollere Aufgaben erhalten, um ihn zu fordern und Langeweile zu vermeiden. Dieses personalisierte Lernen verwandelt den Lernprozess von einem starren, linearen Pfad in ein individuelles, interaktives und adaptives Erlebnis [1, 2, 3]. Die Rolle der Lehrkraft verändert sich dabei fundamental: Sie wird vom reinen Wissensvermittler zum Lernbegleiter, Coach und Mentor. Befreit von Routineaufgaben wie dem Korrigieren von Standardtests (was die KI übernehmen kann), hat die Lehrkraft mehr Zeit, sich auf das zu konzentrieren, was den Menschen unersetzlich macht: die individuelle Förderung der Schüler, die Vermittlung von sozialen und emotionalen Kompetenzen und die Anregung zu kritischem Denken und Kreativität [4, 5].

Darüber hinaus eröffnen neue Technologien wie Virtual Reality (VR) und Augmented Reality (AR) völlig neue didaktische Möglichkeiten. Medizinstudenten können komplexe Operationen in einer risikofreien virtuellen Umgebung üben. Geschichtsschüler können durch das antike Rom spazieren und historische Ereignisse hautnah erleben. Biologiestudenten können in ein virtuelles Molekül eintauchen, um dessen Struktur zu verstehen. AR-Anwendungen können die reale Welt mit digitalen Informationen überlagern und so beispielsweise bei der Reparatur einer komplexen Maschine Anleitungen direkt ins Sichtfeld des Technikers einblenden. Diese immersiven Lernerfahrungen machen das Lernen nicht nur anschaulicher und fesselnder, sondern ermöglichen auch das Training von praktischen Fähigkeiten in einer sicheren und kontrollierten Umgebung. Trotz des enormen Potenzials ist die Integration von Technologie in die Bildung jedoch kein Selbstläufer. Sie erfordert erhebliche Investitionen in die technische Infrastruktur der Schulen und Bildungseinrichtungen, die Entwicklung hochwertiger digitaler Lerninhalte und vor allem die umfassende Aus- und Weiterbildung der Lehrkräfte. Der bloße Einsatz von Tablets im Klassenzimmer führt nicht automatisch zu besserem Unterricht. Die Technologie muss pädagogisch sinnvoll in ein durchdachtes didaktisches Konzept eingebettet sein. Zudem müssen Fragen des Datenschutzes, der Datensicherheit und der algorithmischen Fairness sorgfältig bedacht werden, um eine gerechte und ethisch verantwortungsvolle Nutzung von Lerntechnologien zu gewährleisten [1, 6].

Literaturhinweise zu Abschn. 11.2

1. Discovery Education (n.d.): Education Platform & Learning Resources. Bietet eine Bildungsplattform mit digitalen Lernressourcen für Schüler und Lehrkräfte. https://www.discoveryeducation.com/
2. Research.com (2025): Best Digital Learning Platforms for 2025. Gibt einen Überblick über moderne digitale Lernplattformen und ihre vielfältigen Funktionen. https://research.com/software/best-digital-learning-platforms
3. Learnlife (n.d.): Technology & Digital Learning Platforms. Beschreibt digitale Lernplattformen als leistungsstarke Werkzeuge zur Unterstützung von Paradigmenwechseln im Lernen. https://www.learnlife.com/learning-paradigm/technology-digital-platforms
4. e-education.de (n.d.): Nutzung digitaler Medien und Tools im Lernprozess. Erläutert, wie digitale Bildung durch innovative Medien und Werkzeuge das Online-Lernen revolutioniert. https://www.eeducation.de/digitale-bildung-nutzung-digitaler-medien-und-tools-im-lernprozess/
5. Lehrer-Online (n.d.): Digitale Werkzeuge im Unterricht: Beispiele. Zeigt auf, wie digitale Werkzeuge wie Lern-Apps Lernprozesse vereinfachen und zur individuellen Förderung beitragen können. https://www.lehrer-online.de/unterricht/berufsbildung/faecheruebergreifend/artikel/fa/digitale-werkzeuge-im-unterricht/
6. Google Learning (n.d.): Digital Learning Tools & Solutions. Stellt digitale Lernwerkzeuge und Lösungen von Google vor, die das Lernen unterstützen sollen. https://learning.google/

11.3 Bildung für das 21. Jahrhundert: Die Neuausrichtung von Lehrplänen und Bildungsinstitutionen

Die tiefgreifenden Veränderungen in der Arbeitswelt und die neuen Möglichkeiten, die durch Bildungstechnologien entstehen, erfordern eine fundamentale Neuausrichtung der Inhalte, Methoden und Strukturen unserer Bildungsinstitutionen. Die traditionellen, auf die Vermittlung von Faktenwissen ausgerichteten Lehrpläne des Industriezeitalters bereiten junge Menschen nur noch unzureichend auf die komplexen Herausforderungen des 21. Jahrhunderts vor. In einer Welt, in der jedes Faktenwissen nur einen Klick entfernt ist, verliert das reine Auswendiglernen an Bedeutung. Stattdessen rücken überfachliche Kompetenzen in den Mittelpunkt, die es den Menschen ermöglichen, mit neuem Wissen umzugehen, es kritisch zu bewerten, kreativ anzuwenden und in Zusammenarbeit mit anderen komplexe Probleme zu lösen. Diese als 21st Century Skills bezeichneten Kompetenzen sind der Schlüssel für eine erfolgreiche persönliche, berufliche und gesellschaftliche Teilhabe in der Zukunft [1, 5, 6].

Im Zentrum dieser Kompetenzen stehen oft die sogenannten „4K“: Kritisches Denken, Kreativität, Kollaboration und Kommunikation [4, 5, 6]. Kritisches Denken ist die Fähigkeit, Informationen nicht einfach passiv aufzunehmen, sondern sie zu analysieren, zu bewerten, verschiedene Perspektiven zu berücksichtigen, Argumente zu prüfen und fundierte Urteile zu fällen. In einer Zeit der Informationsflut und der gezielten Desinformation ist diese Fähigkeit wichtiger denn je. Kreativität ist die Kompetenz, neue Ideen zu entwickeln, über den Tellerrand zu blicken und originelle Lösungen für Probleme zu finden. In einer von Automatisierung geprägten Welt werden kreative und innovative Fähigkeiten zu einem entscheidenden menschlichen Alleinstellungsmerkmal. Kollaboration bezeichnet die Fähigkeit, effektiv in Teams mit Menschen unterschiedlicher Herkunft und mit unterschiedlichen Fähigkeiten zusammenzuarbeiten, um ein gemeinsames Ziel zu erreichen. Angesichts der Komplexität moderner Probleme kann kaum noch ein Individuum allein eine Lösung finden; Teamarbeit ist der Schlüssel. Kommunikation schließlich ist die Fähigkeit, die eigenen Gedanken klar und überzeugend auszudrücken, aktiv zuzuhören und konstruktiv mit anderen zu interagieren, sowohl persönlich als auch über digitale Medien. Neben diesen 4K gehören zu den 21st Century Skills auch weitere Kompetenzen wie digitale Kompetenz (der souveräne und verantwortungsvolle Umgang mit digitalen Werkzeugen), Problemlösungskompetenz, Anpassungsfähigkeit, Lernkompetenz und interkulturelle Kompetenz [1, 2, 3].

Die Integration dieser Kompetenzen erfordert eine grundlegende Reform der Lehrpläne und der Unterrichtskultur. An die Stelle der reinen Wissensvermittlung in starren 45-Minuten-Einheiten und getrennten Fächern müssen fächerübergreifende, projektbasierte und problemorientierte Lernformate treten. Schüler und Studenten lernen am besten, wenn sie an authentischen, realen Problemstellungen arbeiten, bei denen sie ihr Wissen aus verschiedenen Disziplinen anwenden und ihre überfachlichen Kompetenzen trainieren können. Anstatt Fakten auswendig zu lernen, lernen sie, wie man recherchiert, wie man im Team arbeitet, wie man eine Präsentation hält und wie man Feedback gibt und empfängt. Die Rolle der Lehrkraft wandelt sich vom „Sage on the Stage" (dem Weisen auf der Bühne) zum „Guide on the Side" (dem Begleiter an der Seite), der den Lernprozess moderiert, individuelle Unterstützung bietet und die Lernenden zum selbstständigen Denken anregt. Auch die Leistungsbewertung muss sich ändern: An die Stelle von reinen Wissenstests treten neue Prüfungsformate wie Portfolios, Projektpräsentationen oder kollaborative Prüfungen, die die Anwendung von Kompetenzen in komplexen Situationen erfassen [2, 1, 2].

Diese Transformation stellt die Bildungsinstitutionen selbst vor große Herausforderungen. Schulen und Universitäten, die oft als träge und veränderungsresistente Organisationen gelten, müssen agiler und flexibler werden. Sie müssen ihre starren Strukturen aufbrechen, die Zusammenarbeit zwischen den Fächern und Fakultäten fördern und sich stärker nach außen öffnen, indem sie mit Unternehmen, Forschungseinrichtungen und der Zivilgesellschaft kooperieren. Die Ausbildung der Lehrkräfte muss grundlegend reformiert werden, um sie auf ihre neue Rolle als Lernbegleiter im digitalen Zeitalter vorzubereiten. Sie benötigen nicht nur digitale Kompetenzen, sondern auch die pädagogischen und didaktischen Fähigkeiten, um einen kompetenzorientierten und individualisierten Unterricht zu gestalten. Darüber hinaus müssen die Bildungsinstitutionen zu Orten des lebenslangen Lernens werden, die nicht nur junge Menschen ausbilden, sondern auch flexible und bedarfsgerechte Weiterbildungsangebote für Erwachsene in allen Lebensphasen bereitstellen. Die Zukunft der Bildung liegt in einem vernetzten, flexiblen und personalisierten Ökosystem, in dem formales, informelles und non-formales Lernen nahtlos ineinandergreifen und in dem der Erwerb von zukunftsfähigen Kompetenzen im Mittelpunkt steht. Diese Neuausrichtung ist eine gewaltige Aufgabe, aber sie ist unerlässlich, um die nächste Generation auf eine Welt vorzubereiten, die von ständigem Wandel und wachsender Komplexität geprägt ist [3, 3, 4].

Literaturhinweise zu Abschn. 11.3

1. Panorama Education (n.d.): A Comprehensive Guide to 21st Century Skills. Definiert 21st Century Skills als eine Mischung aus Wissen, Lebenskompetenzen, beruflichen Fähigkeiten und Eigenschaften wie kritisches Denken und Kommunikation. https://www.panoramaed.com/blog/comprehensive-guide-21st-century-skills
2. Inter-American Development Bank (2022): How education systems incorporate 21st century skills to transform education. Stellt fest, dass Lehrplanreformen ganz oben auf der Bildungsagenda stehen, um die Lücke zwischen den Bedürfnissen der Gesellschaft und dem, was Bildungssysteme vermitteln, zu schließen. https://publications.iadb.org/en/power-curriculum-transform-education-how-education-systems-incorporate-21st-century-skills-prepare

3. OECD (n.d.): Future of Education and Skills 2030/2040. Das OECD-Projekt zielt darauf ab, ein Verständnis für die Fähigkeiten des 21. Jahrhunderts zu schaffen und Bildungssysteme entsprechend anzupassen. https://www.oecd.org/en/about/projects/future-of-education-and-skills-2030.html
4. Wikipedia (n.d.): 4K-Modell des Lernens. Formuliert die vier Kompetenzen Kreativität, Kollaboration, kritisches Denken und Kommunikation als herausragend für Lernende im 21. Jahrhundert. https://de.wikipedia.org/wiki/4K-Modell_des_Lernens
5. iCEV (2024): What Are 21st Century Skills? Listet 12 Fähigkeiten auf, die für den Erfolg notwendig sind, darunter kritisches Denken, Kreativität, Kollaboration und Kommunikation. https://www.icevonline.com/blog/what-are-21st-century-skills
6. NCBI (2023): Creativity, Critical Thinking, Communication, and Collaboration. Untersucht die Herausforderungen für die Bildung durch die Zukunft der Arbeit und die Bedeutung der „21st Century Skills". https://pmc.ncbi.nlm.nih.gov/articles/PMC10054602/

Sozialer Zusammenhalt im digitalen Zeitalter

12

12.1 Die Auswirkungen von sozialen Medien auf die Gesellschaft: Die Polarisierung der öffentlichen Debatte und die Entstehung von Filterblasen

Soziale Medien haben sich innerhalb weniger Jahre von einer Nischenanwendung für technikaffine Pioniere zu einer dominanten Kraft entwickelt, die den Alltag von Milliarden von Menschen und das Funktionieren ganzer Gesellschaften tiefgreifend prägt. Plattformen wie Facebook, X (ehemals Twitter), Instagram, TikTok und YouTube sind zu den zentralen Arenen des öffentlichen Diskurses geworden, in denen politische Debatten geführt, gesellschaftliche Normen verhandelt und Nachrichten konsumiert und verbreitet werden. Sie haben zweifellos den Zugang zu Informationen demokratisiert und es jedem Einzelnen ermöglicht, seine Meinung zu äußern und sich an öffentlichen Diskussionen zu beteiligen, unabhängig von geografischen oder sozialen Grenzen [1, 3, 5]. Diese Entwicklung birgt ein enormes emanzipatorisches Potenzial, indem sie marginalisierten Gruppen eine Stimme verleiht und zivilgesellschaftliches Engagement erleichtert. Gleichzeitig zeigen sich jedoch immer deutlicher die Schattenseiten dieser Entwicklung. Zunehmend wird die Sorge geäußert, dass die grundlegende Architektur und die kommerziellen Interessen, die den sozialen Medien zugrunde liegen, nicht zu einer informierteren und rationaleren Debatte führen, sondern im Gegenteil die gesellschaftliche Polarisierung verschärfen, den öffentlichen Diskurs vergiften und den sozialen Zusammenhalt untergraben [6, 2, 4].

Ein zentrales Problem liegt im Geschäftsmodell der meisten großen Plattformen, das auf der Maximierung der Nutzerbindung und der Verweildauer basiert, um möglichst viele personalisierte Werbeanzeigen auszuspielen. Um dieses Ziel zu erreichen, setzen die Plattformen hochkomplexe, selbstlernende Algorithmen ein, die den Nutzern diejenigen Inhalte anzeigen, die mit der höchsten Wahrscheinlichkeit eine Reaktion hervorrufen – sei es ein Like, ein Kommentar oder das Teilen des Inhalts. Die Algorithmen haben dabei eine

U. Karrenberg, *Next Generation World*,
https://doi.org/10.1007/978-3-662-72805-5_12

entscheidende Schwäche: Sie optimieren nicht auf Wahrheit, Ausgewogenheit oder gesellschaftlichen Nutzen, sondern einzig und allein auf Engagement. Es hat sich gezeigt, dass emotionalisierende, kontroverse, extreme und empörende Inhalte das größte Engagement-Potenzial haben. Wut, Angst und Empörung sind stärkere Treiber für Interaktion als sachliche Argumente oder differenzierte Abwägungen. Dies führt zu einer systematischen Bevorzugung und viralen Verbreitung von polarisierenden und oft auch falschen oder irreführenden Informationen, während gemäßigte und faktenbasierte Positionen in den Hintergrund gedrängt werden. Die öffentliche Debatte wird dadurch rauer, konfrontativer und weniger lösungsorientiert [3, 2, 6].

Diese algorithmische Kuration führt zu zwei eng miteinander verbundenen Phänomenen, die den gesellschaftlichen Zusammenhalt bedrohen: Filterblasen und Echokammern. Der Begriff der Filterblase, geprägt von Eli Pariser, beschreibt den Zustand, in dem die Algorithmen uns ein personalisiertes Informationsuniversum erschaffen, das unsere bestehenden Ansichten und Vorlieben widerspiegelt und uns zunehmend von Informationen abschirmt, die diesen widersprechen könnten. Wenn wir uns nur noch mit Inhalten umgeben, die unsere eigene Meinung bestätigen, verfestigt sich der Eindruck, dass unsere Sichtweise die einzig richtige oder die der Mehrheit ist [1, 2, 4]. Eng damit verwandt ist das Konzept der Echokammer, das sich auf die sozialen Dynamiken innerhalb von Online-Gruppen bezieht. Menschen neigen dazu, sich mit Gleichgesinnten zu vernetzen. In diesen homogenen Gruppen werden die eigenen Meinungen ständig wiederholt und gegenseitig bestärkt (Echo), während abweichende Meinungen kaum noch vorkommen oder aktiv ausgegrenzt werden. In solchen Echokammern können sich extreme Ansichten ungestört radikalisieren, da der korrigierende Einfluss anderer Perspektiven fehlt. Die Kombination aus algorithmischer Filterung (Filterblase) und sozialer Homogenität (Echokammer) kann dazu führen, dass sich verschiedene gesellschaftliche Gruppen in ihre eigenen, voneinander abgeschotteten Realitäten zurückziehen, in denen sie nicht nur unterschiedliche Meinungen, sondern unterschiedliche Fakten als wahr erachten. Dies untergräbt die gemeinsame Grundlage für einen rationalen Diskurs und fördert das Misstrauen und die Feindseligkeit gegenüber „den Anderen" [3, 5, 6].

Die Folgen dieser Entwicklung sind gravierend. Die politische Polarisierung nimmt in vielen westlichen Demokratien zu, die Gesellschaft spaltet sich in unversöhnliche Lager, die kaum noch miteinander im Dialog stehen. Das Vertrauen in traditionelle Institutionen wie die Wissenschaft, die etablierten Medien und die Politik erodiert, während Verschwörungstheorien und Desinformation florieren. Die ständige Konfrontation mit Hass, Hetze und persönlichen Angriffen im Netz führt zu einer Verrohung der Sitten und kann Einzelne aus dem öffentlichen Diskurs verdrängen. Die Bekämpfung dieser negativen Auswirkungen ist eine komplexe Herausforderung. Sie erfordert eine Kombination aus verschiedenen Ansätzen: eine stärkere Regulierung der Plattformen, die sie zu mehr Transparenz über ihre Algorithmen und zu einem verantwortungsvolleren Umgang mit schädlichen Inhalten verpflichtet; die Förderung von Medien- und Nachrichtenkompetenz in der

Bevölkerung, um die Menschen besser in die Lage zu versetzen, Informationen kritisch zu bewerten und Falschnachrichten zu erkennen; und nicht zuletzt die Stärkung des zivilgesellschaftlichen Engagements und die Schaffung von Räumen für einen konstruktiven und respektvollen Dialog über die Grenzen der eigenen sozialen Blase hinweg. Die sozialen Medien sind ein mächtiges Werkzeug, das zum Guten wie zum Schlechten genutzt werden kann. Die Gestaltung einer digitalen Öffentlichkeit, die den sozialen Zusammenhalt stärkt anstatt ihn zu schwächen, ist eine der zentralen Aufgaben für die Zukunft unserer Demokratie [1, 4, 6].

Literaturhinweise zu Abschn. 12.1

1. Reuters Institute (2022): Echo chambers, filter bubbles, and polarisation: a literature review. Definiert Filterblasen als Echokammern, die hauptsächlich durch Algorithmen zur passiven Personalisierung erzeugt werden. https://reutersinstitute.politics.ox.ac.uk/echo-chambers-filter-bubbles-and-polarisation-literature-review
2. Fondation Descartes (2020): Filter bubbles and echo chambers. Beschreibt Filterblasen und Echokammern als zwei Phänomene, die zur Polarisierung von Meinungen beitragen. https://www.fondationdescartes.org/en/2020/07/filter-bubbles-and-echo-chambers/
3. Flaxman, S., Goel, S., & Rao, J. M. (2016): Filter Bubbles, Echo Chambers, and Online News Consumption. Untersucht den Einfluss von Online-Publishing und sozialen Netzwerken auf den Nachrichtenkonsum. https://5harad.com/papers/bubbles.pdf
4. Bundeszentrale für politische Bildung (bpb) (2024): Mythos Filterblase – sind wir wirklich so isoliert? Diskutiert die Hypothese, dass Filterblasen Menschen in sozialen Netzwerken von Informationen abschirmen. https://www.bpb.de/themen/medien-journalismus/soziale-medien/545800/mythos-filterblase-sind-wir-wirklich-so-isoliert/
5. Kitchens, B., Johnson, S. L., & Gray, P. (2020): UNDERSTANDING ECHO CHAMBERS AND FILTER BUBBLES. Beschreibt Echokammern und Filterblasen als Metaphern für die öffentliche Angst vor den einschränkenden Effekten sozialer Medien. https://www.darden.virginia.edu/sites/default/files/inline-files/05_16371_RA_KitchensJohnsonGray%20Final_0.pdf
6. Cambridge University Press (n.d.): Social Media, Echo Chambers, and Political Polarization. Bietet eine umfassende Literaturübersicht zum Zusammenhang zwischen sozialen Medien und politischer Polarisierung. https://www.cambridge.org/core/books/social-media-and-democracy/social-media-echo-chambers-and-political-polarization/333A5B4DE1B67EFF7876261118CCFE19

12.2 Die digitale Kluft und ihre Folgen: Die soziale Ungleichheit beim Zugang zu und bei der Nutzung von digitalen Technologien

Während die Digitalisierung alle Lebensbereiche durchdringt und der Zugang zum Internet zunehmend zu einer Grundvoraussetzung für die volle Teilhabe an Gesellschaft, Wirtschaft und Kultur wird, offenbart sich eine neue und tiefgreifende Form der sozialen Ungleichheit: die digitale Kluft (Digital Divide). Dieser Begriff beschreibt die Lücke zwischen denjenigen, die einen regelmäßigen und effektiven Zugang zu digitalen Technologien und dem Internet haben, und denjenigen, denen dieser Zugang verwehrt bleibt. Die digitale Kluft ist jedoch weit mehr als nur eine Frage des technischen Zugangs. Sie ist ein vielschichtiges Phänomen, das die bestehenden sozialen, wirtschaftlichen und bildungsbezogenen Ungleichheiten in der Gesellschaft nicht nur widerspiegelt, sondern auch verschärft. Die Unfähigkeit, an der digitalen Welt teilzuhaben, führt zu einem Ausschluss von entscheidenden Ressourcen und Chancen und droht, ganze Bevölkerungsgruppen dauerhaft abzuhängen [1, 3, 4, 6].

Traditionell wurde die digitale Kluft in erster Linie als eine Frage des Zugangs zur Infrastruktur verstanden – die sogenannte Kluft ersten Grades. Diese bezieht sich auf die Unterschiede im Zugang zu einem schnellen und zuverlässigen Breitband-Internetanschluss und zu den notwendigen Endgeräten wie Computern, Laptops oder Smartphones. Obwohl die globale Internetdurchdringung in den letzten Jahren stark zugenommen hat, bestehen hier weiterhin erhebliche Unterschiede, sowohl zwischen den Industrie- und Entwicklungsländern (globale Kluft) als auch innerhalb einzelner Länder zwischen städtischen und ländlichen Gebieten, zwischen reichen und armen Stadtvierteln. Menschen in ländlichen Regionen, einkommensschwache Haushalte, ältere Menschen und Menschen mit Behinderungen haben oft keinen oder nur einen unzureichenden Zugang zur digitalen Infrastruktur [2, 5, 6]. In einer Welt, in der Behördengänge zunehmend online erledigt werden müssen, Bewerbungen nur noch digital eingereicht werden können und Bildungsinhalte während einer Pandemie ins Internet verlagert werden, bedeutet das Fehlen eines stabilen Internetzugangs einen massiven Nachteil und einen Ausschluss von grundlegenden Dienstleistungen [5, 6].

Mit der zunehmenden Verbreitung der Infrastruktur hat sich der Fokus der Forschung jedoch auf eine subtilere, aber nicht weniger wichtige Dimension der digitalen Kluft verlagert: die Kluft zweiten Grades. Diese bezieht sich auf die Unterschiede in den Fähigkeiten und Kompetenzen, die notwendig sind, um digitale Technologien sinnvoll und effektiv zu nutzen. Es reicht nicht aus, nur einen Internetanschluss zu haben; man muss auch wissen, wie man ihn nutzt. Dazu gehören grundlegende technische Fähigkeiten (z. B. die Bedienung eines Computers), aber vor allem auch Informations- und Medienkompetenz: die Fähigkeit, relevante Informationen online zu finden, ihre Glaubwürdigkeit kritisch zu bewerten, Falschnachrichten zu erkennen und digitale Werkzeuge zur Problemlösung und zur Erstellung eigener Inhalte zu nutzen. Hier zeigen sich deutliche Unterschiede, die eng mit dem Bildungsniveau, dem sozioökonomischen Status und dem Alter zusammenhängen.

Personen mit höherer Bildung und höherem Einkommen nutzen das Internet tendenziell vielfältiger und kompetenter, um sich weiterzubilden, beruflich voranzukommen oder sich politisch zu engagieren. Personen mit niedrigerem Bildungsstand nutzen es hingegen oft primär zur Unterhaltung und sind anfälliger für Desinformation und digitale Risiken [4, 5, 1]. Diese Kluft in den Kompetenzen führt dazu, dass die Digitalisierung die bestehenden Bildungsunterschiede eher noch verstärkt als verringert [2].

In jüngster Zeit wird zudem eine Kluft dritten Grades diskutiert, die sich auf die ungleichen Ergebnisse und den ungleichen Nutzen bezieht, den verschiedene Nutzergruppen aus der Internetnutzung ziehen. Selbst wenn der Zugang und die grundlegenden Fähigkeiten vorhanden sind, profitieren nicht alle in gleichem Maße von den Möglichkeiten der digitalen Welt. Status- und einkommensstärkere Personen sind oft besser in der Lage, die Vorteile des Internets – wie den Zugang zu besseren Jobs, günstigeren Produkten oder wertvollen sozialen Netzwerken – in konkrete soziale und wirtschaftliche Vorteile umzumünzen. Die Digitalisierung kann somit zu einer Matthäus-Effekt führen: „Wer hat, dem wird gegeben". Diejenigen, die bereits privilegiert sind, profitieren überproportional von den neuen Technologien, während die Benachteiligten weiter zurückfallen. Die Folgen der digitalen Kluft sind somit weitreichend. Sie reichen von wirtschaftlicher Benachteiligung durch schlechtere Chancen auf dem Arbeitsmarkt über bildungsbezogene Nachteile bis hin zu politischer Marginalisierung und einem Mangel an sozialer Teilhabe [5, 2, 2]. Die Überwindung der digitalen Kluft ist daher eine zentrale Aufgabe für eine gerechte und inklusive Gesellschaft. Sie erfordert eine umfassende Strategie der digitalen Inklusion, die weit über den reinen Infrastrukturausbau hinausgeht. Dazu gehören der flächendeckende Ausbau von Breitbandnetzen, die Bereitstellung von erschwinglichen Endgeräten für einkommensschwache Haushalte, aber vor allem massive Investitionen in die digitale Bildung für alle Altersgruppen – von der Schule über die Berufsausbildung bis hin zur Erwachsenen- und Seniorenbildung. Öffentliche Bibliotheken, Volkshochschulen und Nachbarschaftszentren können eine wichtige Rolle als niedrigschwellige Anlaufstellen für die Vermittlung digitaler Kompetenzen spielen. Ziel muss es sein, alle Menschen in die Lage zu versetzen, souverän, selbstbestimmt und sicher an der digitalen Welt teilzuhaben und ihre Chancen zu nutzen [1, 3, 4].

Literaturhinweise zu Abschn. 12.2

1. Investopedia (n.d.): The Digital Divide: What It Is, and What's Being Done About It. Definiert die digitale Kluft als die Lücke, die durch ungleichen Zugang zu moderner Telekommunikationstechnologie entsteht. https://www.investopedia.com/the-digital-divide-5116352
2. Brookings Institution (2023): Fixing the global digital divide and digital access gap. Stellt fest, dass über die Hälfte der Weltbevölkerung keinen Zugang zu Hochgeschwindigkeits-Breitband hat, was sich negativ auf die wirtschaftliche und politische Gleichheit auswirkt. https://www.brookings.edu/articles/fixing-the-global-digital-divide-and-digital-access-gap/

3. Iberdrola (n.d.): What is Digital Divide, consequences and how to reduce it. Definiert die digitale Kluft als Ungleichheit im Zugang zum Internet und zu IKT. https://www.iberdrola.com/social-commitment/what-is-digital-divide
4. Internet Society (2022): What Is the Digital Divide? Beschreibt die digitale Kluft als vielschichtig und von vielen Faktoren abhängig. https://www.internetsociety.org/blog/2022/03/what-is-the-digital-divide/
5. IEEE CTU (2023): Impact of the Digital Divide: Economic, Social, and Educational Consequences. Erläutert die Auswirkungen des fehlenden Internetzugangs auf Wirtschaft, soziale Chancen und Bildungsgerechtigkeit. https://ctu.ieee.org/blog/2023/02/27/impact-of-the-digital-divide-economic-social-and-educational-consequences/
6. Education Connection (n.d.): The Digital Divide | What It Is and How It Impacts Us. Definiert die digitale Kluft als die Lücke zwischen denen mit und ohne Zugang zu Informations- und Kommunikationstechnologien. https://www.educationconnection.com/resources/digital-divide/

12.3 Neue Formen der Gemeinschaft und sozialen Interaktion: Wie das Internet neue Möglichkeiten für soziale Beziehungen schafft

Während die Debatten über die negativen Auswirkungen des Internets auf die Gesellschaft oft von den Gefahren der Polarisierung, der sozialen Isolation und der oberflächlichen digitalen Kontakte dominiert werden, wird oft übersehen, dass das Internet auch ein unglaublich mächtiges Werkzeug zur Schaffung neuer Formen von Gemeinschaft und sozialer Interaktion ist. Das Internet hat die Art und Weise, wie wir soziale Beziehungen knüpfen und pflegen, fundamental verändert und ermöglicht die Entstehung von virtuellen oder digitalen Gemeinschaften, die auf gemeinsamen Interessen, Leidenschaften, Identitäten oder Zielen basieren und nicht mehr an geografische Nähe gebunden sind. Diese Online-Communities bieten Millionen von Menschen einen Raum für Zugehörigkeit, sozialen Austausch, emotionale Unterstützung und kollektives Handeln und stellen eine wichtige Ergänzung und manchmal sogar einen Ersatz für traditionelle, ortsgebundene Gemeinschaften dar [1, 4, 2, 6].

Virtuelle Gemeinschaften sind soziale Zusammenschlüsse, die sich in digitalen Räumen – wie Online-Foren, Social-Media-Gruppen, Multiplayer-Videospielen, Fan-Wikis oder spezialisierten Messenger-Diensten – bilden und in denen die Mitglieder über einen längeren Zeitraum hinweg miteinander interagieren [1, 4]. Was diese Gemeinschaften zusammenhält, ist nicht die physische Kopräsenz, sondern ein gemeinsames Interesse. Dies kann ein Hobby sein (z. B. eine Gruppe für Modelleisenbahnbauer), eine Leidenschaft für eine bestimmte Musikband oder eine Fernsehserie, eine gemeinsame Identität (z. B. Selbsthilfegruppen für Menschen mit seltenen Krankheiten oder LGBTQ+-Communities) oder ein gemeinsames Ziel (z. B. eine Gruppe von Aktivisten, die eine politische Kampagne organisieren). Für viele Menschen, deren Interessen oder Lebensumstände sie in ihrem unmittelbaren physischen Umfeld isolieren, bieten diese Online-Communities eine unschätzbar wertvolle Möglichkeit, Gleichgesinnte zu finden, sich auszutauschen und ein Gefühl der Zugehörigkeit zu erfahren [3, 5, 6]. Ein Patient mit einer seltenen Krankheit kann sich online mit anderen Betroffenen aus der ganzen Welt vernetzen, um Informationen über Behandlungsmöglichkeiten auszutauschen und emotionale Unterstützung zu finden, die er in seinem lokalen Umfeld niemals erhalten würde [3].

Die Beziehungen, die in diesen virtuellen Gemeinschaften entstehen, sind oft keineswegs oberflächlicher oder weniger bedeutsam als Offline-Beziehungen. Studien zeigen, dass Online-Interaktionen zu starken sozialen Bindungen und tiefen, bedeutungsvollen Freundschaften führen können [3, 4]. Die relative Anonymität und die textbasierte Kommunikation im Internet können es manchen Menschen sogar erleichtern, sich zu öffnen und über persönliche und intime Themen zu sprechen, da die Angst vor unmittelbarer sozialer Verurteilung geringer ist. In gut moderierten und unterstützenden Online-Communities entwickeln sich oft starke Normen der Gegenseitigkeit und des Vertrauens. Die Mitglieder teilen ihr Wissen, helfen sich gegenseitig bei Problemen und spenden Trost in schwierigen Zeiten. Diese Form des sozialen Kapitals, das in virtuellen Gemeinschaften gebildet wird, kann reale und positive Auswirkungen auf das Wohlbefinden und die Lebenszufriedenheit der Mitglieder haben. Das Internet überwindet die Tyrannei der Geografie und ermöglicht es uns, unsere „soziale Familie“ nicht nur auf der Grundlage von Zufall und Nähe, sondern auf der Grundlage von Wahl und Affinität zu finden [5, 5].

Allerdings sind virtuelle Gemeinschaften nicht frei von Risiken und negativen Dynamiken. Dieselben Mechanismen, die unterstützende Gemeinschaften ermöglichen, können auch zur Bildung von toxischen und hasserfüllten Gruppen führen. Echokammern können nicht nur positive, sondern auch extrem negative und schädliche Weltbilder verstärken, wie es bei radikalen politischen Gruppen, Verschwörungstheoretikern oder Online-Hass-Communities der Fall ist [2, 1]. Cybermobbing, Belästigung und die Verbreitung von Falschinformationen sind reale Gefahren in unmoderierten oder schlecht verwalteten Online-Räumen. Zudem kann eine exzessive Nutzung von Online-Communities in manchen Fällen zu einer Vernachlässigung von Offline-Kontakten und zu sozialer Isolation führen, insbesondere wenn die virtuellen Interaktionen die realen vollständig ersetzen. Es ist daher entscheidend, eine gesunde Balance zwischen Online- und Offline-Leben zu finden und die virtuellen Beziehungen als eine Bereicherung und nicht als einen Ersatz für den physischen Kontakt mit Familie, Freunden und der lokalen Gemeinschaft zu betrachten. Die bewusste und reflektierte Nutzung digitaler Medien ist der Schlüssel, um die enormen Potenziale für neue Formen der Gemeinschaft zu nutzen und gleichzeitig die Risiken zu minimieren. Die Zukunft des sozialen Zusammenhalts liegt nicht in einem „Entweder-Oder“ von online und offline, sondern in einer intelligenten und menschlichen Verknüpfung beider Welten [3, 2].

Literaturhinweise zu Abschn. 12.3

1. NCBI (2024): Online communities come with real-world consequences. Definiert Online-Communities als soziale Netzwerke im Internet, die Technologie zur Interaktion nutzen. https://pmc.ncbi.nlm.nih.gov/articles/PMC11332040/
2. Steve Zafeiriou (n.d.): The Impact of Online Communities and Behavior on Digital Culture. Erklärt, dass Online-Communities das Verhalten durch Gruppendynamik, soziale Identitätsbildung und Peer-Interaktionen maßgeblich beeinflussen. https://stevezafeiriou.com/online-communities-and-behavior/
3. Minnesota Daily (2024): Opinion: Online communities offer real social interaction. Argumentiert, dass das Internet eine echte Alternative für soziale Interaktion sein kann, wenn persönliche Freundschaften unmöglich sind. https://mndaily.com/285110/opinion/opinion-online-communities-offer-real-social-interaction/

13 Ethische Fragen der nächsten Generation

13.1 Die Ethik von KI und Gentechnik: Die moralischen Dilemmata, die sich aus dem Einsatz neuer Technologien ergeben

Wir stehen an der Schwelle zu einer Ära, in der zwei der mächtigsten Technologien, die die Menschheit je entwickelt hat – künstliche Intelligenz (KI) und Gentechnik – zu konvergieren beginnen und unsere Fähigkeit, die Welt und uns selbst zu gestalten, auf ein beispielloses Niveau heben. Diese Technologien versprechen, tiefgreifende Probleme zu lösen, von der Heilung bisher unheilbarer Krankheiten bis hin zur Bewältigung globaler Herausforderungen wie dem Klimawandel. Doch mit dieser beispiellosen Macht geht eine ebenso beispiellose Verantwortung einher. Die moralischen Dilemmata, die sich aus dem Einsatz von KI und Gentechnik ergeben, sind tiefgreifend und komplex. Sie berühren die grundlegendsten Fragen unserer menschlichen Existenz: Was bedeutet es, ein Mensch zu sein? Welche Grenzen sollten wir unserer Macht, die Natur und uns selbst zu verändern, setzen? Und wie stellen wir sicher, dass diese Technologien zum Wohle aller und nicht nur zum Vorteil einiger weniger eingesetzt werden? Diese Fragen sind keine abstrakten philosophischen Gedankenspiele mehr, sondern drängende, praktische Herausforderungen, die sorgfältige Überlegungen und einen breiten gesellschaftlichen Dialog erfordern [1, 3].

Die künstliche Intelligenz wirft eine Reihe von ethischen Dilemmata auf, die sich aus ihrer Fähigkeit ergeben, Entscheidungen zu treffen, die bisher dem Menschen vorbehalten waren. Ein zentrales Problem ist die algorithmische Voreingenommenheit (Bias). KI-Systeme lernen aus den Daten, mit denen sie trainiert werden. Wenn diese Daten historische oder gesellschaftliche Vorurteile widerspiegeln – sei es in Bezug auf Geschlecht, Hautfarbe oder sozioökonomischen Status – wird die KI diese Vorurteile nicht nur reproduzieren, sondern potenziell sogar verstärken [4]. Dies kann zu diskriminierenden Ergebnissen in kritischen Bereichen wie der Kreditvergabe, der Personalauswahl oder sogar der

U. Karrenberg, *Next Generation World*,
https://doi.org/10.1007/978-3-662-72805-5_13

Strafjustiz führen. Ein weiteres Dilemma ergibt sich aus der zunehmenden Autonomie von KI-Systemen. Wer ist verantwortlich, wenn ein autonomes Fahrzeug einen Unfall verursacht oder ein medizinisches Diagnosesystem eine Fehldiagnose stellt? Die Frage der Rechenschaftspflicht und Haftung in einer Welt, in der Maschinen komplexe Entscheidungen treffen, ist weitgehend ungeklärt. Die Wahrung der menschlichen Autonomie, der Privatsphäre und der Würde muss im Mittelpunkt jeder KI-Entwicklung stehen, wie es die UNESCO in ihrer Empfehlung zur Ethik der künstlichen Intelligenz fordert [1]. Die Herausforderung besteht darin, einen Rahmen zu schaffen, der Innovation fördert und gleichzeitig sicherstellt, dass KI-Systeme sicher, transparent, fair und nachvollziehbar sind.

Die Gentechnik, insbesondere die revolutionäre CRISPR/Cas9-Technologie, eröffnet die Möglichkeit, das Erbgut von Lebewesen – einschließlich des Menschen – mit beispielloser Präzision zu verändern. Dies wirft moralische Fragen von noch größerer Tragweite auf, da die vorgenommenen Änderungen potenziell dauerhaft und vererbbar sind. Die somatische Gentherapie, bei der die Gene von Körperzellen verändert werden, um Krankheiten bei einem einzelnen Individuum zu behandeln, wird weithin als ethisch vertretbar angesehen, solange die Sicherheit und Wirksamkeit gewährleistet sind. Die eigentliche ethische Büchse der Pandora öffnet sich jedoch bei der Keimbahntherapie, bei der Veränderungen an Spermien, Eizellen oder Embryonen vorgenommen werden [6]. Solche Veränderungen würden nicht nur das Individuum betreffen, sondern an alle nachfolgenden Generationen weitergegeben werden. Dies könnte zwar die Ausrottung von Erbkrankheiten wie Mukoviszidose oder Chorea Huntington ermöglichen, birgt aber auch das Risiko unvorhersehbarer langfristiger Folgen für den menschlichen Genpool. Die Debatte dreht sich um die grundlegende Frage, ob wir das Recht haben, die biologische Zukunft unserer Spezies unwiderruflich zu verändern [3].

Die größte ethische Herausforderung liegt jedoch in der Möglichkeit des „Genetic Enhancement", also der Verbesserung menschlicher Eigenschaften über das hinaus, was als normal oder gesund gilt. Sollen wir die Gentechnik nutzen, um nicht nur Krankheiten zu heilen, sondern auch um Intelligenz, sportliche Fähigkeiten oder das Aussehen zu „optimieren"? Dies könnte zu einer genetischen Kluft in der Gesellschaft führen, einer neuen Form der Ungleichheit, in der sich die Reichen genetische Vorteile kaufen können, die den Armen verwehrt bleiben. Eine solche Entwicklung könnte die Grundfesten unserer Gesellschaft erschüttern, die auf der Idee der prinzipiellen Gleichheit aller Menschen beruht. Es besteht die Gefahr, dass wir eine Gesellschaft von „genetisch Reichen" und „genetisch Armen" schaffen und damit die soziale Spaltung auf eine biologische Ebene heben [5]. Die Diskussion über diese Fragen muss offen und inklusiv geführt werden, um einen gesellschaftlichen Konsens darüber zu finden, wo die roten Linien liegen und welche Anwendungen der Gentechnik wir als Gesellschaft akzeptieren wollen und welche nicht.

Die Konvergenz von KI und Gentechnik verschärft diese ethischen Dilemmata zusätzlich. KI-Systeme können die Analyse riesiger genetischer Datensätze beschleunigen und dabei helfen, die komplexen Zusammenhänge zwischen Genen und Merkmalen zu entschlüsseln. Dies könnte die Entwicklung von Gentherapien enorm beschleunigen, aber auch die Möglichkeiten des Genetic Enhancement erweitern. KI könnte genutzt werden, um die „optimalen" genetischen Kombinationen für bestimmte Merkmale zu entwerfen, was die Versuchung, in die menschliche Keimbahn einzugreifen, weiter erhöhen würde. Die Kombination aus der Fähigkeit der KI, komplexe biologische Systeme zu modellieren, und der Fähigkeit von CRISPR, das Erbgut präzise zu verändern, schafft ein Werkzeug von unvorstellbarer Macht. Die Regulierung dieser konvergierenden Technologien wird zu einer der größten Herausforderungen des 21. Jahrhunderts. Wir benötigen einen globalen ethischen Rahmen, der von internationalen Organisationen, nationalen Regierungen, Wissenschaftlern und der Zivilgesellschaft gemeinsam getragen wird, um sicherzustellen, dass diese Technologien zum Wohle der gesamten Menschheit eingesetzt werden [2, 4].

Letztendlich zwingen uns KI und Gentechnik, über unsere Werte und unsere Vision für die Zukunft der Menschheit nachzudenken. Es geht nicht nur darum, was technologisch möglich ist, sondern darum, was wir als Gesellschaft für wünschenswert halten. Die Entscheidungen, die wir heute treffen, werden die Welt von morgen prägen. Sie erfordern eine tiefgreifende Auseinandersetzung mit unseren moralischen Überzeugungen und eine bewusste Gestaltung von ethischen Leitplanken und regulatorischen Rahmenbedingungen. Der Weg nach vorn erfordert Vorsicht, Demut und einen breiten, informierten öffentlichen Diskurs. Nur so können wir sicherstellen, dass die nächste technologische Revolution eine ist, die die menschliche Würde achtet, die soziale Gerechtigkeit fördert und eine lebenswerte Zukunft für alle schafft [1, 6].

Literaturhinweise zu Abschn. 13.1

1. UNESCO (n.d.): Recommendation on the Ethics of Artificial Intelligence. Dieses Dokument legt einen globalen normativen Rahmen für die ethische Entwicklung und Nutzung von KI fest und betont Werte wie Menschenrechte, Würde und Nachhaltigkeit. https //www.unesco.org/en/artificial-intelligence/recommendation-ethics
2. Dara, M. et al. (2025): Ethical Considerations Emerge from Artificial Intelligence and Genetic Data. Diese Studie im PMC untersucht die spezifischen ethischen Bedenken, die sich aus der Anwendung von KI auf sensible genetische und Gesundheitsdaten ergeben, und fordert robuste Regulierungen. https://pmc.ncbi.nlm.nih.gov/articles/PMC11910024/
3. Innovative Genomics Institute (n.d.): CRISPR & Ethics. Diese Ressource bietet einen umfassenden Überblick über die ethischen Fragen, die mit der CRISPR-Gen-Editierungstechnologie verbunden sind, von therapeutischen Anwendungen bis hin zu Keimbahnveränderungen. https://innovativegenomics.org/crisprpedia/crispr-ethics/
4. Farhud, D.D. et al. (2021): Ethical Issues of Artificial Intelligence in Medicine and Healthcare. Dieser Artikel im PMC analysiert eine breite Palette ethischer Dilemmata der KI in der Medizin, darunter Voreingenommenheit, Datenschutz und die Arzt-Patienten-Beziehung. https://pmc.ncbi.nlm.nih.gov/articles/PMC8826344/

5. Zhang, Z. et al. (2022): Artificial intelligence and moral dilemmas: Perception of ethical decision-making in AI. Diese Forschungsarbeit in ScienceDirect untersucht, wie Menschen die moralische Entscheidungsfindung von KI im Vergleich zu menschlichen Entscheidungen wahrnehmen, insbesondere in Dilemma-Situationen. https://www.sciencedirect.com/science/article/pii/S0022103122000464
6. Ayanoğlu, F.B. et al. (2020): Bioethical issues in genome editing by CRISPR-Cas9 technology. Dieser PMC-Artikel konzentriert sich auf die spezifischen bioethischen Dilemmata der Keimbahn-Editierung, insbesondere die Tatsache, dass genetische Veränderungen an zukünftige Generationen weitergegeben werden können. https://pmc.ncbi.nlm.nih.gov/articles/PMC7129066/

13.2 Datenschutz und digitales Vertrauen: Die Notwendigkeit, die Privatsphäre der Menschen in einer zunehmend digitalen Welt zu schützen

In einer Welt, die zunehmend von Daten angetrieben wird, ist das Vertrauen der Öffentlichkeit in den Umgang mit ihren persönlichen Informationen zur Achillesferse der digitalen Transformation geworden. Jeder Klick, jede Suche, jede Interaktion und jede Transaktion hinterlässt eine digitale Spur, die gesammelt, analysiert und genutzt wird. Diese Daten sind der Treibstoff für die moderne Wirtschaft, sie ermöglichen personalisierte Dienste, treiben die medizinische Forschung voran und optimieren städtische Infrastrukturen. Doch dieser unersättliche Datenhunger hat eine Kehrseite: die Erosion der Privatsphäre und die wachsende Sorge der Menschen vor Missbrauch, Überwachung und Manipulation. Der Aufbau und die Aufrechterhaltung von digitalem Vertrauen – dem Vertrauen der Individuen, dass digitale Technologien und die Organisationen dahinter sicher, zuverlässig und ethisch handeln – ist daher keine optionale Zusatzleistung mehr, sondern eine zwingende Notwendigkeit und die grundlegende Voraussetzung für eine funktionierende digitale Gesellschaft [1, 5].

Das Konzept des digitalen Vertrauens ist vielschichtig und umfasst mehrere Dimensionen. An erster Stelle steht die Sicherheit, also der Schutz von Daten und Systemen vor unbefugtem Zugriff, Diebstahl oder Beschädigung durch Cyberangriffe. Eng damit verknüpft ist der Datenschutz (Privacy), der sich auf das Recht des Einzelnen bezieht, die Erhebung, Nutzung und Weitergabe seiner persönlichen Informationen zu kontrollieren [4]. Eine weitere Dimension ist die Zuverlässigkeit der Systeme, also die Gewissheit, dass digitale Dienste wie versprochen funktionieren und konsistente Ergebnisse liefern. Schließlich gewinnt die ethische Dimension zunehmend an Bedeutung: Handeln Organisationen transparent, fair und im besten Interesse ihrer Kunden und der Gesellschaft? Nur wenn alle diese Aspekte erfüllt sind, kann sich ein robustes digitales Vertrauen entwickeln. Ein Mangel an Vertrauen hat weitreichende Konsequenzen: Er hemmt die Akzeptanz neuer Technologien, schadet der Markenreputation und kann letztendlich das gesamte Geschäftsmodell eines Unternehmens gefährden [2, 6].

Angesichts der wachsenden Besorgnis über den Schutz persönlicher Daten haben Gesetzgeber weltweit begonnen, strengere regulatorische Rahmenbedingungen zu schaffen. Das prominenteste Beispiel ist die Datenschutz-Grundverordnung (DSGVO) der Europäischen Union, die 2018 in Kraft trat und als globaler Goldstandard für den Datenschutz gilt [3]. Die DSGVO stärkt die Rechte der Bürger erheblich, indem sie ihnen mehr Kontrolle über ihre Daten gibt. Zu den Kernprinzipien gehören das Recht auf Auskunft, das Recht auf Berichtigung, das Recht auf Löschung („Recht auf Vergessenwerden") und das Recht auf Datenübertragbarkeit. Unternehmen werden zu mehr Transparenz verpflichtet und müssen durch Grundsätze wie „Privacy by Design" und „Privacy by Default" sicherstellen, dass der Datenschutz von Anfang an in Produkte und Dienstleistungen integriert ist. Bei Verstößen drohen empfindliche Strafen von bis zu 4 % des weltweiten Jahresumsatzes. Die DSGVO hat eine globale Welle von Datenschutzgesetzen ausgelöst und Unternehmen weltweit gezwungen, ihre Datenpraktiken zu überdenken und den Schutz der Privatsphäre zu einer strategischen Priorität zu machen [3, 4].

Die technologische Entwicklung selbst bietet jedoch sowohl Herausforderungen als auch Lösungen für den Datenschutz. Technologien wie das Internet der Dinge (IoT) und künstliche Intelligenz (KI) führen zu einer exponentiellen Zunahme der gesammelten Datenmenge und zu neuen, schwerer durchschaubaren Formen der Datenverarbeitung, was den Schutz der Privatsphäre erschwert. Gleichzeitig entstehen aber auch neue Privacy-Enhancing Technologies (PETs), die darauf abzielen, den Datenschutz technisch zu gewährleisten, anstatt sich allein auf rechtliche und organisatorische Maßnahmen zu verlassen. Dazu gehören Verschlüsselungstechniken, die Daten sowohl bei der Speicherung als auch bei der Übertragung schützen, sowie fortgeschrittenere Methoden wie die homomorphe Verschlüsselung, die es ermöglicht, Berechnungen auf verschlüsselten Daten durchzuführen, ohne diese jemals entschlüsseln zu müssen. Andere Ansätze wie die differenzielle Privatsphäre fügen den Daten ein statistisches „Rauschen" hinzu, das die Analyse von Mustern in großen Datensätzen ermöglicht, ohne dass Rückschlüsse auf einzelne Individuen gezogen werden können. Diese Technologien sind entscheidend, um die Balance zwischen Datennutzung und Datenschutz zu finden [5].

Letztendlich ist der Aufbau von digitalem Vertrauen jedoch nicht nur eine Frage von Technologie und Regulierung, sondern vor allem eine Frage der Unternehmenskultur und der ethischen Verantwortung. Unternehmen, die Vertrauen aufbauen wollen, müssen über die reine Einhaltung von Gesetzen hinausgehen und eine Kultur der Datensparsamkeit und Zweckbindung etablieren. Sie müssen transparent darüber sein, welche Daten sie warum sammeln und was mit ihnen geschieht. Sie müssen den Nutzern einfache und verständliche Kontrollmöglichkeiten über ihre Daten geben und proaktiv Verantwortung für deren Schutz übernehmen. Dies erfordert ein Umdenken auf Führungsebene: Datenschutz und digitales Vertrauen dürfen nicht als lästige Pflicht oder Kostenfaktor betrachtet werden, sondern als strategischer Wettbewerbsvorteil und als Kernbestandteil der Markenidentität. In einer digitalen Welt, in der die Kunden immer sensibler für den Wert ihrer Daten werden, werden jene Unternehmen erfolgreich sein, die sich das Vertrauen ihrer Kunden verdienen, indem sie deren Privatsphäre respektieren und schützen [1, 6].

Die Zukunft des digitalen Vertrauens wird von einem kontinuierlichen Spannungsfeld zwischen technologischem Fortschritt, regulatorischen Anforderungen und gesellschaftlichen Erwartungen geprägt sein. Neue Technologien wie dezentrale Identitätssysteme auf Basis der Blockchain könnten den Nutzern eine noch größere Kontrolle über ihre digitalen Identitäten zurückgeben. Gleichzeitig werden neue Bedrohungen durch immer raffiniertere Cyberangriffe und den möglichen Missbrauch von KI entstehen. Der Weg zu einer vertrauenswürdigen digitalen Zukunft erfordert eine konzertierte Anstrengung aller Beteiligten: von den Gesetzgebern, die klare und faire Regeln schaffen müssen, über die Unternehmen, die verantwortungsvoll handeln müssen, bis hin zu den Bürgern, die ihre Rechte kennen und einfordern müssen. Nur durch ein solches Zusammenspiel kann es gelingen, das fragile Gut des digitalen Vertrauens zu schützen und eine digitale Welt zu schaffen, die offen, sicher und zum Wohle aller ist [2, 5].

Literaturhinweise zu Abschn. 13.2

1. PECB (n.d.): The Importance of Data Privacy in Building Digital Trust. Dieser Artikel betont, dass der Schutz von Daten eine grundlegende Voraussetzung für den Aufbau von digitalem Vertrauen, die Einhaltung von Vorschriften und die Stärkung der Unternehmensreputation ist. https://pecb.com/en/article/the-importance-of-data-privacy-in-building-digital-trust
2. Deloitte (n.d.): Data and Digital Trust. Deloitte definiert digitales Vertrauen als das Vertrauen in die digitalen Plattformen und Datenpraktiken eines Unternehmens und beschreibt es als entscheidenden Faktor für den Geschäftserfolg. https://www.deloitte.com/us/en/services/consulting/services/data-and-digital-trust.html
3. GDPR.eu (n.d.): What is GDPR, the EU's new data protection law? Diese Webseite bietet eine umfassende Erklärung der EU-Datenschutz-Grundverordnung, ihrer Kernprinzipien und ihrer globalen Auswirkungen. https://gdpr.eu/what-is-gdpr/
4. IEEE (n.d.): Understanding Privacy in the Digital Age. Die IEEE Initiative on Digital Privacy erläutert das Konzept der Privatsphäre im digitalen Zeitalter als die Fähigkeit von Einzelpersonen, die Kontrolle über ihre persönlichen Informationen zu behalten. https://digitalprivacy.ieee.org/publications/topics/understanding-privacy-in-the-digital-age/
5. World Economic Forum (n.d.): About Digital Trust. Die Initiative des WEF definiert digitales Vertrauen als die Erwartung, dass digitale Technologien die Interessen aller Beteiligten schützen, und hebt die Bedeutung von Sicherheit, Datenschutz und ethischen Praktiken hervor. https://initiatives.weforum.org/digital-trust/home
6. PwC (2025): 2026 Global Digital Trust Insights Survey. Diese Umfrage unter Führungskräften zeigt die wachsende Bedeutung von digitalem Vertrauen als strategische Priorität und identifiziert die größten Herausforderungen in den Bereichen Cybersicherheit und Datenschutz. https://www.pwc.com/us/en/services/consulting/cybersecurity-risk-regulatory/library/global-digital-trust-insights.html

13.3 Die Verantwortung von Wissenschaft und Technologie: Die Rolle von Wissenschaftlern, Ingenieuren und Unternehmern bei der Gestaltung einer verantwortungsvollen Zukunft

Die beispiellosen Fortschritte in Wissenschaft und Technologie haben der Menschheit enorme Vorteile gebracht, von der Verlängerung der Lebenserwartung bis hin zur globalen Vernetzung. Doch mit der wachsenden Macht, die Natur und die Gesellschaft zu gestalten, wächst auch die Verantwortung derjenigen, die diese Entwicklungen vorantreiben. Wissenschaftler, Ingenieure und Unternehmer stehen nicht mehr nur in der Verantwortung, funktionierende und profitable Produkte zu entwickeln; sie tragen eine tiefgreifende gesellschaftliche Verantwortung, die Konsequenzen ihrer Arbeit vorauszudenken, ethische Implikationen zu berücksichtigen und aktiv an der Gestaltung einer positiven Zukunft mitzuwirken [1, 3]. Diese erweiterte Auffassung von Verantwortung geht über die reine Einhaltung von Gesetzen und beruflichen Kodizes hinaus und erfordert ein proaktives Engagement für das Gemeinwohl.

Die traditionelle Vorstellung von wissenschaftlicher Verantwortung konzentrierte sich oft auf die Integrität des Forschungsprozesses selbst: die Pflicht zu ehrlicher, genauer und reproduzierbarer Arbeit [4]. Diese interne Verantwortung ist nach wie vor von grundlegender Bedeutung. In einer Zeit, in der technologische Innovationen das Potenzial haben, Gesellschaften und Ökosysteme fundamental zu verändern, reicht sie jedoch nicht mehr aus. Es bedarf einer externen Verantwortung, die die sozialen, ethischen und ökologischen Auswirkungen der Technologie in den Blick nimmt. Wissenschaftler und Ingenieure können sich nicht länger hinter dem Argument der „Wertneutralität" ihrer Arbeit verstecken. Sie haben die Pflicht, die Öffentlichkeit über die potenziellen Risiken und Chancen ihrer Forschung aufzuklären, sich an öffentlichen Debatten zu beteiligen und politischen Entscheidungsträgern ihre Expertise zur Verfügung zu stellen [1]. Diese Rolle als „public intellectual" ist entscheidend, um eine informierte und demokratische Steuerung der technologischen Entwicklung zu ermöglichen.

Um dieser erweiterten Verantwortung gerecht zu werden, hat sich das Konzept der „Responsible Innovation" (RI) als einflussreicher Rahmen etabliert [5]. RI ist ein transparenter, interaktiver Prozess, bei dem gesellschaftliche Akteure und Innovatoren gemeinsam die Verantwortung für die ethische Akzeptanz, Nachhaltigkeit und gesellschaftliche Wünschbarkeit des Innovationsprozesses und seiner marktfähigen Produkte übernehmen. Das Ziel ist es, ethische und gesellschaftliche Überlegungen von Anfang an und während des gesamten Innovationszyklus zu integrieren, anstatt sie erst am Ende als nachträgliche Korrektur zu betrachten. Der RI-Ansatz basiert auf vier zentralen Dimensionen: Antizipation (das Voraussdenken möglicher Folgen), Reflexion (das kritische Hinterfragen der eigenen Annahmen und Werte), Inklusion (die Einbeziehung einer breiten Vielfalt von Stakeholdern und der Öffentlichkeit) und Reaktionsfähigkeit (die Fähigkeit, den Innovationsprozess als Reaktion auf neues Wissen und gesellschaftliche Bedenken anzupassen) [5, 6].

In der Praxis bedeutet dies für Ingenieure und Entwickler, dass sie bei der Gestaltung neuer Technologien nicht nur technische Spezifikationen und Marktchancen berücksichtigen dürfen. Sie müssen sich auch fragen: Welche Werte sind in unsere Algorithmen und Produkte eingebettet? Wer profitiert von dieser Technologie und wer könnte dadurch benachteiligt werden? Wie können wir potenzielle Missbrauchsmöglichkeiten minimieren? Dieser Ansatz, oft als „Value-sensitive Design" oder „Ethics by Design" bezeichnet, zielt darauf ab, menschliche Werte wie Fairness, Autonomie und Privatsphäre direkt in die technische Architektur zu integrieren [2]. Dies erfordert eine interdisziplinäre Zusammenarbeit zwischen Ingenieuren, Sozialwissenschaftlern, Ethikern und Juristen sowie die Bereitschaft, den Entwicklungsprozess für externe Überprüfungen und öffentliches Feedback zu öffnen.

Unternehmer und Wirtschaftsführer tragen eine besondere Verantwortung, da sie letztendlich die Entscheidungen über die Entwicklung und den Einsatz von Technologien treffen. Ihre Verantwortung geht über die Maximierung des Shareholder Value hinaus und umfasst eine Verpflichtung gegenüber allen Stakeholdern, einschließlich Mitarbeitern, Kunden, der Gesellschaft und der Umwelt. Dies erfordert eine langfristige Perspektive, die kurzfristige Gewinne nicht über nachhaltige und ethische Überlegungen stellt. Unternehmen müssen eine Kultur der ethischen Verantwortung fördern, die Mitarbeiter ermutigt, Bedenken zu äußern, und die ethische Reflexion als integralen Bestandteil der Unternehmensstrategie verankert. Die Einrichtung von Ethik-Kommissionen, die Durchführung von Ethik-Audits und die transparente Berichterstattung über die sozialen und ökologischen Auswirkungen des eigenen Handelns sind konkrete Schritte, um dieser Verantwortung gerecht zu werden [3].

Die Gestaltung einer verantwortungsvollen Zukunft ist eine kollektive Aufgabe, die nicht allein von Wissenschaftlern, Ingenieuren oder Unternehmern bewältigt werden kann. Sie erfordert eine neue Form des Gesellschaftsvertrags zwischen Wissenschaft, Wirtschaft, Politik und Zivilgesellschaft. Bildungseinrichtungen müssen die nächste Generation von Innovatoren nicht nur in technischen Fächern, sondern auch in Ethik und gesellschaftlicher Verantwortung ausbilden. Die Politik muss klare regulatorische Rahmenbedingungen schaffen, die Innovation fördern, aber gleichzeitig rote Linien definieren und das Gemeinwohl schützen. Und die Zivilgesellschaft muss sich aktiv in den Diskurs einbringen, ihre Bedenken artikulieren und ihre Erwartungen an eine verantwortungsvolle Technologieentwicklung formulieren [1, 6]. Nur durch dieses Zusammenspiel können wir sicherstellen, dass die mächtigen Werkzeuge, die wir schaffen, dazu verwendet werden, eine gerechtere, nachhaltigere und menschlichere Zukunft für alle zu gestalten.

Literaturhinweise zu Abschn. 13.3

1. AAAS (n.d.): The Social Responsibilities of Scientists and Engineers. Diese Ressource der American Association for the Advancement of Science unterstreicht die langjährige Auffassung, dass die Verantwortung von Wissenschaftlern und Ingenieuren über ihre beruflichen Pflichten hinausgeht und eine Verpflichtung gegenüber der Gesellschaft umfasst. https://www.aaas.org/resources/social-responsibilities-scientists-and-engineers-global-survey
2. University of Michigan Engineering News (2022): The ethical implications of tech, and why it matters for engineers. Dieser Artikel argumentiert, dass Inge-

nieure die Verantwortung nicht nur für das tragen, was sie schaffen, sondern auch dafür, wie ihre Arbeit genutzt wird, und fordert die Integration von Ethik in die Ingenieurausbildung. https://news.engin.umich.edu/2022/09/the-ethical-implications-of-tech-and-why-it-matters-for-engineers/

3. Akkermans, H. et al. (2023): The Social Responsibilities of Scientists and Technologists. Diese Publikation in Springer beschreibt die soziale Verantwortung von Wissenschaftlern als Verpflichtung, der Menschheit zu nützen, Wissen zu teilen und als Bürger mit moralischen Pflichten zu handeln. https://link.springer.com/chapter/10.1007/978-3-031-45304-5_5
4. Bird, S.J. (2014): Socially Responsible Science Is More than "Good Science". Dieser Artikel im PMC argumentiert, dass soziale Verantwortung in der Wissenschaft über die reine methodische Genauigkeit hinausgeht und eine Berücksichtigung der gesellschaftlichen Auswirkungen erfordert. https://pmc.ncbi.nlm.nih.gov/articles/PMC4278471/
5. TU Delft (2019): Responsible Innovation: Ethics, Safety and Technology. Dieses Lehrbuch bietet einen Rahmen, um über die Ethik und die Risiken neuer Technologien nachzudenken und gesellschaftliche Werte in den Innovationsprozess zu integrieren. https://open.umn.edu/opentextbooks/textbooks/responsible-innovation-ethics-safety-and-technology
6. McCrea, R. (2024): The role of public trust and social expectations. Diese Studie in ScienceDirect hebt hervor, dass „Responsible Innovation" ein Weg ist, soziale und ethische Risiken zu identifizieren und zu mindern, was für das öffentliche Vertrauen entscheidend ist. https://www.sciencedirect.com/science/article/pii/S0160791X24002574
7. Journalism.co (2023): Virtual Communities: The New Frontiers of Social Interaction Online. Definiert eine virtuelle Gemeinschaft als eine Gruppe von Individuen, die über digitale Plattformen auf der Grundlage gemeinsamer Interessen interagieren. https://journalism.university/digital-media/virtual-communities-social-interaction-online/
8. Adriana Lacy Consulting (2024): The Power of Digital Connection. Betont die Fähigkeit von Online-Communities, Gleichgesinnte aus der ganzen Welt zusammenzubringen. https://www.adrianalacyconsulting.com/work-samples/the-power-of-digital-connection-understanding-the-growing-importance-of-online-communities
9. Higher Logic (2024): What is an Online Community? The Basics and Benefits. Erklärt, dass Online-Communities ein Gefühl der Zugehörigkeit und des Engagements unter Mitgliedern und Kunden fördern. https://www.higherlogic.com/blog/what-is-an-online-community/

Teil IV

Synthese und Ausblick: Die nächste Generation gestalten

Der letzte Teil des Buches führt die Erkenntnisse aus den vorangegangenen Teilen zusammen und bietet eine ganzheitliche Perspektive auf die Zukunft. Es werden Szenarien für die Entwicklung von Wissenschaft, Technik, Wirtschaft und Sozialwesen entworfen und Handlungsempfehlungen für Entscheidungsträger aus Politik, Wirtschaft und Gesellschaft abgeleitet. Ziel ist es, einen konstruktiven Dialog über die Gestaltung einer wünschenswerten Zukunft für die nächste Generation anzustoßen.

Szenarien für die Zukunft 14

14.1 Best-Case-, Worst-Case- und wahrscheinlichste Szenarien: Die Entwicklung möglicher Zukunftspfade auf der Grundlage der aktuellen Trends

Die Zukunft ist kein vorbestimmtes Schicksal, sondern ein offener Möglichkeitsraum, der durch die Entscheidungen und Handlungen der Gegenwart geformt wird. Um in einer Welt zunehmender Komplexität und Unsicherheit navigieren zu können, ist die Fähigkeit, über mögliche Zukünfte nachzudenken, von entscheidender strategischer Bedeutung. Die Szenarioplanung ist eine bewährte Methode, um genau dies zu tun: Sie ermöglicht es Organisationen und Gesellschaften, sich von der trügerischen Sicherheit linearer Prognosen zu lösen und stattdessen eine Reihe von plausiblen, in sich konsistenten Zukunftsbildern zu entwickeln [3, 4]. Anstatt zu fragen, „Was wird passieren?", fragt die Szenarioplanung: „Was könnte passieren, und wie können wir uns darauf vorbereiten?" Dieser Ansatz zwingt uns, unsere grundlegenden Annahmen über die Welt zu hinterfragen, kritische Unsicherheiten zu identifizieren und die Wechselwirkungen zwischen verschiedenen treibenden Kräften zu verstehen. Typischerweise werden dabei mehrere alternative Szenarien entwickelt, die ein Spektrum möglicher Entwicklungen abdecken. Dazu gehören oft ein optimistisches Best-Case-Szenario, ein pessimistisches Worst-Case-Szenario und ein oder mehrere wahrscheinlichste Szenarien, die auf der Fortsetzung aktueller Trends basieren [1, 2]. Durch die detaillierte Ausarbeitung dieser Zukunftspfade können wir nicht nur unsere Strategien robuster und anpassungsfähiger gestalten, sondern auch ein tieferes Verständnis für die Dynamiken des Wandels selbst gewinnen.

Das Best-Case-Szenario, oft als „Utopie" oder „transformative Zukunft" bezeichnet, zeichnet ein Bild, in dem die in diesem Buch beschriebenen technologischen Durchbrüche ihr volles positives Potenzial entfalten und zum Wohle der gesamten Menschheit eingesetzt werden. In dieser Vision führt die Konvergenz von künstlicher Intelligenz,

U. Karrenberg, *Next Generation World*,
https://doi.org/10.1007/978-3-662-72805-5_14

Biotechnologie, erneuerbaren Energien und fortschrittlicher Konnektivität zu einer Ära des nachhaltigen Wohlstands und der globalen Zusammenarbeit. Generative KI wird zu einem universellen Werkzeug, das die menschliche Kreativität und Produktivität in allen Bereichen erweitert, von der personalisierten Bildung bis zur beschleunigten wissenschaftlichen Forschung [5]. Das Quantencomputing ermöglicht die Entwicklung neuer Medikamente und Materialien, die den Klimawandel bekämpfen und die menschliche Gesundheit revolutionieren. Die Bio-Revolution führt zu einer nachhaltigen Landwirtschaft, die die Welt ernähren kann, ohne den Planeten zu zerstören. Saubere Energie aus Fusion und fortschrittlichen erneuerbaren Quellen wird reichlich und erschwinglich, was die geopolitischen Spannungen um fossile Brennstoffe beendet. In diesem Szenario gelingt es der Weltgemeinschaft, effektive ethische Leitplanken und globale Regulierungsrahmen zu schaffen, die den Missbrauch dieser mächtigen Technologien verhindern. Das Ergebnis ist eine inklusivere, gerechtere und nachhaltigere Welt, in der die Technologie als kraftvoller Katalysator für menschlichen Fortschritt dient. Dieses Szenario ist zwar optimistisch, aber nicht unrealistisch. Es erfordert jedoch bewusste politische Entscheidungen, massive Investitionen in Bildung und Forschung und einen starken globalen Konsens über gemeinsame Werte und Ziele.

Am anderen Ende des Spektrums steht das Worst-Case-Szenario, eine dystopische Zukunft, in der die Risiken und negativen Folgen der neuen Technologien die Oberhand gewinnen. In diesem Szenario führt die unregulierte Entwicklung der künstlichen Intelligenz zu massiver Arbeitslosigkeit, zunehmender sozialer Ungleichheit und einer Überwachungsgesellschaft, in der die Privatsphäre der Vergangenheit angehört [5]. Algorithmische Voreingenommenheit verfestigt bestehende Diskriminierungen und schafft neue Formen der digitalen Ausgrenzung. Die Gentechnik führt zu einer genetischen Spaltung der Gesellschaft in „optimierte" Eliten und eine „natürliche" Unterschicht, was die sozialen Spannungen ins Unermessliche steigert. Der geopolitische Wettbewerb um die technologische Vorherrschaft, insbesondere im Bereich der KI und des Quantencomputings, mündet in einen neuen Kalten Krieg, der von Cyberangriffen, Desinformationskampagnen und der Entwicklung autonomer Waffensysteme geprägt ist. Anstatt den Klimawandel zu bekämpfen, werden die neuen Technologien zur weiteren Ausbeutung von Ressourcen und zur Perfektionierung von Kontroll- und Unterdrückungsinstrumenten eingesetzt. In diesem Szenario scheitert die internationale Zusammenarbeit, und kurzfristige nationale und unternehmerische Interessen setzen sich gegen das globale Gemeinwohl durch. Das Ergebnis ist eine fragmentierte, von Konflikten und Misstrauen geprägte Welt, in der die Technologie die Menschheit nicht befreit, sondern versklavt. Dieses Szenario ist eine ernste Warnung davor, was passieren könnte, wenn wir die ethischen und gesellschaftlichen Herausforderungen der technologischen Revolution ignorieren.

Zwischen diesen beiden Extremen liegt das wahrscheinlichste Szenario, das oft als „Muddling Through" oder „Flickenteppich-Zukunft" bezeichnet wird. Dieses Szenario ist durch eine Mischung aus Fortschritt und Rückschritt, Chancen und Herausforderungen gekennzeichnet. Es ist eine Welt, in der die neuen Technologien in einigen Bereichen bemerkenswerte Erfolge erzielen, während sie in anderen neue Probleme schaffen oder bestehende verschärfen. In diesem Szenario wird die KI die Produktivität in vielen Sektoren steigern, aber der Übergang wird von erheblichen sozialen Verwerfungen begleitet, da die Anpassung der Bildungssysteme und Arbeitsmärkte nur langsam vorankommt. Die Energiewende schreitet voran, aber nicht schnell genug, um die schlimmsten Folgen des Klimawandels abzuwenden. Die globale Konnektivität nimmt zu, aber die digitale Kluft zwischen den vernetzten und den abgehängten Regionen der Welt bleibt bestehen. Es gibt eine ständige Spannung zwischen dem Wunsch nach personalisierten Diensten und dem Bedürfnis nach Privatsphäre, die durch einen Flickenteppich aus nationalen und regionalen Regulierungen nur unzureichend gelöst wird. Die geopolitische Landschaft ist von einer instabilen Koexistenz von Kooperation und Konkurrenz geprägt. Dieses Szenario ist vielleicht weniger dramatisch als die beiden Extreme, aber es ist in seiner Komplexität und seinen Widersprüchen das realistischste. Es ist eine Welt, die ständige Wachsamkeit, Anpassungsfähigkeit und die Bereitschaft zu Kompromissen erfordert. Die Zukunft wird wahrscheinlich kein klares Utopia oder eine eindeutige Dystopie sein, sondern eine unordentliche und unvorhersehbare Mischung aus beidem, deren genaue Ausprägung von den Entscheidungen abhängt, die wir heute treffen [6].

Die Analyse dieser unterschiedlichen Szenarien ist kein Selbstzweck. Ihr eigentlicher Wert liegt darin, uns auf die verschiedenen möglichen Zukünfte vorzubereiten und unsere Fähigkeit zu verbessern, auf unvorhergesehene Ereignisse zu reagieren. Indem wir die treibenden Kräfte und Unsicherheiten identifizieren, die jedem Szenario zugrunde liegen, können wir Frühwarnindikatoren entwickeln, die uns signalisieren, in welche Richtung sich die Welt bewegt. Dies ermöglicht es uns, unsere Strategien proaktiv anzupassen, anstatt nur reaktiv auf Krisen zu reagieren. Die Szenarioplanung fördert ein Denken in Optionen und Alternativen und hilft uns, eine gemeinsame Sprache und ein gemeinsames Verständnis für die komplexen Herausforderungen der Zukunft zu entwickeln. Sie ist ein Werkzeug, um die Zukunft nicht vorherzusagen, sondern um sie bewusst zu gestalten. Indem wir uns die bestmögliche Zukunft vorstellen und die Schritte identifizieren, die dorthin führen, können wir eine positive Vision schaffen, die als Leitstern für unser heutiges Handeln dient. Gleichzeitig zwingt uns die Auseinandersetzung mit dem Worst-Case-Szenario dazu, die notwendigen Schutzmaßnahmen und ethischen Leitplanken zu errichten, um die größten Gefahren abzuwenden. Die Zukunft ist nicht etwas, das uns einfach passiert; sie ist etwas, das wir gemeinsam erschaffen [3, 4].

Die Entwicklung dieser Szenarien erfordert einen disziplinierten und partizipativen Prozess. Er beginnt mit der Identifizierung der Schlüsselfragen und des Zeithorizonts der Analyse. Anschließend werden die wichtigsten treibenden Kräfte des Wandels – technologische, wirtschaftliche, soziale, politische und ökologische Trends – identifiziert und bewertet. Die kritischsten Unsicherheiten, also jene treibenden Kräfte, deren Ausgang am ungewissesten und deren Einfluss am größten ist, bilden die Achsen, um die herum die verschiedenen Szenarien konstruiert werden. Jedes Szenario wird dann zu einer detaillierten und in sich stimmigen Erzählung ausgearbeitet, die beschreibt, wie die Welt in dieser spezifischen Zukunft aussehen könnte. Diese Erzählungen werden mit Daten und Fakten angereichert, um ihre Plausibilität zu untermauern. Schließlich werden die Implikationen jedes Szenarios für die eigene Organisation oder Gesellschaft analysiert und strategische Optionen und Handlungspläne entwickelt. Dieser Prozess ist iterativ und sollte regelmäßig wiederholt werden, um neuen Entwicklungen und Erkenntnissen Rechnung zu tragen. Er ist ein kontinuierlicher Lernprozess, der uns hilft, die Komplexität der Welt besser zu verstehen und unsere Fähigkeit zu verbessern, eine wünschenswerte Zukunft zu gestalten [1, 6].

Literaturhinweise zu Abschn. 14.1

1. Corporate Finance Institute (n.d.): Scenario Analysis. Dieser Artikel bietet eine grundlegende Einführung in die Szenarioanalyse aus einer betriebswirtschaftlichen Perspektive und erklärt die Konzepte von Best-Case-, Worst-Case- und Base-Case-Szenarien. https://corporatefinanceinstitute.com/resources/financial-modeling/scenario-analysis/
2. Orgvista (2024): Scenario Modelling: A Comprehensive Guide. Ein umfassender Leitfaden zur Szenariomodellierung, der die verschiedenen Arten von Szenarien und ihre Anwendung in der strategischen Planung erläutert. https://www.orgvue.com/resources/articles/scenario-modelling-a-comprehensive-guide/
3. Amer, M. et al. (2013): A review of scenario planning. Ein vielzitierter wissenschaftlicher Übersichtsartikel, der verschiedene Methoden der Szenarioplanung analysiert und ihre Anwendung in unterschiedlichen Kontexten bewertet. https://www.sciencedirect.com/science/article/pii/S0016328712001978
4. Sardesai, S. et al. (2021): A methodology for future scenario planning. Dieses Buchkapitel beschreibt einen detaillierten methodischen Ansatz zur Erstellung von Zukunftsszenarien, insbesondere im Kontext von Lieferketten. https://library.oapen.org/bitstream/handle/20.500.12657/46112/2021_Book_NextGenerationSupplyChains.pdf?sequence=1#page=50
5. Imagining the Digital Future Center (n.d.): 'AI Impact by 2040': Experts share scenarios. Eine Sammlung von Experten-Szenarien, die die potenziellen Auswirkungen der künstlichen Intelligenz auf die Gesellschaft bis zum Jahr 2040 beschreiben. https://imaginingthedigitalfuture.org/reports-and-publications/the-impact-of-artificial-intelligence-by-2040/a-selection-of-future-scenarios-how-things-might-play-out/
6. Science Focus (2023): Future technology: 22 ideas about to change our world. Dieser Artikel gibt einen Überblick über aufkommende Technologien und ihre potenziellen Auswirkungen, die als Bausteine für Zukunftsszenarien dienen können. https://www.sciencefocus.com/future-technology/future-technology-22-ideas-about-to-change-our-world

14.2 Das Zusammenspiel von Technologie, Wirtschaft und Gesellschaft: Eine ganzheitliche Betrachtung der Wechselwirkungen zwischen den verschiedenen Bereichen

Die tiefgreifenden Veränderungen, die wir erleben, lassen sich nicht isoliert betrachten. Technologie, Wirtschaft und Gesellschaft sind keine getrennten Silos, sondern die drei untrennbar miteinander verwobenen Stränge eines komplexen sozio-technischen Systems [3, 5]. Jede technologische Neuerung hat unweigerlich wirtschaftliche Folgen, und jede wirtschaftliche Veränderung hat wiederum soziale und kulturelle Auswirkungen. Umgekehrt treiben gesellschaftliche Bedürfnisse und Werte die technologische Entwicklung voran und formen die Märkte der Zukunft. Die Beziehung ist zirkulär und reziprok: Die Gesellschaft treibt den technologischen Wandel voran, und die Technologie formt im Gegenzug die Gesellschaft [1, 6]. Ein ganzheitliches Verständnis dieser Wechselwirkungen ist entscheidend, um die Dynamik der aktuellen Transformation zu erfassen und die Zukunft nicht nur als eine Reihe von technologischen Durchbrüchen, sondern als eine tiefgreifende Neugestaltung unserer Lebens- und Wirtschaftsweise zu begreifen. Die digitale Transformation ist daher nicht nur ein technologisches, sondern vor allem ein soziales und kulturelles Phänomen [4].

Die Technologie ist oft der ursprüngliche Katalysator des Wandels. Die Erfindung des Internets, die Entwicklung des Smartphones oder der Aufstieg der künstlichen Intelligenz sind Beispiele für technologische Basisinnovationen, die weitreichende Kaskadeneffekte auslösen. Diese Technologien verändern zunächst die Art und Weise, wie wir kommunizieren, Informationen beschaffen und Entscheidungen treffen. Dieses veränderte menschliche Verhalten hat direkte wirtschaftliche Konsequenzen [1]. Es schafft neue Märkte für digitale Produkte und Dienstleistungen, während es gleichzeitig traditionelle Geschäftsmodelle untergräbt. Die Musikindustrie, der Einzelhandel oder die Medienbranche sind nur einige Beispiele für Sektoren, die durch die Digitalisierung grundlegend transformiert wurden. Neue wirtschaftliche Akteure, wie die großen Technologieplattformen, entstehen und erlangen eine enorme Marktmacht, was wiederum neue regulatorische Fragen aufwirft. Die Art und Weise, wie wir arbeiten, wird durch Automatisierung und KI neu definiert, was zu einer Verschiebung der nachgefragten Qualifikationen und zu neuen Formen der Arbeitsorganisation führt [2].

Diese wirtschaftlichen Veränderungen haben tiefgreifende soziale und kulturelle Folgen. Die zunehmende Flexibilisierung der Arbeit beeinflusst die Struktur unseres Alltags und die Balance zwischen Berufs- und Privatleben. Die algorithmische Kuratierung von Informationen in sozialen Medien formt unsere Wahrnehmung der Welt und beeinflusst die öffentliche Meinungsbildung. Die Möglichkeit, sich online in Interessengemeinschaften zu vernetzen, schafft neue Formen der sozialen Zugehörigkeit, die nicht mehr an geografische Nähe gebunden sind. Gleichzeitig können diese Entwicklungen aber auch zu neuen sozialen Spaltungen führen, wie der digitalen Kluft zwischen denen, die die neuen Technologien nutzen können, und denen, die davon ausgeschlossen sind. Die Konzentration von Reichtum und Macht bei einigen wenigen Technologieunternehmen wirft Fragen der sozialen Gerechtigkeit und der demokratischen Kontrolle auf. Diese sozialen und kulturellen Veränderungen schaffen wiederum neue Bedürfnisse und Erwartungen, die als Anstoß für die nächste Welle technologischer Innovationen dienen [4, 6]. Der Wunsch nach nachhaltigeren Lebensweisen treibt beispielsweise die Entwicklung grüner Technologien voran, und die Sorge um die Privatsphäre fördert die Forschung an datenschutzfreundlichen Technologien.

Dieses komplexe Zusammenspiel lässt sich als ein kontinuierlicher Kreislauf von Innovation, Disruption und Anpassung beschreiben. Ein technologischer Durchbruch (z. B. das Smartphone) ermöglicht neue Verhaltensweisen (mobile Internetnutzung), die neue Geschäftsmodelle schaffen (App-Economy). Diese Geschäftsmodelle verändern die Wirtschaftsstruktur (Aufstieg von Plattformen wie Uber oder Airbnb) und führen zu sozialen Veränderungen (Gig-Economy, neue Formen der Mobilität und des Reisens). Diese sozialen Veränderungen werfen wiederum neue Probleme auf (prekäre Arbeit, Wohnraummangel in Städten), die nach politischen und regulatorischen Antworten verlangen (Mindestlöhne für Gig-Worker, Regulierung von Kurzzeitvermietungen) und neue technologische Lösungen inspirieren (Plattformen für faire Arbeit, nachhaltige Tourismus-Apps). Dieses Modell zeigt, dass der Wandel nicht linear, sondern dynamisch und oft unvorhersehbar ist. Es gibt keine einfachen Ursache-Wirkungs-Ketten, sondern komplexe Rückkopplungsschleifen, die den Wandel in unerwartete Richtungen lenken können [1, 2].

Ein ganzheitlicher Ansatz zur Gestaltung der Zukunft muss daher alle drei Dimensionen – Technologie, Wirtschaft und Gesellschaft – gleichzeitig berücksichtigen. Eine rein technologiezentrierte Sichtweise, die davon ausgeht, dass technischer Fortschritt automatisch zu sozialem Fortschritt führt (Techno-Optimismus), ist ebenso naiv wie eine rein kulturkritische Sichtweise, die die Technologie als unaufhaltsame Bedrohung darstellt (Techno-Pessimismus). Stattdessen müssen wir anerkennen, dass Technologie immer in einen sozialen und wirtschaftlichen Kontext eingebettet ist und dass ihre Auswirkungen davon abhängen, wie wir sie gestalten und regulieren [3, 5]. Dies erfordert einen interdisziplinären Dialog zwischen Ingenieuren, Ökonomen, Soziologen, Ethikern und politischen Entscheidungsträgern. Es erfordert die Entwicklung von „sozio-technischen Zukunftsvorstellungen" (sociotechnical imaginaries), also kollektiven Visionen davon, wie eine wünschenswerte, von Technologie geprägte Zukunft aussehen könnte. Diese Visionen sind nicht nur passive Vorhersagen, sondern aktive Gestaltungsinstrumente, die die Richtung der technologischen Entwicklung und der politischen Regulierung beeinflussen können [5].

Die große Herausforderung besteht darin, die Innovationskraft der Technologie zu nutzen, um wirtschaftlichen Wohlstand zu schaffen, und gleichzeitig sicherzustellen, dass dieser Wohlstand breit verteilt wird und der soziale Zusammenhalt gestärkt wird. Es geht darum, einen Rahmen zu schaffen, der es ermöglicht, die Chancen der digitalen Transformation zu ergreifen und gleichzeitig ihre Risiken zu minimieren. Dies erfordert eine proaktive Politik, die nicht nur auf technologische Veränderungen reagiert, sondern sie vorausschauend mitgestaltet. Dazu gehören Investitionen in Bildung und lebenslanges

Lernen, um die Menschen auf die Arbeitswelt der Zukunft vorzubereiten, die Modernisierung der sozialen Sicherungssysteme, um neue Arbeitsformen abzusichern, und die Schaffung von klaren ethischen und rechtlichen Leitplanken für den Einsatz mächtiger Technologien wie KI und Gentechnik. Die Gestaltung der Zukunft ist eine Gemeinschaftsaufgabe, die das Engagement und die Zusammenarbeit aller Bereiche der Gesellschaft erfordert [1, 6]

Literaturhinweise zu Abschn. 14.2

1. Columbia Climate School (2023): Technology, Culture, Economics, and Politics. Dieser Artikel beschreibt die kausale Kette, in der neue Technologien das menschliche Verhalten und die Kultur verändern, was wiederum wirtschaftliche und politische Interaktionen beeinflusst. https://news.climate.columbia.edu/2023/08/14/technology-culture-economics-and-politics/
2. Gupta, S. et al. (2022): The interaction between technology, business environment and society in ICT industries. Diese Studie konzentriert sich auf die Wechselwirkungen zwischen Technologie, Geschäftsumfeld, Regulierung und Gesellschaft in der Informations- und Kommunikationstechnologiebranche. https://www.sciencedirect.com/science/article/pii/S0970389622000465
3. Interaction Design Foundation (2025): Complex Socio-Technical Systems. Dieser Artikel definiert komplexe sozio-technische Systeme als vielschichtige gesellschaftliche Probleme, die ein ganzheitliches Verständnis der Wechselwirkungen zwischen Mensch und Technologie erfordern. https://www.interaction-design.org/literature/topics/complex-socio-technical-systems
4. Hilbert, M. (2020): Digital technology and social change: the digital transformation of society from a historical perspective. Ein vielzitierter Artikel, der die digitale Transformation der Gesellschaft aus einer historischen Perspektive analysiert und die tiefgreifenden sozialen Veränderungen hervorhebt. https://www.tandfonline.com/doi/abs/10.31887/DCNS.2020.22.2/mhilbert
5. Hendriks, A. et al. (2025): Shaping the future: A conceptual review of sociotechnical imaginaries. Dieser Übersichtsartikel untersucht das Konzept der „soziotechnischen Zukunftsvorstellungen" und wie diese kollektiven Visionen die Entwicklung und Legitimation neuer Technologien beeinflussen. https://www.sciencedirect.com/science/article/pii/S0016328725000692
6. National Academies of Sciences, Engineering, and Medicine (n.d.): A. Interaction of Technology and Humans. Diese Ressource betont die reziproke Beziehung zwischen Technologie und Gesellschaft und wie sie sich gegenseitig formen. https://www.nagb.gov/naep-subject-areas/technology-and-engineering-literacy/framework-archive/2014-technology-framework/toc/ch_2/society/society1.html

14.3 Eine Vision für eine wünschenswerte Zukunft: Die Formulierung eines positiven Zukunftsbildes als Leitfaden für das Handeln

Angesichts der tiefgreifenden Umbrüche und der damit verbundenen Unsicherheiten reicht es nicht aus, nur auf mögliche Zukünfte zu reagieren. Um den Wandel aktiv zu gestalten, benötigen wir eine positive und motivierende Vision für eine wünschenswerte Zukunft. Eine solche Vision ist mehr als nur ein optimistisches Szenario; sie ist ein normativer Kompass, ein Leitstern, der uns Orientierung gibt und unser Handeln in der Gegenwart inspiriert [1, 3]. Sie beantwortet nicht die Frage, wohin wir uns wahrscheinlich bewegen, sondern wohin wir uns bewegen sollten. Die Formulierung eines solchen positiven Zukunftsbildes ist ein zutiefst kreativer und partizipativer Akt. Er erfordert einen breiten gesellschaftlichen Dialog darüber, welche Werte uns wichtig sind, welche Art von Gesellschaft wir für zukünftige Generationen schaffen wollen und wie wir die enormen Potenziale der neuen Technologien nutzen können, um diese Vision zu verwirklichen. Eine überzeugende Vision kann eine enorme mobilisierende Kraft entfalten, indem sie ein gemeinsames Ziel definiert und die Anstrengungen von Politik, Wirtschaft, Wissenschaft und Zivilgesellschaft auf dieses Ziel ausrichtet.

Eine Vision für eine wünschenswerte Zukunft im 21. Jahrhundert könnte auf drei zentralen Säulen ruhen: nachhaltiger Wohlstand, menschliche Entfaltung und globale Solidarität. Nachhaltiger Wohlstand bedeutet einen Paradigmenwechsel weg von einem rein auf materiellem Wachstum basierenden Wirtschaftsmodell hin zu einer Kreislaufwirtschaft, die die planetaren Grenzen respektiert. In dieser Vision werden erneuerbare Energien, ressourceneffiziente Produktionsverfahren und nachhaltiger Konsum zur Norm. Die Technologie, insbesondere KI und Biotechnologie, wird gezielt eingesetzt, um ökologische Probleme zu lösen, anstatt sie zu verschärfen. Wohlstand wird nicht mehr nur am Bruttoinlandsprodukt gemessen, sondern an Indikatoren, die auch die Gesundheit des Planeten, das soziale Wohlergehen und die Lebensqualität der Menschen berücksichtigen [4].

Die zweite Säule, die menschliche Entfaltung, stellt den Menschen und seine Bedürfnisse in den Mittelpunkt. In dieser Zukunftsvision wird die Technologie nicht als Ersatz, sondern als Werkzeug zur Erweiterung menschlicher Fähigkeiten (Augmented Intelligence) verstanden. Die Automatisierung von Routineaufgaben schafft Freiräume für kreative, soziale und sinnstiftende Tätigkeiten. Lebenslanges Lernen wird zu einem integralen Bestandteil des Lebens, unterstützt durch personalisierte und zugängliche Bildungsangebote, die es den Menschen ermöglichen, sich kontinuierlich weiterzuentwickeln und ihre Potenziale zu entfalten [2]. Die Gesundheitsversorgung ist proaktiv und personalisiert und konzentriert sich auf Prävention und Wohlbefinden statt nur auf die Behandlung von Krankheiten. Die Arbeit ist flexibel, fair und sinnstiftend und ermöglicht eine bessere Vereinbarkeit von Beruf, Familie und persönlichem Engagement. Es ist eine Zukunft, in der der technologische Fortschritt direkt in eine höhere Lebensqualität für alle umgesetzt wird.

Die dritte Säule, die globale Solidarität, erkennt an, dass die großen Herausforderungen unserer Zeit – vom Klimawandel über Pandemien bis hin zur Regulierung globaler

Technologien – nur durch internationale Zusammenarbeit gelöst werden können. In dieser Vision überwinden wir die geopolitischen Rivalitäten des 20. Jahrhunderts und schaffen eine neue Ära des Multilateralismus. Globale Institutionen werden gestärkt, um gemeinsame Regeln für den Umgang mit globalen Gemeinschaftsgütern wie dem Klima, den Ozeanen und dem digitalen Raum zu schaffen. Die Vorteile des technologischen Fortschritts werden gerecht geteilt, und es werden gezielte Anstrengungen unternommen, um die digitale und die globale Entwicklungskluft zu schließen. Es ist eine Vision einer vernetzten und interdependenten Welt, die auf den Prinzipien der gemeinsamen Verantwortung, der gegenseitigen Achtung und der Menschenrechte beruht [4].

Die Formulierung einer solchen Vision ist der erste und wichtigste Schritt. Der zweite, noch schwierigere Schritt ist ihre Umsetzung. Dies erfordert konkrete Handlungsempfehlungen für die verschiedenen Akteure. Die Politik ist gefordert, die richtigen Rahmenbedingungen zu schaffen. Dazu gehören mutige Investitionen in Bildung, Forschung und nachhaltige Infrastruktur, eine intelligente Regulierung, die Innovation fördert und gleichzeitig ethische Leitplanken setzt, und eine Steuerpolitik, die nachhaltiges Verhalten belohnt und umweltschädliches Verhalten bestraft. Die Wirtschaft ist gefordert, ihre Geschäftsmodelle neu auszurichten und soziale und ökologische Verantwortung als integralen Bestandteil ihrer Strategie zu begreifen. Dies bedeutet, in langfristige Wertschöpfung statt in kurzfristige Gewinnmaximierung zu investieren und sich aktiv an der Lösung gesellschaftlicher Probleme zu beteiligen. Die Wissenschaft hat die Verantwortung, nicht nur neue Technologien zu entwickeln, sondern auch deren potenzielle Auswirkungen zu erforschen und einen offenen Dialog mit der Gesellschaft über die damit verbundenen Chancen und Risiken zu führen [1, 5].

Und schließlich ist die Zivilgesellschaft gefordert, sich aktiv in den Gestaltungsprozess einzubringen. Jeder Einzelne kann durch sein Konsumverhalten, sein politisches Engagement und seine Bereitschaft zum lebenslangen Lernen einen Beitrag leisten. Bildungseinrichtungen spielen eine entscheidende Rolle bei der Vermittlung der Kompetenzen, die für die Zukunft benötigt werden, insbesondere kritisches Denken, Kreativität und die Fähigkeit zur Zusammenarbeit [2]. Nichtregierungsorganisationen, Stiftungen und soziale Bewegungen können wichtige Impulse geben, den öffentlichen Diskurs vorantreiben und als Korrektiv für Politik und Wirtschaft fungieren. Die Gestaltung einer wünschenswerten Zukunft ist keine Aufgabe für Eliten, sondern ein demokratischer Prozess, der die Beteiligung aller erfordert [6].

Eine solche positive Vision ist kein starres Endziel, sondern ein dynamischer Prozess der kontinuierlichen Anpassung und des Lernens. Sie muss offen sein für neue Ideen, widerstandsfähig gegenüber Rückschlägen und anpassungsfähig an unvorhergesehene Entwicklungen. Doch ohne eine solche gemeinsame Vorstellung davon, wohin wir als Gesellschaft wollen, laufen wir Gefahr, uns in den Komplexitäten der Gegenwart zu verlieren und die Gestaltung der Zukunft den blinden Kräften des Marktes oder des technologischen Determinismus zu überlassen. Eine klare und überzeugende Vision für eine wünschenswerte Zukunft ist der mächtigste Hebel, den wir haben, um die enormen Potenziale der nächsten Generation von Technologien zu nutzen und eine Welt zu schaffen, die nicht nur technologisch fortschrittlicher, sondern auch menschlicher, gerechter und nachhaltiger ist [1, 3].

Literaturhinweise zu Abschn. 14.3

1. Boenink, M. (2013): Anticipating the future of technology and society by way of (plausible) scenarios: fruitful, futile or fraught with danger? Dieser Artikel diskutiert die Rolle von Szenarien bei der Antizipation der Zukunft und betont die Notwendigkeit, über plausible Szenarien hinaus eine normative Vision zu entwickeln. https://www.inderscienceonline.com/doi/abs/10.1504/IJFIP.2013.058608
2. Facer, K. & Sandford, R. (2010): The next 25 years?: future scenarios and future directions for education and technology. Diese Studie untersucht Zukunftsszenarien für Bildung und Technologie und argumentiert für eine Neuausrichtung der Bildung, um zukünftigen gesellschaftlichen Bedürfnissen gerecht zu werden. https://onlinelibrary.wiley.com/doi/abs/10.1111/j.1365-2729.2009.00337.x
3. Socio-technical futures shaping the present. Diese Sammlung von Arbeiten untersucht, wie Zukunftsvisionen die Gegenwart beeinflussen und als Instrumente zur Gestaltung des sozio-technischen Wandels dienen können. https://link.springer.com/content/pdf/10.1007/978-3-658-27155-8.pdf
4. U.S. National Intelligence Council (n.d.): Global Trends 2040: A More Contested World. Dieser Bericht des US-Geheimdienstes skizziert globale strukturelle Kräfte, die die Zukunft prägen werden, und kann als Grundlage für die Entwicklung von Visionen für eine stabile und prosperierende Weltordnung dienen. https://www.dni.gov/index.php/gt2040-home/gt2040-structural-forces/technology
5. Fischer, L. et al. (2025): How to build (in) the future? Legitimacy of socio-technical imaginaries in the bio-based construction sector. Diese Studie untersucht, wie Akteure Zukunftsvisionen nutzen, um die Legitimität und Entwicklung neuer Technologien in einem bestimmten Sektor zu fördern. https://www.sciencedirect.com/science/article/pii/S2210422425000358
6. Future transport systems: long-term visions and socio-technical transitions. Dieser Artikel analysiert die Rolle von langfristigen Visionen bei der Steuerung des Übergangs zu nachhaltigeren sozio-technischen Systemen am Beispiel des Verkehrssektors. https://link.springer.com/article/10.1007/s12544-014-0135-3

Handlungsempfehlungen 15

15.1 Für Politik und Regulierung: Konkrete Vorschläge für politische Entscheidungsträger zur Gestaltung der Rahmenbedingungen

Die Gestaltung der technologischen Revolution ist eine der zentralen Aufgaben der Politik im 21. Jahrhundert. Es geht darum, einen Rahmen zu schaffen, der Innovation fördert, wirtschaftlichen Wohlstand ermöglicht und gleichzeitig die Gesellschaft vor den potenziellen negativen Folgen schützt. Dies erfordert einen Paradigmenwechsel in der Regulierung – weg von reaktiven, starren Gesetzen hin zu einem proaktiven, agilen und vorausschauenden Governance-Ansatz. Die größte Herausforderung ist das sogenannte „Pacing Problem": Die Technologie entwickelt sich exponentiell, während die politischen und regulatorischen Prozesse linear und oft langsam verlaufen [4]. Um diese Lücke zu schließen, müssen Regierungen neue, anpassungsfähige Regulierungsmechanismen entwickeln. Dazu gehören beispielsweise regulatorische Sandkästen, in denen Unternehmen neue Technologien in einer kontrollierten Umgebung testen können, oder prinzipienbasierte Regulierungen, die allgemeine Ziele (wie Fairness, Transparenz und Sicherheit) vorgeben, anstatt spezifische technische Lösungen vorzuschreiben. Solche Ansätze ermöglichen es, mit dem schnellen Tempo des Wandels Schritt zu halten, ohne Innovationen im Keim zu ersticken. Grundlegend für jede moderne Regulierung ist ein offener, transparenter und evidenzbasierter Prozess, der alle relevanten Stakeholder – einschließlich der Zivilgesellschaft und unabhängiger Experten – einbezieht [1].

Ein zentrales Handlungsfeld ist die Regulierung der künstlichen Intelligenz. Angesichts der enormen potenziellen Auswirkungen von KI auf Wirtschaft und Gesellschaft ist ein klarer rechtlicher Rahmen unerlässlich. Die Vereinigten Staaten verfolgen bisher einen sektorspezifischen Ansatz und verlassen sich auf bestehende Gesetze, doch der Druck, eine umfassendere, bundesweite KI-Gesetzgebung zu schaffen, wächst [2, 3]. Der „AI Ac-

U. Karrenberg, *Next Generation World*,
https://doi.org/10.1007/978-3-662-72805-5_15

tion Plan“ der US-Regierung deutet auf die Absicht hin, eine föderale Regulierungsbehörde zu schaffen, die für die Überwachung von KI-Systemen zuständig sein könnte. Ein solcher Rahmen muss sich mit den Kernproblemen der KI-Ethik befassen: Er muss Rechenschaftspflicht für KI-Entscheidungen sicherstellen, Diskriminierung durch algorithmische Voreingenommenheit verbieten und klare Regeln für den Einsatz von KI in kritischen Bereichen wie der Strafverfolgung, der Medizin und der autonomen Kriegsführung festlegen. Ein risikobasierter Ansatz, wie er im AI Act der Europäischen Union verfolgt wird, erscheint hierbei sinnvoll: Je höher das potenzielle Risiko eines KI-Systems, desto strenger die regulatorischen Anforderungen. Für generative KI-Modelle sind zudem Transparenzpflichten, wie die Kennzeichnung von KI-generierten Inhalten (Wasserzeichen), von entscheidender Bedeutung, um Desinformation zu bekämpfen und das Vertrauen in digitale Inhalte zu stärken [5].

Neben der spezifischen KI-Regulierung muss die Politik die digitale Transformation als Ganzes gestalten. Die Weltbank betont die Notwendigkeit, starke rechtliche und institutionelle Grundlagen für die digitale Wirtschaft zu schaffen, um deren volles Potenzial auszuschöpfen [6]. Dazu gehört der massive Ausbau der digitalen Infrastruktur, um die digitale Kluft zu schließen und allen Bürgern einen erschwinglichen Zugang zum Internet zu ermöglichen. Es erfordert auch eine Modernisierung des Steuerrechts, um sicherzustellen, dass globale Technologiekonzerne einen fairen Beitrag zum Gemeinwesen leisten. Die Internationale Fernmeldeunion (ITU) weist auf die Notwendigkeit hin, globale Standards für den Datenaustausch und die Interoperabilität von Systemen zu entwickeln, um die Entstehung von abgeschotteten digitalen Ökosystemen zu verhindern. Gleichzeitig muss die Politik die Souveränität und die Rechte der Nutzer im digitalen Raum schützen. Gesetze wie die Datenschutz-Grundverordnung (DSGVO) in Europa sind ein wichtiger Schritt, um den Bürgern die Kontrolle über ihre persönlichen Daten zurückzugeben. Solche Regelungen sollten global als Vorbild dienen, um einen „Race to the Bottom“ beim Datenschutz zu verhindern.

Eine weitere zentrale Aufgabe der Politik ist die proaktive Gestaltung des Strukturwandels am Arbeitsmarkt. Anstatt die Automatisierung zu fürchten, sollte die Politik sie als Chance begreifen, die Produktivität zu steigern und die Menschen von monotoner und gefährlicher Arbeit zu befreien. Dies erfordert jedoch massive Investitionen in Bildung und lebenslanges Lernen. Die Politik muss Anreize für Unternehmen schaffen, in die Weiterbildung ihrer Mitarbeiter zu investieren, und gleichzeitig öffentliche Programme für Umschulungen und Qualifizierungen auflegen, insbesondere für diejenigen, deren Arbeitsplätze durch die Automatisierung bedroht sind. Die Modernisierung der sozialen Sicherungssysteme ist ebenfalls unerlässlich. Neue, flexible Arbeitsformen wie die Gig-Economy erfordern neue Modelle der sozialen Absicherung, die über das traditionelle Normalarbeitsverhältnis hinausgehen. Dazu könnten portable Sozialversicherungsansprüche gehören, die an die Person und nicht an den Arbeitgeber gebunden sind, oder die Diskussion über ein bedingungsloses Grundeinkommen, das als soziales Sicherheitsnetz in einer sich schnell wandelnden Arbeitswelt dienen könnte.

Schließlich muss die Politik eine aktive und vorausschauende Innovations- und Industriepolitik betreiben. Anstatt nur auf die Entwicklungen im Silicon Valley oder in China zu reagieren, müssen demokratische Staaten eigene strategische Prioritäten setzen und gezielt in Schlüsseltechnologien der Zukunft investieren. Dazu gehören nicht nur KI und Quantencomputing, sondern auch grüne Technologien, Biotechnologie und fortschrittliche Materialien. Staatliche Forschungsförderung, öffentliche Aufträge und die Schaffung von Innovationsökosystemen, in denen Wissenschaft, Start-ups und etablierte Unternehmen zusammenarbeiten, sind entscheidende Instrumente, um die technologische Souveränität zu sichern und die Entwicklung von Technologien zu fördern, die dem Gemeinwohl dienen. Diese Politik muss jedoch immer mit einem klaren Bekenntnis zu demokratischen Werten und ethischen Prinzipien verbunden sein. Das Ziel ist nicht, den technologischen Wettbewerb um jeden Preis zu gewinnen, sondern die Technologie in den Dienst einer freien, gerechten und nachhaltigen Gesellschaft zu stellen.

Die Komplexität dieser Aufgaben erfordert eine neue Art des Regierens. Sie erfordert eine stärkere interdisziplinäre Zusammenarbeit zwischen den Ministerien, eine engere Partnerschaft zwischen Staat, Wirtschaft und Zivilgesellschaft und eine größere Bereitschaft, zu experimentieren und aus Fehlern zu lernen. Die Politik muss sich als lernendes System verstehen, das seine Strategien und Instrumente kontinuierlich an die sich verändernde Realität anpasst. Die Gestaltung der Zukunft ist kein einmaliger Akt, sondern ein permanenter Prozess des Dialogs, der Aushandlung und der Anpassung. Nur eine Politik, die diese Herausforderung annimmt, kann die Chancen der technologischen Revolution nutzen und gleichzeitig ihre Versprechen von Fortschritt und Wohlstand für alle einlösen [1, 4].

Literaturhinweise zu Abschn. 15.1

1. UNESCO (n.d.): Guidelines for the Governance of Digital Platforms. Diese Leitlinien fordern offene, transparente und evidenzbasierte Regulierungsprozesse sowie eine unabhängige Aufsicht, um eine effektive und nachhaltige Governance digitaler Plattformen zu gewährleisten. https://www.unesco.org/en/internet-trust/guidelines
2. White & Case (2025): AI Watch: Global regulatory tracker – United States. Ein Überblick über den Regulierungsstand von KI in den USA, der aufzeigt, dass sich das Land bisher auf bestehende Gesetze stützt, aber eine umfassendere Bundesgesetzgebung plant. https://www.whitecase.com/insight-our-thinking/ai-watch-global-regulatory-tracker-united-states
3. Congressional Research Service (2025): Regulating Artificial Intelligence: U.S. and International … Dieser Bericht bestätigt, dass in den USA bisher keine breite Bundesgesetzgebung zur Regulierung von KI verabschiedet wurde. https://www.congress.gov/crs-product/R48555
4. U.S. Government Accountability Office (GAO) (2024): Federal Regulation: Selected Emerging Technologies … Der Bericht beleuchtet die Herausforderungen,

mit denen Behörden bei der zeitnahen Regulierung neuer Technologien konfrontiert sind, was als „Pacing Problem" bekannt ist. https://www.gao.gov/products/gao-24-106122

5. Cyber Policy Center, Stanford University (n.d.): Regulating Under Uncertainty: Governance Options for … Dieser Bericht analysiert verschiedene Governance-Optionen für generative KI und diskutiert die Notwendigkeit, mit der Unsicherheit bei der Regulierung umzugehen. https://cyber.fsi.stanford.edu/content/regulating-under-uncertainty-governance-options-generative-ai
6. The World Bank (n.d.): Digital Transformation Overview: Development news … Die Weltbank betont die Wichtigkeit starker institutioneller Grundlagen, die von der Politik geschaffen werden müssen, um eine erfolgreiche digitale Wirtschaft zu ermöglichen. https://www.worldbank.org/en/topic/digital/overview

15.2 Für Wirtschaft und Innovation: Empfehlungen für Unternehmen, wie sie die Chancen der Transformation nutzen können

Für Unternehmen ist die digitale Transformation keine Option mehr, sondern eine Überlebensnotwendigkeit. In einer Welt, die von technologischem Wandel und sich verändernden Kundenerwartungen geprägt ist, müssen Unternehmen ihre Geschäftsmodelle, Prozesse und Kulturen grundlegend neu ausrichten, um wettbewerbsfähig zu bleiben. Dies erfordert mehr als nur die Einführung neuer Technologien; es erfordert eine ganzheitliche digitale Transformationsstrategie, die das gesamte Unternehmen umfasst [1, 5]. Eine solche Strategie beginnt mit einer klaren Vision, wie das Unternehmen durch den Einsatz digitaler Technologien neue Werte für seine Kunden schaffen kann. Sie erfordert eine ehrliche Bestandsaufnahme der eigenen digitalen Reife und die Identifizierung der wichtigsten Handlungsfelder. Und sie erfordert vor allem die Bereitschaft, traditionelle Denkmuster und etablierte Prozesse in Frage zu stellen und eine Kultur der kontinuierlichen Innovation und des Lernens zu etablieren [3, 4].

Ein zentraler Baustein dieser Transformation ist die Entwicklung einer datengetriebenen Kultur. In der digitalen Wirtschaft sind Daten der wichtigste Rohstoff. Unternehmen, die in der Lage sind, Daten systematisch zu sammeln, zu analysieren und in Echtzeit für Entscheidungen zu nutzen, haben einen entscheidenden Wettbewerbsvorteil. Dies erfordert den Aufbau einer modernen Dateninfrastruktur, die Investition in Analyse-Tools und KI-Plattformen und vor allem die Schulung der Mitarbeiter, damit sie Daten verstehen und nutzen können. Entscheidungen sollten nicht mehr nur auf der Grundlage von Intuition und Erfahrung getroffen werden, sondern auf der Basis von Fakten und Prognosen. Dies ermöglicht eine präzisere Steuerung von Prozessen, eine bessere Antizipation von Marktentwicklungen und eine tiefere Kenntnis der Kundenbedürfnisse. Die Hyperautomatisierung von Geschäftsprozessen, von der Buchhaltung bis zum Lieferkettenmanagement, schafft dabei die notwendigen Effizienzen und Freiräume, um sich auf strategische und wertschöpfende Tätigkeiten zu konzentrieren.

Die digitale Transformation erfordert auch eine radikale Neuausrichtung auf den Kunden. In der digitalen Welt ist der Kunde mächtiger als je zuvor. Er hat Zugang zu einer Fülle von Informationen, kann Angebote global vergleichen und seine Meinung mit Tausenden von anderen teilen. Unternehmen müssen daher von einer produktzentrierten zu einer kundenzentrierten Denkweise übergehen. Das Ziel ist nicht mehr nur, ein gutes Produkt zu verkaufen, sondern ein herausragendes Kundenerlebnis über alle Berührungspunkte hinweg zu schaffen (Omnichannel-Strategie). Dies erfordert ein tiefes Verständnis der „Customer Journey" und den Einsatz von Technologien wie Customer Relationship Management (CRM) und KI, um die Interaktionen mit den Kunden zu personalisieren und ihre Bedürfnisse zu antizipieren. Unternehmen wie Amazon oder Netflix haben gezeigt, wie durch die intelligente Nutzung von Kundendaten eine starke Kundenbindung und eine hohe Loyalität erreicht werden können.

Die vielleicht größte Herausforderung für etablierte Unternehmen ist die Transformation ihrer Geschäftsmodelle. Viele traditionelle, lineare Geschäftsmodelle werden durch die digitale Disruption untergraben. Unternehmen müssen daher neue Wege finden, um Werte zu schaffen und zu monetarisieren [5, 6]. Ein wichtiger Trend ist der Wandel von produkt- zu serviceorientierten Modellen („As-a-Service"). Anstatt eine Maschine zu verkaufen, verkaufen Unternehmen die von der Maschine erbrachte Leistung als Dienstleistung. Dies schafft wiederkehrende Umsätze und eine engere Kundenbindung. Ein weiterer zentraler Trend ist die Entwicklung von Plattform-Ökosystemen. Anstatt alles selbst zu machen, öffnen sich Unternehmen und schaffen Plattformen, auf denen andere Unternehmen ihre Produkte und Dienstleistungen anbieten können. Dies ermöglicht eine schnelle Skalierung und die Erschließung neuer Märkte. Die Transformation des Geschäftsmodells erfordert Mut, Experimentierfreude und die Bereitschaft, kurzfristige Gewinne für langfristiges Wachstum zu opfern.

Um diese tiefgreifenden Veränderungen zu bewältigen, müssen Unternehmen eine Kultur der Innovation und Agilität fördern. In einer sich schnell verändernden Welt sind starre Hierarchien und langwierige Entscheidungsprozesse ein Wettbewerbsnachteil. Unternehmen müssen agilere Organisationsformen einführen, die auf interdisziplinären Teams, kurzen Entwicklungszyklen und kontinuierlichem Feedback basieren. Sie müssen eine Kultur schaffen, in der Experimentieren erwünscht ist und Fehler als Lernchancen betrachtet werden. Dies erfordert eine neue Art der Führung, die auf Vertrauen, Eigenverantwortung und der Befähigung der Mitarbeiter beruht. Führungskräfte müssen zu Coaches und Moderatoren werden, die die richtigen Rahmenbedingungen für Kreativität und Innovation schaffen. Der Aufbau einer solchen Kultur ist oft der schwierigste, aber auch der wichtigste Teil der digitalen Transformation.

Schließlich müssen Unternehmen ihre soziale und ökologische Verantwortung als integralen Bestandteil ihrer Strategie begreifen. In einer transparenten, vernetzten Welt wird das Vertrauen der Kunden, Mitarbeiter und der Gesellschaft zum entscheidenden Erfolgsfaktor. Unternehmen, die sich ethisch verantwortungsvoll verhalten, die Privatsphäre ihrer

Kunden schützen und einen positiven Beitrag zur Lösung gesellschaftlicher Probleme leisten, werden langfristig erfolgreicher sein [2]. Verantwortungsvolle Innovation (Responsible Innovation) ist kein Luxus, sondern eine Notwendigkeit. Dies bedeutet, die potenziellen sozialen und ethischen Auswirkungen neuer Technologien proaktiv zu analysieren und Maßnahmen zu ergreifen, um negative Folgen zu minimieren. Nachhaltigkeit ist nicht nur eine moralische Verpflichtung, sondern zunehmend auch ein handfester wirtschaftlicher Vorteil. Unternehmen, die auf Energieeffizienz, Kreislaufwirtschaft und faire Arbeitsbedingungen setzen, senken nicht nur ihre Risiken, sondern erschließen sich auch neue Märkte und ziehen talentierte Mitarbeiter an. Die Zukunft gehört den Unternehmen, die verstehen, dass langfristiger wirtschaftlicher Erfolg untrennbar mit sozialer und ökologischer Verantwortung verbunden ist.

Literaturhinweise zu Abschn. 15.2

1. McKinsey (2024): What is digital transformation? Dieser Artikel definiert digitale Transformation als eine umfassende Neuorganisation mit dem Ziel, durch den Einsatz von Technologie in großem Maßstab kontinuierlich Werte zu schaffen. https://www.mckinsey.com/featured-insights/mckinsey-explainers/what-is-digital-transformation
2. McKinsey (2025): McKinsey technology trends outlook 2025. Der Ausblick betont, dass Vertrauen ein entscheidender Faktor für die Akzeptanz neuer Technologien ist und verantwortungsvolle Innovation daher ein Imperativ für Unternehmen darstellt. https://www.mckinsey.com/capabilities/mckinsey-digital/our-insights/the-top-trends-in-tech
3. Harvard Business School (n.d.): Credential of Digital Innovation and Strategy. Dieser Kurs unterstreicht die Notwendigkeit einer innovativen Denkweise und eines breiten Verständnisses der digitalen Transformation für die Entwicklung zukunftsfähiger Geschäftsstrategien. https://online.hbs.edu/courses/digital-innovation-strategy-credential/
4. ITONICS (2025): 8 Steps to Building a Winning Digital Innovation Strategy. Ein praktischer Leitfaden, der eine digitale Innovationsstrategie als Roadmap für die Schaffung neuer Werte durch Technologie beschreibt. https://www.itonics-innovation.com/blog/digital-innovation-strategy
5. Forbes (2023): The Impact Of Digital Transformation On Business Models. Dieser Artikel untersucht die Chancen und Herausforderungen, die sich aus der digitalen Transformation für Geschäftsmodelle ergeben. https://www.forbes.com/sites/bernardmarr/2023/10/12/the-impact-of-digital-transformation-on-business-models-opportunities-and-challenges/
6. Goda, D. R. et al. (2021): The Evolution of Business Models in the Digital Age. Diese wissenschaftliche Arbeit analysiert die Entwicklung von Geschäftsmodellen im digitalen Zeitalter und deren Auswirkungen auf verschiedene Sektoren. https://hal.science/hal-04561925/document

15.3 Für Bildung und Zivilgesellschaft: Anregungen für Bildungseinrichtungen und Bürger, wie sie den Wandel aktiv mitgestalten können

Die Gestaltung der Zukunft ist keine Aufgabe, die allein der Politik und der Wirtschaft überlassen werden kann. Bildungseinrichtungen und die Zivilgesellschaft spielen eine entscheidende Rolle dabei, die Menschen auf den Wandel vorzubereiten, die demokratische Kontrolle über die Technologie zu gewährleisten und sicherzustellen, dass die Transformation gerecht und inklusiv verläuft. Für das Bildungssystem bedeutet dies eine fundamentale Neuausrichtung. In einer Welt, in der Faktenwissen jederzeit verfügbar ist und die Halbwertszeit von spezifischen Fähigkeiten immer kürzer wird, muss sich die Bildung von der reinen Wissensvermittlung hin zur Kompetenzentwicklung bewegen. Die OECD hat mit ihrem Projekt „Future of Education and Skills 2030/2040" einen Rahmen für die Schlüsselkompetenzen des 21. Jahrhunderts geschaffen [1]. Dazu gehören neben grundlegenden Fähigkeiten wie Lesen, Schreiben und Rechnen vor allem überfachliche Kompetenzen: kritisches Denken, um Informationen bewerten und Desinformation erkennen zu können; Kreativität, um neue Lösungen für komplexe Probleme zu finden; Kollaboration, um in interdisziplinären Teams zusammenzuarbeiten; und Kommunikation, um Ideen überzeugend zu vermitteln. Diese „4K" sind die menschlichen Fähigkeiten, die auch in einer von KI geprägten Welt wertvoll und unersetzlich bleiben werden [4].

Um diese Kompetenzen zu fördern, müssen sich die Lehrmethoden ändern. Frontalunterricht und Auswendiglernen müssen durch projektbasiertes, problemorientiertes und kollaboratives Lernen ersetzt werden. Die Technologie selbst kann dabei ein mächtiges Werkzeug sein. Adaptive Lernplattformen, die auf KI basieren, können den Unterricht individualisieren und auf die spezifischen Bedürfnisse jedes einzelnen Schülers zuschneiden [3]. Virtual und Augmented Reality können immersive Lernerfahrungen schaffen, die komplexe Sachverhalte anschaulich machen. Doch die Technologie ist nur ein Mittel zum Zweck. Entscheidend ist die pädagogische Vision, die dahintersteht. Der Digital Education Action Plan der Europäischen Kommission betont die Notwendigkeit, digitale Technologien so einzusetzen, dass sie die Inklusion fördern und die Qualität der Bildung für alle verbessern [2]. Dies erfordert massive Investitionen in die technische Ausstattung der Schulen, aber vor allem in die Aus- und Weiterbildung der Lehrkräfte, die die entscheidenden Akteure dieser Transformation sind.

Die Zivilgesellschaft hat eine ebenso wichtige Rolle als Wächter, Vermittler und Gestalter des Wandels. In einer Zeit, in der die Macht von globalen Technologiekonzernen wächst, ist eine starke und kritische Zivilgesellschaft unerlässlich, um die Interessen der Bürger zu vertreten und die Einhaltung von ethischen und demokratischen Standards einzufordern. Zivilgesellschaftliche Organisationen können als „Watchdogs" fungieren, die auf Missstände wie Datenschutzverletzungen, algorithmische Diskriminierung oder die Verbreitung von Desinformation aufmerksam machen. Sie können unabhängige Expertise bereitstellen, um die komplexen technologischen Entwicklungen zu bewerten und die Politik zu beraten. Und sie können öffentliche Debatten anstoßen und Räume für einen breiten gesellschaftlichen Dialog über die wünschenswerte Zukunft schaffen.

Eine zentrale Aufgabe der Zivilgesellschaft ist es, sich für die digitale Inklusion einzusetzen und die digitale Kluft zu überbrücken. Dies geht weit über den reinen Zugang zur Technologie hinaus. Wie Nordregio betont, erhalten zivilgesellschaftliche Akteure zunehmend die Verantwortung, Menschen aller Altersgruppen und sozialen Schichten die notwendigen digitalen Kompetenzen zu vermitteln, um sich sicher und selbstbestimmt in der digitalen Welt bewegen zu können [5]. Dazu gehören Kurse zur Medienkompetenz, Workshops zur Datensicherheit oder Beratungsangebote für den Umgang mit digitalen Behördendiensten. Indem sie die digitale Teilhabe für alle fördern, leisten zivilgesellschaftliche Organisationen einen entscheidenden Beitrag zum sozialen Zusammenhalt im digitalen Zeitalter.

Darüber hinaus kann die Zivilgesellschaft die neuen technologischen Möglichkeiten nutzen, um die Bürgerbeteiligung und die demokratische Mitgestaltung zu stärken. Digitale Plattformen ermöglichen neue Formen der partizipativen Governance, von Online-Petitionen und Bürgerhaushalten bis hin zu Crowdsourcing-Projekten, bei denen Bürger ihr Wissen und ihre Ideen in politische Entscheidungsprozesse einbringen können [6]. Sogenannte „Civic Tech"-Initiativen entwickeln innovative digitale Werkzeuge, um die Transparenz von Regierungshandeln zu erhöhen, die Rechenschaftspflicht von Politikern zu verbessern und den Dialog zwischen Bürgern und Verwaltung zu erleichtern. Indem die Zivilgesellschaft diese Instrumente nutzt und weiterentwickelt, kann sie dazu beitragen, die Demokratie im digitalen Zeitalter zu beleben und zu stärken.

Letztendlich liegt die Verantwortung für die Gestaltung der Zukunft bei jedem einzelnen Bürger. In einer Demokratie sind es die Bürger, die durch ihre Entscheidungen als Wähler, als Konsumenten und als aktive Mitglieder der Gesellschaft die Richtung des Wandels bestimmen. Dies erfordert die Bereitschaft, sich zu informieren, sich kritisch mit den neuen Technologien auseinanderzusetzen und sich in den öffentlichen Diskurs einzubringen. Es erfordert die Neugier, lebenslang zu lernen und sich neue Fähigkeiten anzueignen. Und es erfordert den Mut, für die eigenen Werte einzutreten und sich für eine Zukunft zu engagieren, die nicht nur technologisch fortschrittlich, sondern auch menschlich, gerecht und demokratisch ist. Die Zukunft ist kein festes Skript, das von Eliten geschrieben wird; sie ist ein offenes Buch, an dem wir alle mitschreiben können. Die aktive und informierte Teilhabe der Bürger ist der entscheidende Faktor, der darüber entscheidet, ob die technologische Revolution zu einer besseren Zukunft für alle führt.

Literaturhinweise zu Abschn. 15.3

1. OECD (n.d.): Future of Education and Skills 2030/2040. Das Projekt zielt darauf ab, ein gemeinsames Verständnis für die Kompetenzen zu schaffen, die Schüler im 21. Jahrhundert benötigen, und betont dabei überfachliche Fähigkeiten. https://www.oecd.org/en/about/projects/future-of-education-and-skills-2030.html

2. Europäische Kommission (2025): Digital Education Action Plan: policy background. Der Aktionsplan legt eine strategische Vision und konkrete Maßnahmen zur Förderung einer hochwertigen und inklusiven digitalen Bildung in der EU fest. https://education.ec.europa.eu/focus-topics/digital-education/plan
3. U.S. Department of Education (n.d.): Artificial Intelligence and the Future of Teaching and ... Der Bericht untersucht die Rolle von KI in der Bildung und gibt Empfehlungen, wie Technologie zur Unterstützung des Lehrens und Lernens eingesetzt werden kann. https://www.ed.gov/sites/ed/files/documents/ai-report/ai-report.pdf
4. Brookings Institution (2016): Skills in the digital age – How should education systems ... Dieser Artikel argumentiert, dass Bildungssysteme sich weiterentwickeln müssen, um neben grundlegenden auch überfachliche Fähigkeiten wie kritisches Denken und kollaborative Problemlösung zu vermitteln. https://www.brookings.edu/articles/skills-in-the-digital-age-how-should-education-systems-evolve/
5. Nordregio (2024): Civil society's key role in bridging the digital divide. Der Artikel hebt die wachsende Verantwortung zivilgesellschaftlicher Akteure bei der Förderung der digitalen Inklusion und der Überbrückung der digitalen Kluft hervor. https://nordregio.org/civil-societys-key-role-in-bridging-the-digital-divide/
6. Shin, B. et al. (2024): A systematic analysis of digital tools for citizen participation. Diese wissenschaftliche Analyse untersucht das Potenzial digitaler Werkzeuge, die Bürgerbeteiligung zu erleichtern und den Informationsfluss von Bürgern zu Regierungen zu verbessern. https://www.sciencedirect.com/science/article/pii/S0740624X24000467

16 Fazit: Die Reise zur nächsten Generation

Wir stehen an der Schwelle zu einer neuen Ära, einer Zeit des tiefgreifenden und beschleunigten Wandels, der von einer Konvergenz revolutionärer Technologien angetrieben wird. Wie in diesem Buch dargelegt, sind künstliche Intelligenz, Quantencomputing, Biotechnologie, neue Energien und Materialien sowie die allgegenwärtige Konnektivität keine isolierten Phänomene mehr. Sie verschmelzen zu einem mächtigen sozio-technischen System, das jeden Aspekt unseres Lebens, unserer Gesellschaft und unserer Wirtschaft neu formt. Die Reise zur nächsten Generation ist keine ferne Zukunftsvision mehr; sie hat bereits begonnen. Wir haben die grundlegenden Konzepte dieser Technologien untersucht, ihre potenziellen Anwendungen analysiert und die tiefgreifenden ethischen und gesellschaftlichen Fragen beleuchtet, die sie aufwerfen. Wir haben gesehen, wie Unternehmen ihre Geschäftsmodelle transformieren, wie sich die Arbeitswelt verändert und wie die Bildung neu gedacht werden muss. Wir haben die Herausforderungen für den sozialen Zusammenhalt und die Notwendigkeit einer verantwortungsvollen Gestaltung des Wandels erörtert. Nun, am Ende dieser Reise, ist es an der Zeit, die wichtigsten Erkenntnisse zu bündeln und einen klaren Aufruf zum Handeln zu formulieren.

Die erste und vielleicht wichtigste Erkenntnis ist, dass die Zukunft nicht deterministisch ist. Die Technologie allein bestimmt nicht unser Schicksal. Die Szenarien, die wir in Kap. 14 entworfen haben – von der Techno-Utopie bis zur Dystopie – sind keine unvermeidlichen Endpunkte, sondern Möglichkeiten. Welche dieser Möglichkeiten zur Realität wird, hängt von den Entscheidungen ab, die wir heute treffen. Es sind unsere Entscheidungen als Individuen, als Unternehmen, als Gesellschaften und als globale Gemeinschaft, die den Kurs der Entwicklung bestimmen werden. Die Technologie ist ein Werkzeug, ein mächtiges Werkzeug, aber es liegt an uns, wie wir es einsetzen. Wir können es nutzen, um die größten Herausforderungen der Menschheit zu lösen – den Klimawandel zu bekämpfen, Krankheiten zu heilen, Armut zu beseitigen und eine nachhaltige und ge-

U. Karrenberg, *Next Generation World*,
https://doi.org/10.1007/978-3-662-72805-5_16

rechte Welt für alle zu schaffen. Oder wir können zulassen, dass es Ungleichheit verschärft, Konflikte anheizt, die Umwelt zerstört und unsere Freiheit untergräbt. Die Wahl liegt bei uns.

Die zweite zentrale Erkenntnis ist, dass die Gestaltung dieser Zukunft eine gemeinsame Anstrengung erfordert. Keine einzelne Gruppe – weder die Politik, noch die Wirtschaft, noch die Wissenschaft – kann diese Aufgabe allein bewältigen. Die Komplexität der Herausforderungen erfordert eine neue Form der Zusammenarbeit, eine Partnerschaft zwischen allen Sektoren der Gesellschaft. Wie in Kap. 15 dargelegt, braucht es eine proaktive und agile Politik, die die richtigen Rahmenbedingungen für Innovation und Verantwortung schafft. Es braucht Unternehmen, die über kurzfristige Gewinnmaximierung hinausdenken und ihre soziale und ökologische Verantwortung ernst nehmen. Es braucht eine Wissenschaft, die sich ihrer ethischen Verantwortung bewusst ist und den Dialog mit der Gesellschaft sucht. Und es braucht eine aktive und informierte Zivilgesellschaft, die als Wächter, Vermittler und Gestalter des Wandels fungiert. Jeder von uns ist aufgerufen, sich an diesem Prozess zu beteiligen, sich zu informieren, seine Stimme zu erheben und Verantwortung zu übernehmen.

Die dritte und letzte Erkenntnis ist, dass der Mensch im Mittelpunkt dieser Transformation stehen muss. Bei all der Faszination für die technologischen Möglichkeiten dürfen wir nie vergessen, welchem Zweck sie dienen sollen: dem menschlichen Wohlbefinden. Die Vision für eine wünschenswerte Zukunft, die wir skizziert haben, basiert auf den drei Säulen des nachhaltigen Wohlstands, der menschlichen Entfaltung und der globalen Solidarität. Es geht nicht nur um wirtschaftliches Wachstum, sondern um ein Wachstum, das ökologisch nachhaltig und sozial gerecht ist. Es geht nicht nur darum, die menschliche Arbeit zu automatisieren, sondern darum, die menschliche Kreativität und das menschliche Potenzial freizusetzen. Und es geht nicht nur um nationalen Wettbewerb, sondern um globale Zusammenarbeit bei der Lösung der globalen Probleme, die uns alle betreffen.

Die Reise zur nächsten Generation ist eine Reise ins Unbekannte. Sie wird voller Herausforderungen, Unsicherheiten und Rückschläge sein. Aber sie ist auch eine Reise voller Chancen, voller Hoffnung und voller Möglichkeiten. Die Technologien, die wir in diesem Buch beschrieben haben, geben uns Werkzeuge an die Hand, die mächtiger sind als alles, was frühere Generationen zur Verfügung hatten. Wir haben die Möglichkeit, eine Zukunft zu schaffen, die gesünder, wohlhabender, gerechter und nachhaltiger ist als je zuvor. Aber diese Zukunft wird uns nicht geschenkt. Wir müssen sie aktiv gestalten, mit Mut, mit Weisheit und mit einem klaren moralischen Kompass.

Lassen Sie uns diese Reise gemeinsam antreten. Lassen Sie uns die Herausforderungen annehmen, die Chancen ergreifen und eine Zukunft schaffen, auf die kommende Generationen stolz sein können. Die Reise beginnt jetzt. Und sie beginnt mit uns.

FSC
www.fsc.org
MIX
Papier | Fördert gute Waldnutzung
FSC® C083411

Kolibri 360 GmbH
Ferdinand-Jühlke-Straße 7
99095 Erfurt, Deutschland
produktsicherheit@kolibri360.de